失衡式增长

人民币汇率与货币政策

傅 勇◎著

人民东方出版传媒
東方出版社

目　录

第三篇　国别经验研究

自 序

美国次贷危机爆发至今已有10年，此后升级为全球金融危机至今也已有9年。从很多方面看，这轮国际金融危机足以与1929—1933年“大萧条”相提并论，被美国加州大学伯克利分校经济学教授巴里·艾肯格林（Barry Eichengreen）冠以“两次萧条”加以对比研究。但就危机后引发的宏观经济学和国际金融体系改革进展而言，这轮危机的影响远不能望“大萧条”之项背。这使得我们心有不满，同时也满怀期待。

在宏观经济学领域，“大萧条”的问题专家伯南克认为“解释大萧条是宏观经济学的‘圣杯’”，他在2000年出版了论文集《大萧条》（*Essays on the great depression*）。众所周知，现代宏观经济学本身肇始于那场危机。“大萧条”将古典经济学打出了一道缺口，再难缝合——自由放任的市场经济学说既不能保证经济运行远离危机，也没有提供应对危机的有效措施。凯恩斯以“大萧条”为主要研究对象，瞄准古典经济学靶心，于1936年出版了史上影响最为深远的经济学著作《就业、利息与货币通论》，开创了现代宏观经济学，也改变了宏观经济政策框架。随后，凯恩斯学派、货币学派、理性预期学派、新古典综合派、新凯恩斯主义学派等宏观经济学流派群起逐鹿，但无一不需要回应来自“大萧条”的诘问。经济学家从有效需求不足，深入到人性心理规律，再到金本位制、货币供给、预期、真实冲击等各视角，对“大萧条”给出了系统性解释和政策建议，至今仍是我们理解、管理经济运行的思想和智力来源。

“大萧条”作为第二次世界大战的重要背景，还促成了国际经济金融体系的重构。凯恩斯本人就代表英国直接参与了重构过程。这个体系以美国经济和美元为核心，以世界银行、国际货币基金组织等国际组织为支撑，旨在加强全球政策协调，减少不平衡发展带来的经济金融危机风险。

相比之下，这轮国际金融危机之后，尚未产生与“大萧条”等量齐观的影响。在经济理论层面，国内外学者对这轮国际金融危机提出了一些新的解释，但总体上仍停留在危机之前的理论框架，未建立起一个新的完整系统的分析模式。归纳起来，对这轮国际金融危机主要有以下几种代表性解释：

第一种观点认为是货币政策失误。泰勒等学者认为，金融危机爆发是因为货币政策在执行中系统性地偏离了“泰勒规则”。次贷危机之前的货币政策过于宽松，刺激了房地产部门出现泡沫，此后货币政策持续收紧，美联储连续 17 次加息，刺破经济泡沫，引发次贷危机进而导致国际金融危机。

第二种观点认为是金融无序创新和监管失败。包括监管偏松，向一些不具备资质的购房者过度放贷；CDO、CDO 平方等资产证券化产品过度发展，且信息不透明，远离实体经济需求，成为金融系统自我操作、做大盈利的工具；影子银行的发展，造成监管空白和监管套利等。

第三种观点认为是因为经济金融存在顺周期性。当经济处于上升周期，资产价格走高，银行、家庭资产负债表强健，社会信心高涨，信用体系不断扩张，这会进一步推高资产价格和社会信心。而上升周期一旦见顶，资产价格、社会信心都出现逆转，资产负债表恶化，大量资产被抛售，社会信用急剧收缩。此外，盯市的会计准则、信用评级、外部审计等对经济金融顺周期性亦起到推波助澜的作用。与经济金融顺周期性并列的是，系统重要性金融机构和重要金融基础设施具有的高传染性，能够引发系统性金融风险，并带来“大而不能倒”和道德风险问题。

第四种观点是全球经济失衡。格林斯潘提出，中国改革开放和苏联解体后，社会主义阵营国家重新融入全球化，全球总供给能力大幅提升，商品价格走低，使得盯住物价水平的政策利率一直保持低位；同时，大量资金流入使得短期政策利率的提升，未能传导到长期利率，为资产价格泡沫提供了条件。伯南克进一步认为，中国等新兴工业化国家以及沙特等产油国储蓄过剩，压低了长期利率，滋生了泡沫。长短期利率的正常关联消失被称为格林斯潘之谜。

国际金融危机未来，诺贝尔经济学奖陆续授予了国际经济学、经济治理、劳动经济学、博弈论、资产定价、行为经济学、规制经济学、消费理论等研究领域的学者，也代表了国际经济学界的反思。

从政策进展看，一方面，这轮国际金融危机催生了国际上新一轮金融监管体制改革，包括巴塞尔Ⅲ的推出，美国《多得—弗兰克法案》的出台，美联储、英格兰银行等主要央行增加宏观审慎管理、金融监管、消费者保护等职权，欧洲推出新的统一监管框架；另一方面，国际经济金融政策协调性增加，G20 取代 G7 成为全球主要的政策协调平台，并与 IMF 等国际组织一起，更加重视主要经济体的再平衡和宏观政策协调。

可以说，宏观审慎政策框架是反思这轮国际金融危机的集大成者。宏观审慎旨在从顺周期性和传染性两个维度控制系统性金融风险，包括加强对系统重要性金融机构的监管、增强金融机构的资本要求、增加逆周期调控措施，同时也包括加强对金融基础设施、会计、评级等市场中介机构的管理。

总体来看，这轮国际金融危机后，经济政策和经济理论取得了一些进展，但还缺乏系统性，仍有不少问题需要继续深入：

一是经济失衡与金融政策的关系。经济失衡有经济层面的深刻原因，比如，中国规模庞大的劳动力比较优势、儒家传统影响下的高储蓄率、分工高效的产业体系都促成中国走外向型经济发展道路。除此之外，金融政策扮演的角色值得深入探究。以美元为主的国际货币体系、发达经济资本市场，都是导致美元需要不断流出、再回流投资美国资产的原因；中国的过度储蓄也与金融市场特别是资本市场发展不足有关，使得较多融资需求靠自身储蓄积累满足。经济失衡条件下，金融政策通常会面临较大考验。内外平衡是部分中央银行货币政策的最终目标，即便不是，经济失衡也会对通货膨胀、经济增长和金融稳定造成影响，而这些通常是中央银行关心的目标。中国自2003年以来，投资、贸易“双顺差”格局对货币政策构成了主导型影响，其中，如何保持流动性合理适度和人民币汇率以渐进、可控的方式向均衡水平调整处于中心位置。

二是金融系统在经济金融危机中的作用。与1929—1933年的“大萧条”相比，在这轮国际金融危机，包括此前的亚洲金融危机、互联网股市泡沫等危机中，金融系统的作用越来越具有独立性。在很大程度上，是从金融危机到经济危机，而不是相反，金融危机背后的经济结构上的问题越来越模糊。传统观点认为，金融是经济的表象，金融领域的问题是实体经济问题的镜像，金融出问题根源于经济问题。然而，次贷危机前，美国经济基本面没有明显问题，房地产市场的泡沫主要是利率长期低水平运行、金融信用扩张的结果，如果没有这些金融条件，次贷问题不会系统性地出现。

三是新时期的资本流动和国际货币体系对泰勒规制、利率平价、蒙代尔不可能三角等经典政策框架提出了挑战。泰勒规制建议政策利率盯住一般物价、经济增长，但在开放条件下，短期政策利率和长期利率可能出现背离，使得泰勒规制在长期利率一端失效。存在资本大量流入的情况下，中长期利率水平不再由本国储蓄—投资结构决定，原有的短期利率到中长期利率密切关联的利率期间结构被打破，即便短期利率水平合意，中长期利率水平可能已经偏移。这要求把资本流动、长期利率水平等加入泰勒规制等货币政策框架中加以考虑。

同样，在开放条件下，利率平价理论也难以解释资本流动。1998—2004年间，美国低利率与高资本流入现象并存，也就是说，低利率水平并未阻止资本流入，也没有起到促进国际收支平衡的作用。

此外，蒙代尔不可能三角理论认为，在资本自由流动情况下，货币政策具有独立性（同时汇率政策可以保持稳定）。但对于国际储备货币国来说，充裕的国际资本有持续流入倾向，进入国内债券市场，压低中长期利率，并通过利率期限结构将利率走低的压力传导至短期利率，从而对中央银行收紧政策利率造成困难。

总之，从更大层面上看，综合考量金融系统日益独立而重要的作用、国际货币体系、资金流动、长短期利率关系、资产价格等关键变量之间的关系，是我们反思这轮国际金融危机不可回避的问题，同时我们需要能够重建一个统一的系统性框架，帮助我们完成传统框架和新框架之间的对接和对话。

本书的研究主要涵盖人民币汇率、货币政策、资产价格等主题，内容涉及中国和有关国家的经验，开展这些研究的时间跨越了这轮金融危机前后。本书体现了个人对这些问题的持续思考，不代表任何单位立场。对我而言，这些成果只是阶段性的，从一些侧面进行了研究，现呈现给读者，希望与大家一起探讨。

第一篇

失衡式增长与人民币汇率

第一章

中国改革开放以来的全要素生产率变动及其分解[①]

——基于省际面板数据的 Malmquist 指数分析

一、引　言

自 1978 年经济改革启动以来，中国小步渐进的改革策略推动经济取得了令人瞩目的高增长。与此同时，关于中国经济增长方式的讨论日益增多。前苏联（包括金融危机前的东亚）的经验表明，经济增长的关键不在于实现了一段时间的高增长，而在于实现的是什么样的高增长，增长能否持续。许多学者指出，中国的增长方式带有鲜明的“粗放式”特征，TFP（全要素生产率，Total Factor Productivity，TFP）的贡献度较低。并且，有证据显示，20 世纪 90 年代中期后我国还出现了增长效率下降的苗头。那么，中国的增长是否以及在多大程度上是粗放式的增长？全要素生产率贡献了多少？全要素生产率是否存在恶化趋势？

本章试利用数据包络分析（Data Envelopment Analysis，简称 DEA）方法下的 Malmquist 指数法对我国改革开放以来的全要素生产率进行一个最新估计，对上述问题做出初步回答。作为一种非参数前沿生产函数分析模型，DEA 方法具有诸多优势，而其中的 Malmquist 指数可以将 TFP 分解成技术进

① 本章与白龙（中国人民银行上海总部）合作。感谢复旦大学中国经济研究中心陈诗一教授和上海财经大学范子英教授、石慧博士提供的技术帮助，以及中国人民银行上海总部调查统计研究部多位同仁、中国人民银行研究局王鹏博士、中国人民银行沈阳分行侯世宇博士的有益评论。

步和技术效率变化，并将技术效率变化分解为纯技术效率变化和规模经济。这使得我们得以深入考察 TFP 的变动和趋势。此外，省际面板数据的分析还帮助我们洞察各省和地区 TFP 增长的相对情况。这些方面对于进行更有针对性的政策讨论都是重要的。

总产出的增加，即经济增长有两种源泉：一是增加投入，如投资基建和（或）增雇员工；二是提高效率，如创新管理和（或）更新技术。新古典经济学认为，增加投入推动的增长因要素的边际生产力递减而难以持续，只有依赖效率提升的增长才是可持续的。由此，效率是研究长期经济增长的核心。TFP 是度量增长效率的主要指标。全要素生产率是指在剔除要素（如资本和劳动）投入之后，剩下的由技术进步和规模效益等因素导致的产出增长。

全要素生产率的研究发端很早，但最近二十年里形成了一个全球性的研究热潮，对东亚的讨论更是热点所在。克鲁格曼（Krugman，1994）在 1994 年的《外交》杂志上撰文指出，所谓的“东亚奇迹”就像 20 世纪 50—60 年代苏联的经济增长一样是不可持续的，因为增长中找不到全要素生产率的贡献。这被认为成功预见到了亚洲金融危机。克鲁格曼的结论是建立在吉姆和刘遵义（Kim and Lawrence，1994）以及杨格（Young，1992；1994）对 TFP 研究基础上的。杨格（Young，1995）对要素积累和生产率在中国香港地区、新加坡、韩国和中国台湾地区经济起飞中所起到的作用分别进行了分析。杨格认为，在 1966—1990 年间，中国香港和台湾地区的 TFP 经历了 2%～3%的增长，韩国的 TFP 年增长率仅为 1.7%，而新加坡生产率一直处于零附近。在 1997 年金融危机之后，又有很多学者通过对东亚各国全要素生产率的研究证实了克鲁格曼的观点。

关于中国增长效率的实证研究在 20 世纪 80 年代末由谢千里和罗斯基等人（Jefferson、Rawski and Zheng，1989；Jefferson，1990）开始，其后吴延瑞（Wu，1996）、郑京海和刘芍佳等人（Zheng et al.，1998）都从不同角度涉及对中国经济效率的测度和原因探讨。一些研究结果较为乐观，发现 TFP 的增长可以解释 1978—1995 年间中国增长的 30%～58%（World Bank，1997；

Maddison，1998）。胡和卡恩（Hu and Khan，1997）发现，全要素生产率平均3.9%的增长可以解释中国改革初期超过40%的增长。一些学者随后指出，由于数据质量极差，解释中国的增长是困难的。尽管如此，更多学者还是坚持用经验研究作为质疑的基础。杨格（Young，2003）专门研究了中国。和他早期的研究方法类似，杨格把重点放在增加值和资本存量的平减指数以及劳动力数据的调整上，通过研究非农业的生产率来质疑中国在经济改革期间的增长。相对于1978年至1998年官方统计数据，杨格的数据很大程度上降低了生产率的估计。在考虑了劳动力的增长（主要是劳动力参与率的增长）、劳动从农业部门的外移以及教育水平的上升后，他发现非农业的劳动生产率以每年2.6%的速度增长，TFP以每年1.4%的较低速度增长。

有关中国增长效率的研究和争论还在继续。吴延瑞（Wu，2007）应用随机前沿方法来检验了中国近期的经济增长，发现中国经济增长仍然靠大量的要素投入，尤其是资本形成所推动；同时全要素增长率的增长也扮演一个重要角色，平均解释了1993—2004年中国经济增长的27%，远小于对日本和德国的类似估计值（分别是50%和58%）。这个数字比胡永泰（Woo，1998）报告的12.9%、吴延瑞（Wu，2003）推导出的13.5%和杨格（Young，2003）使用1997年以前数据所主张的23%要更大，但低于世界银行（1997）估计的43%。郑京海等人（Zheng、Bigsten and Hu，2006）在研究中采用了较大的资本份额，而且没有把GDP增长率高于平均水平的2005年包括在样本中。他们发现在1978—1993年间，中国的TFP以年均4.15%的速度增长，而在1993—2004年间则以2.45%的速度增长。波金斯和罗斯基（Perkins and Rawski，2008）与杨格一样，采用的是增加值、劳动力、物质资本和人力资本，不包括中间投入。他们发现在1978—2005年的改革时期，中国的TFP以年均3.8%的速度增长，为中国国内生产总值的增长率的近1/3。郑京海和胡鞍钢（2005）利用非参数的Malmquist指数方法，基于省际数据测算了中国经济TFP和技术效率的变化。他们发现在1978—1990年间，中国的TFP以年均4.94%的速度增长，而在1991—2001年间下降至1.85%。

总体而言，近年有关中国 TFP 的研究文献数量巨大，质量较高。不过，因所用方法和数据等方面的原因，结果差异性较大，研究仍需进一步深入。除引言外，第二部分讨论 TFP 的研究方法以及本章的模型框架，第三部分说明数据的来源及其处理，第四部分详细分析测算结果，第五部分总结全文并给出若干启示。

二、研究技术和模型框架

（一）TFP 研究技术简述

估算 TFP 的方法大致可以分为三类：一是增长核算法，二是时间参数法，三是前沿生产函数法。增长核算法以新古典增长理论为基础，通过估算弹性来计算 TFP，方法简单、结论直观，但过程比较粗糙；时间参数法是直接估算 TFP，方法简单，各类统计软件均可操作，简便易行；前沿生产函数法则对应更大数据库和更精细的计量模型，过程相对复杂，结论较为丰富。

增长核算法应用最广，其中经典方法为索洛残差法，又称生产函数法。索洛残差法最早由罗伯特·索洛在 1957 年提出，过去几十年获得了广泛应用。索洛残差法的基本思路是估计出总量生产函数后，采用产出增长率扣除各要素增长率后残差来度量 TFP 增长，即 TFP＝经济增长率－劳动力贡献度×劳动力增长率－资本贡献度×资本增长率。由于产出、劳动投入和资本投入的增长率我们可以通过对统计数据的处理直接得到，因此这一方法的关键之处在于准确地估算出劳动和资本对产出增长贡献的各自系数。时间参数法是根据设定的回归方程直接估算出 TFP。

表 1-1　TFP 研究技术小结

方法	技术要点	数据	软件	特点
增长核算法	估算弹性后计算 TFP	全国时间序列数据	一般统计软件	简便易行
时间参数法	直接估算 TFP	全国时间序列数据	一般统计软件	简便易行

（续表）

<table>
<tr><th colspan="2">方法</th><th>技术要点</th><th>数据</th><th>软件</th><th>特点</th></tr>
<tr><td rowspan="3">前沿生产函数法</td><td rowspan="2">参数法</td><td>确定性前沿</td><td>省际面板数据</td><td>FRONTIER 等</td><td rowspan="3">数据更大，能将 TFP 分解为技术效率、技术进步以及规模经济</td></tr>
<tr><td>随机前沿</td><td>省际面板数据</td><td>FRONTIER 等</td></tr>
<tr><td>非参数法</td><td>DEA</td><td>省际面板数据</td><td>DEAP、EMS、DEASOVLER 等</td></tr>
</table>

前沿生产函数法包括确定性前沿分析（Deterministic Frontier Analysis，DFA）、随机前沿分析（Stochastic Frontier Analysis，SFA）和数据包络分析（Data Envelopment Analysis，DEA）等。前沿生产函数的方法论意义在于，其能排除服从正态分布的误差项，仅保留偏态分布的残差值，作为生产效率的近似代表值。如果数据规模较为庞大，其中可能存在的随机误差也会相应较多，采用确定性前沿（DFA）模型来分析对于数据的精度要求较高，而随机前沿分析（SFA）可以有效解决这些随机误差问题，不至于受到某些误差值或异常值的影响。

（二）DEA 方法与截面数据下的技术效率

下面简要介绍本章选用的数据包络分析方法（DEA）。DEA 是用非参数数学规划估算生产前沿的方法。假设有若干家生产决策单元（DMU）使用若干种投入生产某种产品。DEA 的目的是构造一个非参数的包络前沿使得所有的观察点（即投入和产出的组合）都位于这个前沿面上或之下。当观察点落在前沿上时，在技术上就是有效的。技术效率（Technical Efficiencies，简称 TE）度量了前沿面下的观察点到前沿面的距离。

限于篇幅，这里直接给出下文将涉及的两个结论。一是，从截面数据所测算的技术效率，反映了该企业同前沿面生产单位的全要素生产率之差，此时的技术效率等价于全要素生产率。二是，可变规模报酬（Variable Returns to Scale，简称 VRS）假定下，可将固定规模报酬（Constant Returns to Scale，简称 CRS）的技术效率分解为纯技术效率（Pure Technical Efficiencies，简称 PTE）和规模经济（Scale Efficiencies，简称 SE），并且有 TE（CRS）= PTE

（VRS）×SE（VRS）。

这里解释一下规模经济。固定规模报酬模型假定所有生产决策单位都在最佳规模上生产，但现实中因竞争不充分、融资约束等原因，这一假定通常无法满足，也就是存在规模不经济的情况。DEA 测算规模经济的方法是，同时计算固定规模报酬和可变规模报酬下的技术效率，比较两者，其中的差异即为规模经济。

（三）Malmquist 指数分析

基于 DEA 的 Malmquist 指数方法，最早见于法尔（Fare et al.，1994），2002 年以来在中国国内的经济研究中应用日渐增多。利用 Malmquist 指数研究 TFP 有如下优点：一是尽可能地弱化了数据质量对估计结果的影响。中国的数据质量一直为许多学者诟病，但 Malmquist 指数，相当于做了一阶差分，各地区同方向的变化都将被消除。二是避免模型的误设。Malmquist 属于非参数的方法，不需要对生产函数做出任何限制，这就避免了研究者的主观判断对实证结果的影响。三是 Malmquist 指数能够实现有关 TFP 的所有分解，结果更加丰富。

Malmquist 指数是在距离函数的基础上定义出来的，是目前广泛采用的 TFP 测度方法。以 t 时期技术 T（t）和 t+1 时期技术 T（t+1）为参照，基于产出的 Malmquist 指数可以分别表示为：

$M_0^t(x_{t+1}, y_{t+1}, x_t, y_t) = d_0^t(x_{t+1}, y_{t+1}) / d_0^t(x_t, y_t)$ 和

$M_0^{t+1}(x_{t+1}, y_{t+1}, x_t, y_t) = d_0^{t+1}(x_{t+1}, y_{t+1}) / d_0^{t+1}(x_t, y_t)$

其中，(x_t, y_t) 和 (x_{t+1}, y_{t+1}) 分别表示 t 时期和 t+1 时期的投入和产出向量；d_0^t 和 d_0^{t+1} 分别表示 t 时期技术 T（t）为参照情况下时期 t 和时期 t+1 的距离函数。

为避免时期选择的随意性可能导致的差异，卡夫斯等（Caves et al.，1982）提出用上述两式的几何平均值作为衡量从 t 时期到 t+1 时期生产率变化的 Malmquist 指数，即

$MPI = M_0(x_{t+1}, y_{t+1}, x_t, y_t) = [M_0^t(x_{t+1}, y_{t+1}, x_t, y_t) \times M_0^{t+1}(x_{t+1},$

$y_{t+1}, x_t, y_t)]^{1/2} = \{[d_0^t(x_{t+1}, y_{t+1}) / d_0^t(x_t, y_t)] \times [d_0^{t+1}(x_{t+1}, y_{t+1}) / d_0^{t+1}(x_t, y_t)]\}^{1/2}$

借助数据包络分析中规模收益不变的线性规划方法计算出各距离函数 d（·）的值，可以得到 Malmquist 指数，即 TFP 增长率。该指数大于 1 时，表明从 t 时期到 t+1 时期 TFP 是增长的；反之则是减少的。

在规模报酬不变的假设前提下，上式可以分解为技术进步和技术效率变化两项，即

$$MPI = \{[d_0^t(x_{t+1}, y_{t+1}) / d_0^{t+1}(x_{t+1}, y_{t+1})] \times [d_0^t(x_t, y_t) / d_0^{t+1}(x_t, y_t)]\}^{1/2} \times [d_0^{t+1}(x_{t+1}, y_{t+1}) / d_0^t(x_t, y_t)]$$

技术进步是指一定时期内生产前沿面变动带来的 TFP 变化，因生产前沿面代表了在现有技术下的最高效率状态，所以前沿面的变化应归因于技术进步。技术效率变化是指一定时期内技术效率变化带来的 TFP 变化。

DEA 方法的核心概念是生产决策单元。使用基于 DEA 的 Malmquist 指数法的一个重要前提是：决策单元数不能太少，至少是模型变量数的两倍。如果数据过于稀疏，将无法构造出近似于“光滑表面”的前沿面，直接使用该方法会产生不稳定的测算结果。此外，与截面数据一样，可将固定规模报酬的技术效率分解为纯技术效率和规模经济，并且有 TE（CRS）= PTE（VRS）×SE（VRS）。在软件实现上，DEAP、EMS、DEASOVLER 以及 Matalab 等能够处理 DEA 问题。本章使用的是 DEAP，它是由经济学家 Coelli 在 DOS 系统下编写的处理 DEA 问题的专业软件。

三、数据来源及其处理

本章样本为 29 个省 1978—2006 年间的分省数据，共计 841 个观察值。DEA 中的 Malmquist 指数法要求采用面板数据，也就是分省的数据。我们将时间跨度确定为改革开放以来的 29 年。没有将样本扩展到 1978 年之前，一方面是因为，就我们的研究目的而言，近 30 年的跨度已经足够，另一方面是因

为，1978 年之前的数据跳跃性较大。在现有的 31 个省中，海南因建省较晚，数据不全，被省去；重庆 1997 年成为直辖市，为保持数据连续性，1997 年之后的重庆数据仍并入四川省。本章 1998 年之前的数据来自《新中国 50 年统计资料汇编》，1998—2006 年的数据来自《中国统计年鉴》。此外，我们从各省的统计年鉴中补齐了若干缺失的数据。

DEA 的 Malmquist 指数法不涉及具体的生产函数形式，只需要提供各投入产出变量，即资本、劳动和总产出。这三个变量中，资本和劳动分别是投入到生产中的两要素总量，资本和总产出应是扣除价格变动之后的真实值。

关于资本数据。计算全要素生产率的关键是对产出与投入数据的科学计量，对资本数据的计量尤其重要。这一方面比较有代表性的研究按时间顺序依次包括：张军扩（1991），贺菊煌（1992），邹（Chow，1993），任若恩和刘晓生（1997），胡和卡恩（Hu and Khan，1997），王小鲁等（2000），杨格（Young，2000），王和姚（Wang and Yao，2001），张军（2002），黄永峰等（2002），宋海岩等（2003），李治国和唐国兴（2003），张军等（2004）。在概念上，广义的资本包括物质资本、人力资本和土地。虽然少数研究讨论了土地和人力资本，如邹（Chow，1993），张军等（2004）以及王和姚（Wang and Yao，2001），但是大部分研究在估计资本存量时，仅指严格意义上的物质资本，本章也将遵循这一传统。本章所采用的资本数据是在张军等（2004）的基础上更新而成的，他们提供了以 1952 年为不变价格的 1952—2000 年资本存量的数据。其后，上海财经大学的张学良博士按照张军等（2004）的方法把数据更新到了 2005 年，海南经贸职业技术学院财经系的陈刚先生补充了西藏的数据。在此基础上，我们利用统一的口径和方法将资本序列的数据更新到了 2006 年。（有关资本核算的详细讨论参见张军等，2004）

关于劳动数据。劳动数据用就业人员数量度量。在衡量劳动投入作用时，劳动时间可能是更好的度量，但目前尚无此数据。考虑到农村和部分企业存在的富余劳动力，以就业人员数量代表劳动要素投入可能会高估劳动的贡献。《新中国 50 年统计资料汇编》里缺少内蒙古、山东和新疆等省份部分年份的就业人员数据，我们从各省的统计年鉴中补充。

关于总产出数据。省际名义总产出即国内生产总值（GDP）可以从统计年鉴里方便得到，再用各省各年的 GDP 平减指数可以得出实际总产出数据。为了与资本数据保持一致，这里也使用了不变价格的 GDP 数据。

四、测算结果与分析

我们的测算结果概括在表 1-2 至表 1-5 中，并在图 1-1 至图 1-5 中对部分结果做了直观描述。表 1-2 归纳了截面数据意义上的测算，表 1-3 概括了 Malmquist 指数法对全要素生产率核算和分解的主要结果，表 1-4 则分时期用 Malmquist 指数法核算并分解了 TFP，表 1-5 展示了对各省相关核算的结果。下文把我们的主要发现归到“全要素生产率的变动模式”、“全要素生产率的构成及其变动”以及“全要素生产率的地区特征”三个标题下说明。

（一）全要素生产率的变动模式

在截面意义上，技术效率等价于全要素生产率（余修斌、任若恩，2000）。表 1-2 和图 1-1 给出了 DEA 的方法核算出来的技术效率结果，其中在可变规模报酬（VRS）的条件下，将不变规模报酬（CRS）下的技术效率分解为纯技术效率（VRS）和规模效率（VRS）。我们主要有三点发现。

表 1-2　技术效率、纯技术效率与规模效率

年份	技术效率（CRS）	纯技术效率（VRS）	规模效率（VRS）
1978	0.455	0.536	0.873
1979	0.459	0.543	0.87
1980	0.451	0.53	0.875
1981	0.482	0.544	0.903
1982	0.499	0.561	0.905
1983	0.479	0.548	0.893
1984	0.477	0.546	0.891

（续表）

年份	技术效率（CRS）	纯技术效率（VRS）	规模效率（VRS）
1985	0. 484	0. 553	0. 888
1986	0. 481	0. 555	0. 882
1987	0. 477	0. 552	0. 879
1988	0. 475	0. 552	0. 878
1989	0. 481	0. 557	0. 88
1990	0. 493	0. 565	0. 887
1991	0. 503	0. 578	0. 884
1992	0. 509	0. 617	0. 847
1993	0. 515	0. 631	0. 84
1994	0. 522	0. 637	0. 843
1995	0. 529	0. 643	0. 845
1996	0. 529	0. 637	0. 851
1997	0. 519	0. 628	0. 846
1998	0. 515	0. 623	0. 846
1999	0. 511	0. 618	0. 843
2000	0. 506	0. 613	0. 84
2001	0. 5	0. 606	0. 838
2002	0. 487	0. 597	0. 829
2003	0. 48	0. 597	0. 818
2004	0. 485	0. 612	0. 808
2005	0. 484	0. 622	0. 796
2006	0. 486	0. 626	0. 795

（1）近 30 年来，我国技术效率无明显改善。2006 年技术效率为 49%，比 1978 年的 46%改善不多。改革开放以来技术效率在 45%~53%间变动，大部分年份在 50%以下。这个结果比郑京海和胡鞍钢（2005）的研究结论更加糟糕。意味着，与可以达到的最佳效率状况相比，全国平均的技术效率只达到其一半左右。

（2）技术效率波动较大，近年处于较低水平。1978—1982 年全国平均意义上的技术效率有一个明显提升，此后回落并在1983—1989年间保持在48%的水平上下。1988—2003年间的技术效率经历了一个倒U形路径，这段时期，技术效率在1995—1996年间达到了53%的峰值，此后出现明显下滑，并回落到1983—1989年期间的48%左右的水平，直到2003年以后才有所扭转。2004年以后技术效率开始企稳，并略有改善，但仍处于历史较低水平。(参见图1-1)

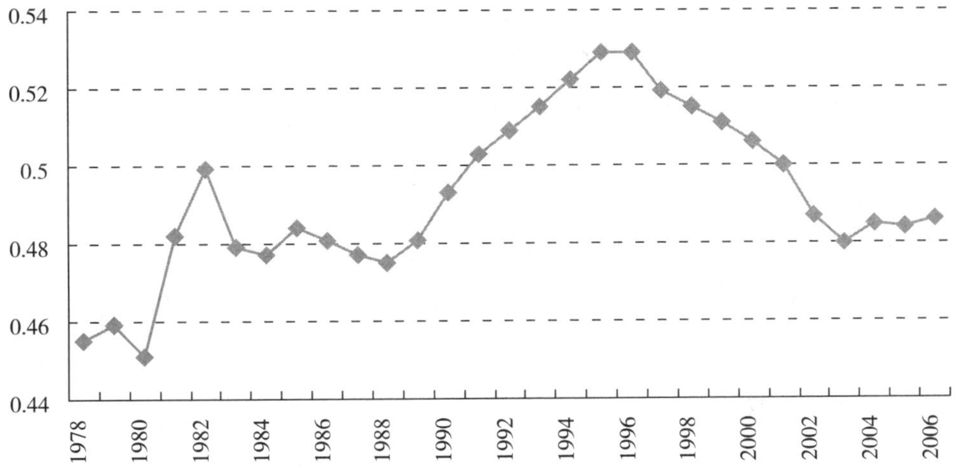

图1-1　技术效率的变动

(3) 各省区之间的技术效率差异较大。50%左右的技术效率也表明，前沿面下的省份与前沿面上的省份在效率水平落差较大。后文也验证了这一点。

表1-3的第6列和图1-2展示了Malmquist指数核算出来的TFP增长情况，表1-4则列示了TFP在各分段时期的增长情况。从中可以总结出以下几点。(1) TFP的平均增长率接近3%，对整体经济增长率贡献率接近三成。1978—2006年，TFP平均年增长达2.9%，对同期经济增长的贡献度达27.08%。这个增长率和贡献度还是比较令人满意的。(2) TFP增长率波动呈现收敛态势，显示出更强的可持续性。与20世纪80年代相比，20世纪90年代以后的TFP变动较为平稳。1978—1990年间TFP增长率的标准差为2.43，明显高于1991—2000年间的1.69，而1995—2006年间仅为0.59。(3) TFP增长率未有明显下滑。20世纪90年代的TFP平均增长率明显快于20世纪80

年代，由 2.1%上升到 3.8%，提高了 1.7 个百分点之多。这一结果与郑京海和胡鞍钢（2005）不同。其中，在 20 世纪 90 年代的前 5 年里，TFP 平均增长率达到了 29 年中的峰值，即 5.2%，对经济增长的平均贡献率达 34.5%。新千年之后的 TFP 平均增长率为 3.3%，仍高于改革开放以来的平均增速。（4）改革进程和重大事件对 TFP 影响巨大。1978—1984 年 TFP 出现了一个举足轻重的增长期，从 1979 年增长 0.4%提升到 1984 年增长 7.9%，对经济增长率的贡献度也在同期由 5%迅速提升到 50%。这个成就应该主要归功于改革开放的启动和经济制度的变革，它们有力地推动了经济增长向潜在水平靠近。改革重心转到城市后，进展并不像农业改革那样顺利，同时通胀周期也开始活跃起来，导致了 TFP 增长率的快速回落。TFP 增长在 1987—1988 年间有所恢复后，1989 年的 TFP 增长重陷停滞。1992 年开始，第二轮改革开放显著地提升了 TFP 增长率，但其后出现了一个下降周期，尤其是 1995 年开始的 TFP 增长乏力在学界引起了广泛关注，此时出现了一个明显的“资本深化”过程（参见张军，2002）。不过，进入新千年，TFP 增长开始企稳。

表 1-3　全要素生产率的增长、构成及其对经济增长的贡献度

年份	技术效率变化（CRS）	技术进步（CRS）	纯技术效率变化（VRS）	规模效率（VRS）	TFP 变化	实际 GDP 增长率	TFP 贡献度
1979	1.01	0.994	1.016	0.994	1.004	7.91	5.060
1980	0.983	1.038	0.974	1.009	1.021	8.64	24.297
1981	1.071	0.943	1.031	1.039	1.01	5.12	19.539
1982	1.042	0.993	1.039	1.003	1.035	9.99	35.032
1983	0.96	1.068	0.975	0.985	1.026	11.07	23.492
1984	0.995	1.085	0.997	0.998	1.079	15.93	49.607
1985	1.01	1.018	1.012	0.998	1.028	12.36	22.651
1986	0.991	0.996	1.002	0.989	0.987	7.48	-17.385
1987	0.987	1.037	0.994	0.993	1.023	11.23	20.482
1988	0.998	1.045	1	0.998	1.042	11.80	35.593
1989	1.015	0.986	1.011	1.004	1.001	3.97	2.521

（续表）

年份	技术效率变化（CRS）	技术进步（CRS）	纯技术效率变化（VRS）	规模效率（VRS）	TFP 变化	实际 GDP 增长率	TFP 贡献度
1990	1.028	0.973	1.019	1.009	1	5.29	0.000
1991	1.021	1.008	1.027	0.994	1.029	9.39	30.894
1992	1.01	1.058	1.066	0.948	1.069	15.04	45.876
1993	1.009	1.05	1.02	0.989	1.059	16.14	36.564
1994	1.013	1.034	1.009	1.004	1.047	14.23	33.018
1995	1.014	1.019	1.011	1.003	1.033	12.53	26.342
1996	0.997	1.038	0.989	1.009	1.035	11.53	30.351
1997	0.976	1.056	0.983	0.993	1.031	10.81	28.669
1998	0.989	1.037	0.988	1	1.025	9.57	26.110
1999	0.985	1.032	0.991	0.995	1.017	8.73	19.465
2000	0.986	1.041	0.989	0.997	1.027	9.60	28.119
2001	0.988	1.046	0.989	1	1.033	9.47	34.846
2002	0.969	1.063	0.982	0.987	1.03	10.59	28.319
2003	0.981	1.056	0.997	0.984	1.035	12.19	28.724
2004	1.009	1.026	1.026	0.983	1.034	13.44	25.289
2005	0.997	1.039	1.016	0.981	1.035	13.27	26.367
2006	1.003	1.026	1.007	0.997	1.029	13.84	20.951
1978—2006	1.001	1.028	1.006	0.996	1.029	10.71	27.08

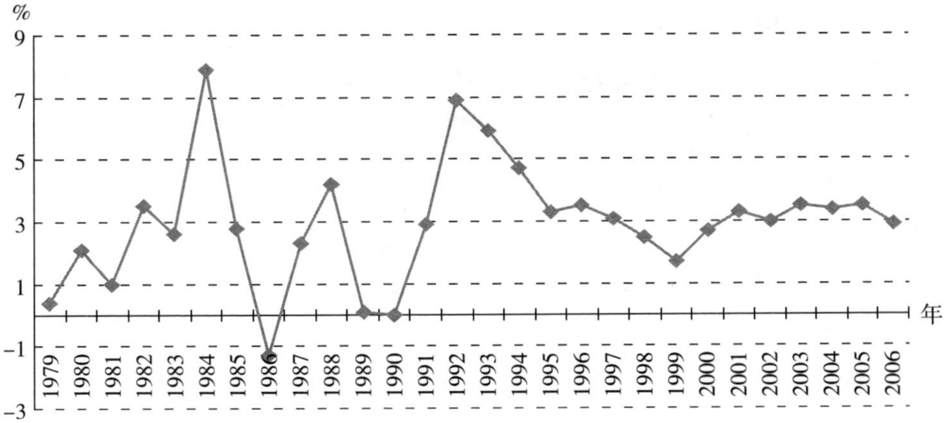

图 1-2　TFP 变化

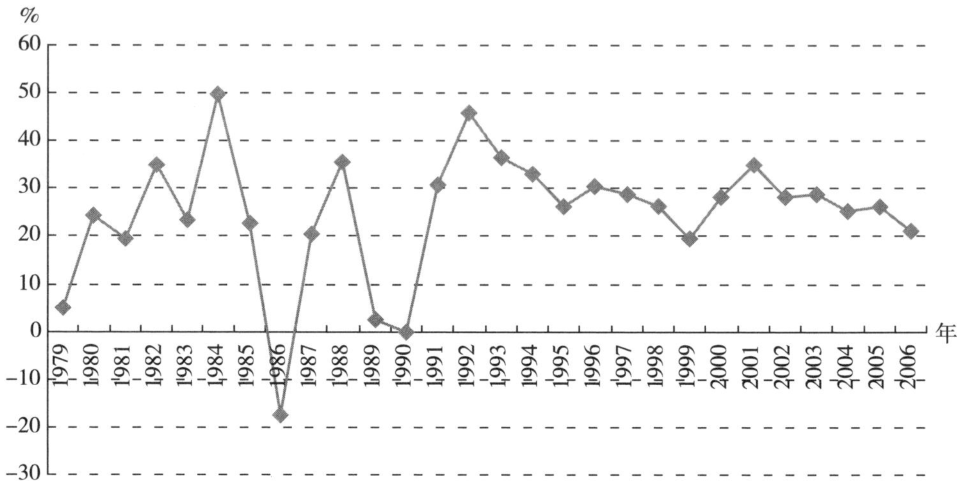

图 1-3　TFP 的贡献率

（二）全要素生产率的构成及其变动

通过对 TFP 的分解，我们可以分析 TFP 以及技术效率升降的原因。在静态意义上，因为没有技术进步因素起作用，TFP 等价于技术效率。这使得图 1-1 和图 1-2 有相似，但也有不同。图 1-4 显示了对 TFP 增长率的分解。从中可以发现两点。(1) 技术效率变化与技术进步之间存在明显的负向关系。这在某些时期是容易解释的。比如，1978—1984 年间，TFP 增长很快，从图 1-4 可看出，最初是技术效率变化起到了主导作用，其后是技术进步起主导作用。这是因为，农村改革一开始，制度变革在技术不变的情况下解放了生产力，而这个效应是一次性的，很快消失，此后，农民投资的积极性提高，推动了技术进步，使得 TFP 得以继续增长。(2) 20 世纪 80 年代技术进步和技术效率变化因素交替起主导作用，20 世纪 90 年代以来的 TFP 增长主要由技术进步推动的，而技术效率的下滑导致了 TFP 增长率从 1992 年的高位滑落。技术进步率在 20 世纪 80 年代有正有负，但 1992 年以来的年增长率基本都在 3%以上，支撑了 TFP3%左右的增长率；技术效率变化在 1981 年甚至超过 7%，但 20 世纪 90 年代则很少超过 1%，1996—2003 年间甚至为负值。表 1-4 显示，1991—2000 年间技术效率年均增长-0. 2%，技术进步率年均增长 4. 1%。

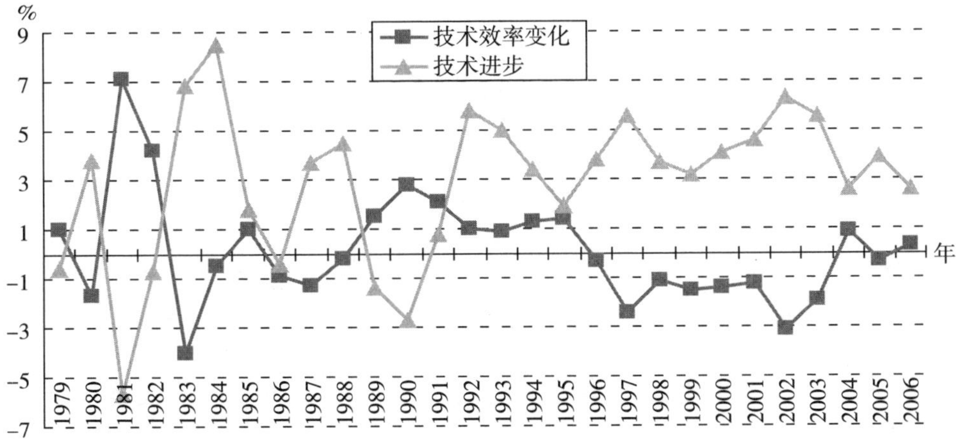

图 1-4　TFP 的分解：技术效率变化与技术进步

表 1-4　全要素生产率在各时期的增长及其构成

时期	TFP 增长			技术效率变化			技术进步			规模经济变化（VRS）		
	平均值	标准差	变异系数	平均值	标准差	变异系数	平均值	标准差	变异系数	平均值	标准差	变异系数
1978—1990	1.021	2.428	2.378	1.007	2.940	2.919	1.014	4.124	4.067	1.001	1.389	1.387
1978—1984	1.029	2.681	2.606	1.010	4.049	4.009	1.019	5.327	5.227	1.004	1.868	1.861
1985—1990	1.010	2.180	2.159	1.004	1.725	1.719	1.007	3.186	3.164	0.998	0.808	0.810
1991—2000	1.038	1.694	1.632	0.998	1.425	1.428	1.041	1.241	1.192	0.993	1.798	1.811
1991—1995	1.052	1.553	1.477	1.012	0.238	0.235	1.040	1.733	1.666	0.986	2.624	2.662
1996—2000	1.025	0.589	0.574	0.984	0.560	0.569	1.041	1.034	0.994	0.996	0.299	0.300
2001—2006	1.033	0.288	0.279	0.992	1.647	1.660	1.042	1.701	1.633	0.986	0.631	0.640
2003—2006	1.033	0.321	0.311	1.003	0.600	0.598	1.030	0.751	0.729	0.987	0.872	0.883
1978—2006	1.029	1.957	1.902	1.001	2.262	2.260	1.028	3.123	3.038	0.996	1.465	1.471

我们再来看技术效率变化积弱不振的原因。图 1-5 显示了在规模报酬可变条件下对技术效率进步的进一步分解。我们可以发现，相对而言，纯技术效率的下降是技术效率变化的主导因素，规模经济的变化率在大多数年份均为负，且变化不大，表明我国的企业长期未在最优规模基础上组织生产，反映出市场竞争不充分，企业受到诸多约束未能按效率调整生产规模。

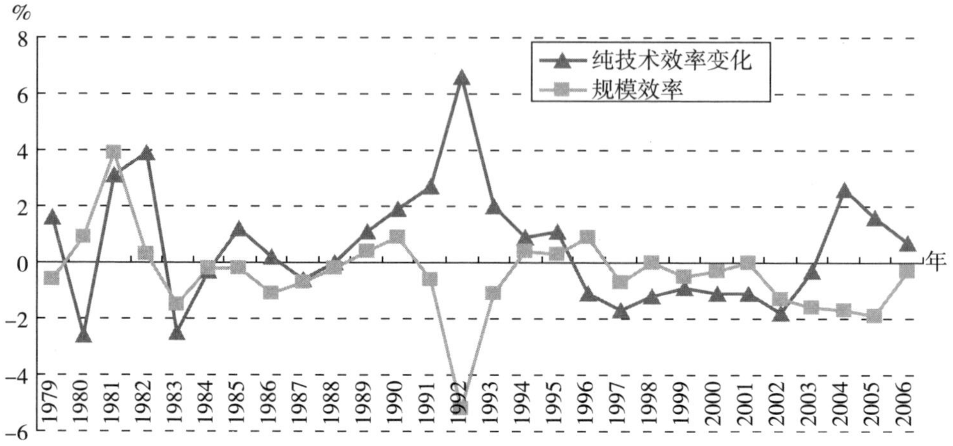

图 1-5　技术效率变化的分解：纯技术效率变化与规模效率

（三）全要素生产率的地区特征

我国各省区 TFP 表现差异明显。总体而言，东部和内陆资源丰富省份 TFP 增长较快，而中部省份的 TFP 增长较慢。表 1-5 显示，年均 TFP 增长率在 5%以上的省份中，山东、上海、天津和广东为东部省份，内蒙古、新疆、山西和陕西为资源丰富的中部或西部省份。而在 TFP 增长率为负值的省份中，除广西外，其余五省均为中部省份，即中部六省中，只有山西 TFP 增长为正。中部 TFP 增长的弱势主要是由于技术进步相对缓慢导致的，与 TFP 排名相似，除山西外，其他中部省份的技术进步排名均靠后。

表 1-5　各省区 TFP 的增长及其构成

省份	技术效率变化（CRS）	技术进步（CRS）	纯技术效率变化（VRS）	规模效率（VRS）	TFP 变化
北京	0.998	1.051	1	0.998	1.049
天津	1.01	1.054	1.006	1.003	1.065
河北	1.006	1.029	1.006	1	1.035
山西	0.999	1.058	0.999	1	1.057
内蒙古	1.01	1.059	1.007	1.002	1.069

（续表）

省份	技术效率变化（CRS）	技术进步（CRS）	纯技术效率变化（VRS）	规模效率（VRS）	TFP 变化
辽宁	1	1.026	1	1	1.026
吉林	1.001	1.044	1.001	1	1.045
黑龙江	0.994	1.05	0.997	0.996	1.043
上海	1.011	1.058	1.003	1.008	1.070
江苏	0.995	1.05	1.013	0.982	1.045
浙江	1.009	1.031	1.011	0.998	1.04
安徽	1.007	0.992	1.004	1.003	0.999
福建	1.007	1.002	1.006	1.001	1.008
江西	0.995	0.991	0.999	0.996	0.986
山东	1.01	1.06	1.032	0.979	1.071
河南	1.002	0.991	1.002	1	0.992
湖北	1.002	0.992	1.002	1	0.994
湖南	1.006	0.99	1.007	0.999	0.996
广东	1.01	1.05	1.02	0.99	1.06
广西	1.003	0.992	1.007	0.997	0.995
四川	1.014	1	1.014	0.999	1.014
贵州	1.014	0.99	1.023	0.991	1.004
云南	1.014	0.992	1.011	1.003	1.006
西藏	0.989	1.057	1	0.989	1.046
陕西	1.004	1.051	1.006	0.998	1.056
甘肃	0.997	1.045	0.999	0.998	1.041
青海	0.987	1.036	1.006	0.981	1.022
宁夏	0.999	1.044	1.004	0.995	1.043
新疆	1.008	1.054	1.006	1.002	1.063
平均	1.001	1.028	1.006	0.996	1.029

五、结论与启示

本章运用 DEA 下的 Malmquist 指数方法测算并分解了我国改革开放以来的 TFP 变动。基本发现是，1978—2006 年间 TFP 每年以接近 3%的速度增长，对经济增长的贡献率在 30%以下。这个发现是中性的，此前有学者估算 TFP 的增长贡献率达到了 40%～50%，也有学者认为这个比率是 20%。具体而言，本章有以下几点启示。

（一）中国经济增长方式亟待转型

尽管 TFP 增长率较快，但与发达国家相比，我国 TFP 增长对经济增长的贡献率仍有较大的提升余地。在我国的经济增长中，资本投入的贡献率比 TFP 增长的贡献率更大。从这个意义上说，我们的结论无法打消对中国粗放型增长模式的忧虑。农村和国有企业的改革红利已消耗殆尽，资源环境问题日益突出，中国经济要实现更好更快的增长还需要加快落实科学发展观，将改革开放向纵深推进。

（二）提升效率的重心应向技术效率倾斜

我们还发现，近十年来的 TFP 增长更主要是由技术进步推动的，而技术效率变化有时甚至为负。这意味着，我国“后发优势”的发挥主要还是靠学习先进的技术，而不是先进的管理和文化。随着技术差距的缩小，我国需更加依赖技术效率改进。此外，较低的规模经济表明，企业充分竞争、自由发展的环境还有待优化。

（三）国家政策应注意区域平衡

本章发现，与东部和西部省份相比，中部省份的 TFP 增长率较低。这在一定程度上凸显中部的尴尬境地：东部具备对外开放的区位优势，而西部拥有西部大开发的政策支持。我们的研究验证了加快实施中部崛起战略的必要性。

（四）应对我国经济增长的可持续性保持信心

与20世纪80年代相比，近十年的TFP增长更趋稳定，更具可持续性。虽然1995年以后TFP增长出现连续几年的下滑，但2000年以来TFP重新开始稳定增长。这意味着，中国经济持续增长的基本面仍有望持续向好。

第二章

人民币升值是影响中国出口的主要因素吗？[①]
——理论与实证研究

人民币升值对出口有多大影响历来争议较大，对该问题的认识关系到中国改革开放步伐、宏观政策导向和产业政策设计等。本章通过一个具有微观基础的均衡模型刻画了中国出口变化的决定机制，发现汇率只是影响出口的因素之一，其影响方向和力度大小还取决于其他结构性制度性条件；此外，外部需求、出口商品结构、经济发展阶段、劳动力成本、比较优势变化等因素对中国出口有更重要、更确定的影响。本章运用时序数据并首次使用出口国面板数据的实证研究显示，出口的人民币升值弹性为-0.54～-0.09。此外，跨国面板数据分析也表明，汇率变化只能解释各国出口变化的一小部分，且随着中国自2008年进入中等收入国家，汇率升值对出口的影响有所减弱。我们认为，不存在人民币过快或过度升值的证据，下一步应继续推进汇率形成机制改革，使市场供求对汇率水平及波动起决定性作用。

一、引　　言

人民币汇率升值对出口的影响历来颇具争议，最近又再度升温。2013年

① 本章与中国人民银行周诚君研究员、中国人民银行上海总部万阿俊博士合作。

广交会成交冷清，部分月份出口增速有所下滑，一些学者认为这是人民币升值过快或过度（特别是对其他新兴经济体货币升值）导致，建议人民币停止升值甚至贬值。自 2005 年 7 月汇率改革启动至 2014 年 5 月月末，人民币名义有效汇率已累计升值 26%，实际有效汇率升值 34%。在此过程中，有关人民币升值打击出口的声音一直存在。但实际上，同期中国出口增长 169%，先后超过美国（2007 年）、德国（2009 年）成为第一大出口国，占全球出口比重从 2005 年的 7.3%升值到 2012 年的 11.1%。因此，人民币汇率升值总体上未阻碍中国出口部门的扩张，准确评估升值对出口的影响、澄清认识误区需要深入严谨的研究。

为此，本章首先从理论层面分析人民币升值对出口增速的影响，然后运用最新时序时间、出口国面板数据以跨国面板进行实证检验。我们通过一个具有微观基础的均衡模型发现，汇率仅是影响出口的众多因素之一，且其影响方向和程度大小还与升值货币的结构、出口商品的结果以及经济发展水平有关；相比之下，其他因素对出口的影响更为确定。本章的多重实证检验也表明，人民币升值对中国出口有影响，但不是主要因素；出口变化更多地反映了工资上升、外部需求变化、产业结构和经济结构的调整等因素，这些汇率之外的因素解释了中国出口变化的绝大部分。

国内外对人民币汇率与出口变化的关系做了大量研究，其中，较近的代表性文献有：海闻、沈琪（2006），叶永刚等（2006），陈学彬等（2007），陈六傅、刘厚俊（2007），徐明东（2007），Marquez 和 Schindler（2007），Aziz 和 Li（2007），Rahman 和 Thorbecke（2007），Cheung 等（2009），Ahmed（2009），Thorbecke 和 Smith（2010），姚枝仲等（2010），李宏彬等（2011）。在研究方法上，现有文献主要采用最小二乘法、广义矩估计、向量自回归及协整分析等。在数据结构上，多数研究采用时间序列数据，少数使用分行业、贸易国或企业面板数据，数据来源一般为国家统计局或海关。此外，部分研究将出口区分为加工贸易与一般贸易。在结论上，根据李宏彬等（2011）的归纳，大部分研究认为中国出口的汇率弹性介于-2.53～-0.02，即人民币汇率升值 1%，在其他条件不变的情况下，出口额将下降 0.02%～2.53%。

在这些研究的基础上，本章试图从以下几方面有所推进。第一，构建了一个有关中国出口变化的理论模型，在模型中，我们考虑汇率、外部需求、国内劳动力成本、资本、技术进步、规模经济、出口政策、产业结构等影响因素。我们认为，只有借助一个完整的分析框架，才能对汇率与出口的关系做出准确分析。第二，首次使用贸易伙伴国家从中国进口的数据，而不是中国海关统计的国别出口数据，部分解决了出口退税动机、人民币升值预期乃至转移资产行为等因素对出口数据真实性造成的影响。第三，使用纠偏虚拟变量最小二乘估计方法解决面板数据可能存在的小样本偏差问题，并采用固定效应、系统 GMM 等方法对模型参数进行估计，使模型的结论更加稳健可靠。第四，克服 Haddad 和 Pancaro（2010）等控制变量过少的缺陷，利用大样本跨国面板数据和动态面板数据模型对汇率与出口关系进行了跨国研究，对基于中国的实证研究结论加以验证。此外，本章的实证研究运用最近数据，有助于对当前争议和汇率体制改革提供参考。

文章结构安排如下：除引言外，第二部分描述人民币升值与出口变化的一些特征事实；第三部分构建解释中国出口变化的一个理论模型，重点讨论了汇率在其中的作用；第四部分实证研究人民币升值等因素对中国出口变化的影响；第五部分提供实际汇率—出口关联的跨国经验证据；第六部分总结全文，并讨论政策含义。

二、人民币升值与出口变化：特征事实

本部分从直接观察人民币对美元及其变化率、人民币实际有效汇率与中国出口变化的关联，分析人民币相对东南亚国家或其他金砖国家货币的变化情况，以及外部需求、工资、出口产品结构及经济结构等因素对出口的影响。

（一）人民币汇率与出口变动不存在稳定关联

2005 年 7 月“汇改”至 2008 年 8 月国际金融危机爆发前，人民币对美元

经历了 3 年时间的大幅升值，升值幅度达到 20%，在此期间中国出口平均增速达到 28%。2008 年 8 月至 2010 年 7 月，国际金融危机冲击严重期间，人民币对美元保持固定，出口增速出现了一个显著的 U 形走势。2010 年 6 月“汇改”重新启动后，人民币汇率出现了一波温和升值，但出口增速明显下降，特别是 2012 年以来，出口增速基本降至 10%左右（图 2-1、2-2）。

从人民币对美元汇率的同比增速看，汇率升值与出口增速走势也存在明显差异，特别是在这轮国际金融危机爆发后，出口增速波动远远大于汇率变化。此外，人民币实际有效汇率与出口之间的联系较为紧密，但在这轮国际金融危机以后两者走势重新松散。

从此来看，人民币升值和中国出口变动之间没有稳定联系，要解释中国出口变化还需借助其他因素。此外，研究两者关系时需要控制国际金融危机的影响。

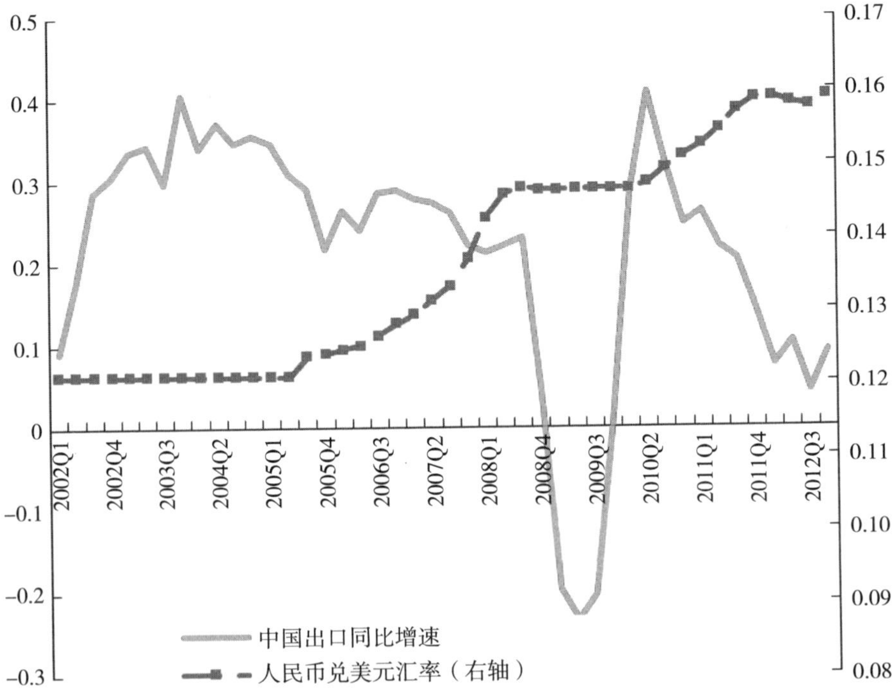

图 2-1 人民币兑美元汇率与中国出口变化

资料来源：CEIC。

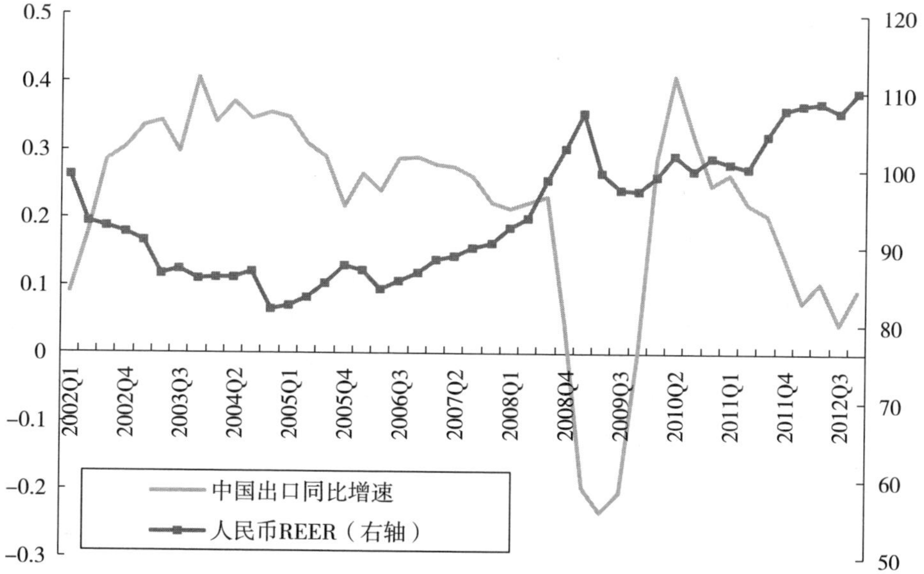

图 2-2　人民币实际有效汇率与中国出口变化

数据来源：BIS、CEIC 和作者的计算。

（二）人民币对其他新兴经济体货币没有出现普遍升值

相比美元等发达国家货币，人民币对其他新兴经济体货币升值更容易带来替代效应，从而导致中国出口增速下降。这也是部分学者认为人民币升值过快或过度的一个重要理由。图 2-4 展示了人民币对印度、俄罗斯、马来西亚、菲律宾、泰国等代表性新兴经济体货币的变化情况。可以发现，2002—2012 年间，人民币对印度卢比、俄罗斯卢布升值分别达到 50%和 29%。除此之外，11 年间，人民币对其他新兴经济体货币时贬时升，总体变化不大，其中，对马来西亚林吉特、菲律宾比索分别仅升值 6.4%和 5.4%，而对泰国铢贬值 5.8%。由此来看，人民币对新兴市场经济体货币并没有出现普遍大幅升值，特别是没有对东南亚国家货币明显升值。此外，除人民币对印度卢比在 2010 年四季度后又出现一轮升值外，人民币对新兴经济体货币的升值主要出现在 2008 年四季度，除此之外的其他时间，人民币总体呈现贬值状态。特别是在 2010 年二季度以来出口增速的下降时期，人民币对东南亚出口导向型经济体货币保持稳定，不存在人民币对新兴经济体货币升值过快的现象。

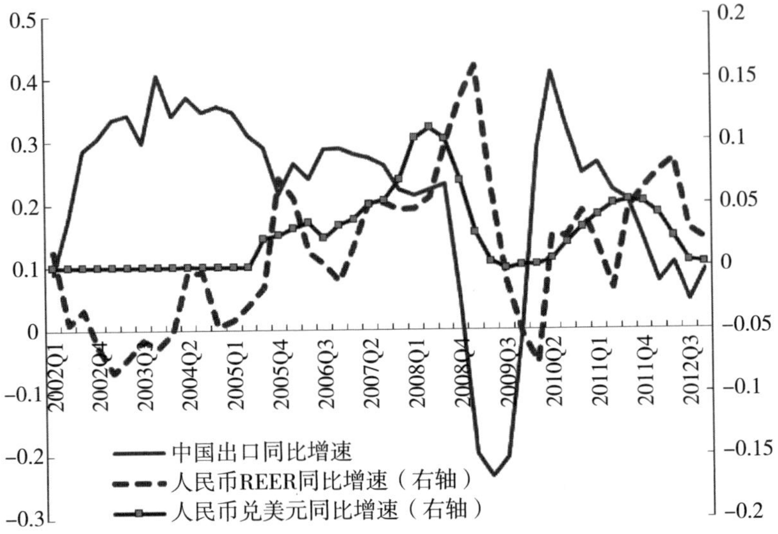

图 2-3　人民币汇率同比增速与中国出口变化

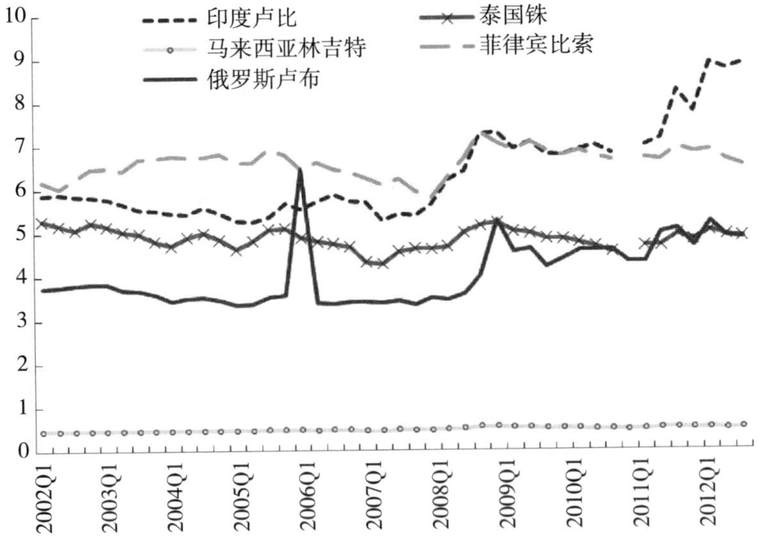

图 2-4　人民币对部分东南亚及金砖国家货币变动情况

数据来源：国家外汇管理局和作者的计算。

注：(1) 横轴为时间，纵轴为人民币对该国币值情况。(2) 汇率采用间接标记法。

(三)其他金砖国家汇率与出口之间不存在一致关系

Haddad 和 Pancaro(2010)发现,本币升值对出口的影响大小和方向与经济发展阶段相关,为此我们着重观察一下发展中大国的情况。图 2-5 显示,其他金砖国家的汇率变动与出口增速也不存在一致关系:巴西亚雷尔和南非兰特升值伴随出口增速下滑;印度卢比币值变化与出口变化关系不明显;俄罗斯的出口则在卢布升值背景下呈上升态势。这表明,即便同是发展中大国,各国本币币值变化与出口增速的关系也不尽相同,这要求我们应深入考虑汇率变化之外的国别因素。

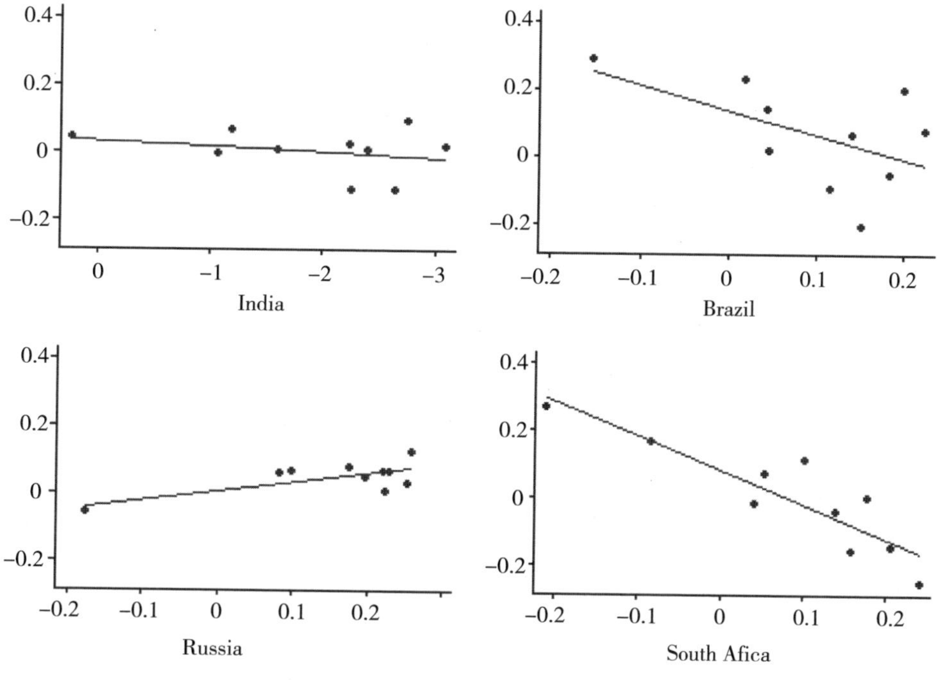

图 2-5 其他金砖国家中国出口增速与汇率变动

数据来源:BIS、世界银行数据库。

注:(1)横轴为汇率变动,纵轴为出口增长率。(2)时间为 2002—2012 年。(3)汇率与出口为年度同比数据。(4)汇率采用实际有效汇率数据。(4)直线表示修正值(下同)。

(四)外部需求、劳动力成本、经济结构等对中国出口有重要影响

既然各国出口增速与汇率变动的关系在方向和紧密程度上存在明显差异,

我们就需要关注其他因素来解释中国出口变动的因素。这里观察三个因素。首先，外部需求。在 2005 年“汇改”启动后到这轮危机之前，人民币处在快速升值通道，但出口一直保持高速增长，这与这段时期国际经济周期处在扩张周期有关；2008 年 9 月后的国际金融危机冲击严重时期，人民币暂停“汇改”，重新盯住美元，但这一时期中国出口先是大幅下降至负增长；同样，2010 年“汇改”重启后，特别是 2011 年四季度到 2012 年，人民币升值步伐有所放缓，但受欧洲主权债务深化、美国经济复苏乏力等外部因素影响，中国出口从 40%降至 10%左右，2012 年全年增速只有 8%（图 2-1、2-2、2-3）。图 2-6（左）显示，外部需求与中国出口增速之间存在明显的正相关关系。①

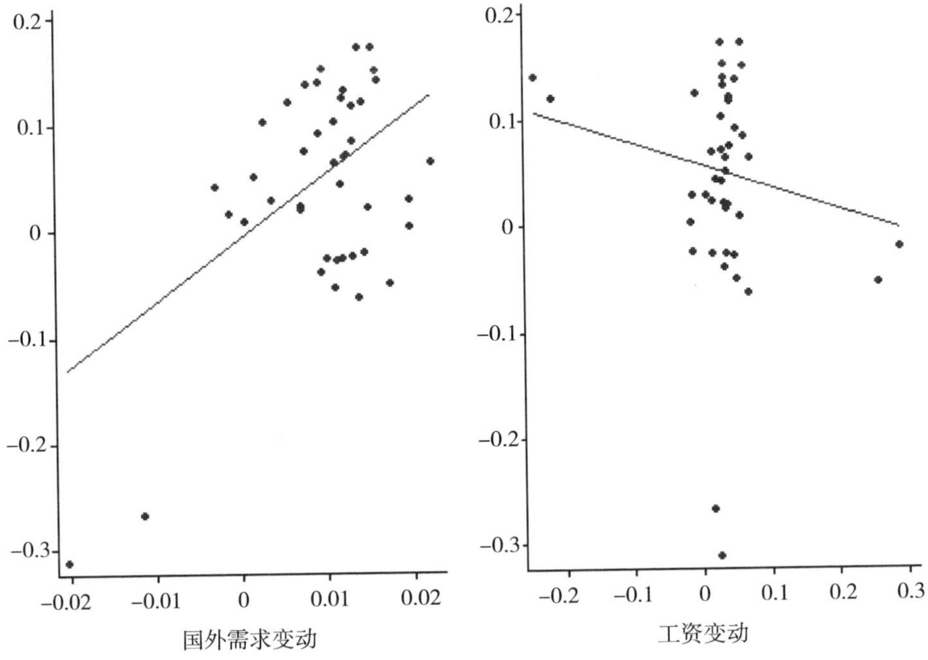

图 2-6　外部需求、工资变动与中国出口增速

数据来源：CEIC、Wind 及世界银行数据库。

注：（1）横轴为外部需求及工资变动率，纵轴为出口增长率。（2）时间区间为 2002—2012 年。

① 参照 Ahmed（2009），本章在实证部分以 GDP 增速代表外部需求变化。这里简单地以美国的 GDP 增速来代表外部需求变化。

其次，劳动力工资。中国丰富的劳动力资源和低工资是出口竞争力的重要来源。2002—2012 年年底，中国人均工资增长 320%①，并有可能在此期间跨越刘易斯转折点（蔡昉，2010），这势必对出口产生影响。图 2-6（右）显示，中国劳动力工资上升与出口增速之间存在明显的负相关关系。

最后，经济结构或经济发展阶段。国际贸易史表明，大多数国家不可能长期维持出口高增长，随着经济重心从制造业向服务业转移，贸易部门比重逐渐下降，非贸易部门逐渐上升，出口增速会逐步趋缓。此外，在经济发展过程中，一国的比较优势会发生变化，制造业产业特别是一般制造业会逐步向要素成本更低的国家转移。以服务业占 GDP 比重衡量经济结构看，2002—2011 年，中国从 41.46%升至 43.31%。与全球其他国家一样，图 2-7 显示，出口增速与服务业比重之间呈现负相关关系。

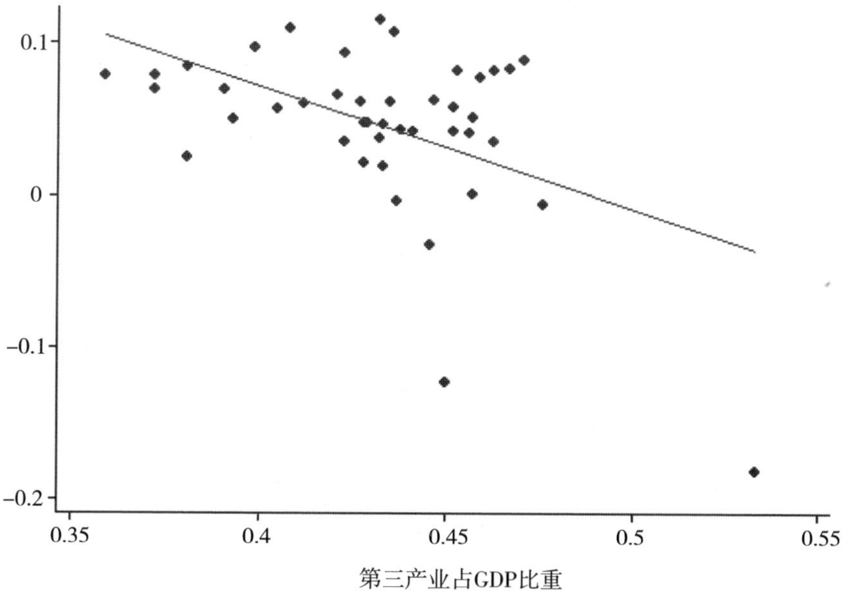

图 2-7　经济结构变动与中国出口增速

数据来源：CEIC、Wind 及世界银行数据库。

注：(1) 横轴为经济结构变动率，纵轴为出口增长率，其为季度环比数据。(2) 时间区间为 2002—2012 年。

---

① 来自 Wind 数据库。

基于上述事实，可以发现汇率升值对出口有影响，但关系并不稳定；同时，外部需求、劳动力成本上升、产业结构变化等因素对出口增速存在明确影响。因此，如何评价汇率等因素对出口变化的影响需要仔细分析。

三、人民币升值与出口变化：一个理论模型

为准确评估汇率变化对出口的影响，我们在 Ahmed（2009）的基础上，构建了一个具有微观基础的模型以解释中国出口的变化，此模型从供求两方面全面考察了汇率、外部需求、劳动力成本、FDI、技术进步及规模经济、出口政策（如出口退税等）、原材料成本、产业结构等多重因素。

（一）外部需求

假定某一进口中国商品的代表性外国消费者主要消费三种类型产品：来自中国的可替代进口品（M_s），即该种产品既可以从中国进口，也可以从印度、越南、印尼等劳动力成本优势明显的亚洲新兴国家进行进口，其替代弹性较高、技术层次较低，一般属于劳动力密集型产品和简单初级产品；来自中国的不可替代进口品(M_n)，该种产品一般难以从中国以外的新兴国家进行进口，可替代相对较弱，通常属于资本密集型产品或稀土等资源品；其他产品，包括该国生产的产品以及进口自中国以外其他国家的产品(C_o)。该国典型消费者具有 CES 形式的效用函数：

$$u\left(M_{s,t},\ M_{n,t},\ C_{o,t}\right)=\left[\varphi_s{}^{1/\sigma}M_{s,t}{}^{(\sigma-1)/\sigma}+\varphi_n{}^{1/\sigma}M_{n,t}{}^{(\sigma-1)/\sigma}+\left(1-\varphi_s-\varphi_n\right)^{1/\sigma}C_{o,t}{}^{(\sigma-1)/\sigma}\right]^{\sigma/(1-\sigma)} \quad (1)$$

其中，φ 代表各类消费品的偏好系数，σ 代表各类消费品的替代弹性，t 代表时间。为便于数学处理，这里将各类消费品的替代弹性设为相等。包括进口商品和本国产品在内的代表性消费者预算约束为：

$$P_{s,t}{}^{*}M_{s,t}+P_{n,t}{}^{*}M_{n,t}+P_{o,t}{}^{*}C_{o,t}=P_{c,t}{}^{*}C_t{}^{*} \quad (2)$$

$P_{s,t}{}^{*}$、$P_{n,t}{}^{*}$、$P_{o,t}{}^{*}$ 分别代表来自中国的可替代出口品、不可替代出口品

以及其他产品的国外价格，C_t^* 代表国外总体消费，$P_{c,t}^*$ 为国外生产者价格指数。这个等式未考虑国际收支不平衡的情况。根据效用函数的一阶条件，可以得到国外消费者对三类产品的需求函数分别为：

$$M_{s,t} = \varphi_s(P_{s,t}^*/P_{c,t}^*)^{-\sigma}C_t^* \tag{3}$$

$$M_{n,t} = \varphi_n(P_{n,t}^*/P_{c,t}^*)^{-\sigma}C_t^* \tag{4}$$

$$C_{o,t} = (1-\varphi_s-\varphi_n)(P_{o,t}^*/P_{c,t}^*)^{-\sigma}C_t^* \tag{5}$$

在上式基础上，可以得到加总国外消费者价格指数为：

$$P_{c,t}^* = [\varphi_s P_{s,t}^{*1-\sigma} + \varphi_n P_{n,t}^{*1-\sigma} + (1-\varphi_s-\varphi_n)P_{o,t}^{*1-\sigma}]^{1/1-\sigma} \tag{6}$$

人民币实际汇率定义为名义汇率乘以中国与国外的消费者价格之比，可以进一步分解为：

$$RER_t = E_t P_{c,t}/P_{c,t}^* = (Q_{A,t}')^{\varphi}(Q_{B,t}')^{1-\varphi} \tag{7}$$

其中，RER_t 代表实际汇率，其上升代表人民币升值。E_t 代表名义汇率，表示为一单位人民币所代表的外币量，$P_{c,t}$ 与 $P_{c,t}^*$ 分别代表中国与外国消费者价格指数。$Q_{A,t}'$ 与 $Q_{B,t}'$ 分别代表人民币兑新兴市场经济体和发达国家的实际汇率，指数 φ 与 $1-\varphi$ 分别代表其各自权重。

在（7）式基础上，在假定购买力平价成立下，可将（3）、（4）式改写为：

$$M_{s,t} = \varphi_s RER_t^{-\sigma}(P_{s,t}/P_{c,t})^{-\sigma}C_t^* \tag{8}$$

$$M_{n,t} = \varphi_n RER_t^{-\sigma}(P_{n,t}/P_{c,t})^{-\sigma}C_t^* \tag{9}$$

$P_{s,t}$、$P_{n,t}$ 分别表示以人民币标价的国内价格。可以发现，$\partial M_{s,t}/\partial RER_t < 0$，$\partial M_{n,t}/\partial RER_t < 0$，即人民币实际汇率升值将导致国外对中国两类出口品的需求减少。同时，外部需求的下降会直接减少从中国的进口。

（二）国内供给

假定国内生产服从柯布—道格拉斯函数形式。汇率升值对出口主要有两方面影响。一是汇率升值会降低可替代出口产品的比较优势，导致出口下降。值得注意的是，除汇率升值外，劳动力、资源要素等价格相比其他新兴经济体上升，也会导致中国比较优势下降。为刻画比较优势变化对出口的影响，本章引入一个虚拟冲击指数 V，该指数伴随同类产品出口国竞争优势上升而下降，进而引发中国可替代出口品供给减少。二是汇率升值会降低出口品中进口中间品的成本。可替代出口品总体技术层次较低，进口中间品价格的变化会较充分地反映在出口品价格中。为简化分析，在其生产函数中不考虑原材料成本效应；在非替代出口品的生产函数中加入进口原材料 Z。国内非贸易品的生产函数设定为通常函数形式。由此，各类生产函数形式可表示为：

$$X_{o,t} = A_{o,t} L_{o,t}^{\alpha o} K_{o,t}^{1-\alpha o} \tag{10}$$

$$X_{n,t} = A_{n,t} L_{n,t}^{\alpha n} Z_{n,t}^{\beta n} K_{n,t}^{1-\alpha n-\beta n} \tag{11}$$

$$X_{s,t} = V_t A_{s,t} L_{s,t}^{\alpha s} K_{s,t}^{1-\alpha s} \tag{12}$$

其中，$X_{o,t}$、$X_{n,t}$、$X_{s,t}$ 分别代表中国非贸易品、不可替代出口品和可替代出口品。L、K 分别为劳动力和资本。αo、αn 和 αs 分别代表劳动在三类产品生产中的贡献率，βn 代表进口原材料贡献率。$A_{o,t}$、$A_{n,t}$、$A_{s,t}$ 分别代表生产率冲击，均服从以下过程：$\ln A_{i,t} = \rho_i \ln A_{i,t-1} + \eta_{i,t}$，$\eta_{i,t} \sim iidN(0, \sigma_i^2)$，$i$ 分别为 o、n、s。V 代表中国相对同类国家比较优势的变化，在一价定律满足条件下，可表示为 $V_t = \xi (P_{s,t}'/P_{c,t}')^{-\lambda}$，$\xi$ 为干扰参数，$P_{s,t}'$ 和 $P_{c,t}'$ 分别代表同类产品出口国以其本币衡量的可替代商品价格指数和消费品价格指数，两者比值反映了该国可替代商品比较优势的程度；$\lambda \in (0, 1)$ 代表同类产品出口国相对比较优势变化对中国出口供给的抑制弹性。在购买力平价成立的条件下，可得到 V_t 与人民币汇率和其他出口国国内价格的关系，即 $V_t = \xi (Q_A' P_{s,t}/P_{c,t})^{-\lambda}$，可以看出，当人民币对同类产品出口国货币升值（$Q_A'$ 增加）或其他出口国出口品价格相对上升时，中国可替代出口品比较优势进而供给都会下降。

考虑到出口退税政策对出口供给的影响，利润最大化下可以得到以下条件：

$$\alpha_{i,t} X_{i,t}/L_{i,t} = W_t/[P_{i,t}(1 + T_\varepsilon)] \tag{13}$$

$$\beta_{n,t} X_{n,t}/Z_{n,t} = P_{z,t}/[P_{n,t}(1 + T_\varepsilon)] \tag{14}$$

i 分别代表两类出口产品，T_ε 代表出口退税率，假定两类出口品的退税率相等。$Z_{n,t}$ 表示对进口原材料的需求，$P_{z,t}$ 表示进口原材料的人民币价格，P 表示两类产品的本币价格，W 表示国内工作水平。

设定工资为消费价格指数的一个比例加成，其表达式为：

$$W_t = \varepsilon_{w,t}\theta P_{c,t} \tag{15}$$

θ 代表加成比例，ε_w 表示工资面临的外部冲击，且服从：$\ln\varepsilon_{w,t} = \rho_w \ln\varepsilon_{w,t-1} + \eta_{w,t}$，$\eta_{w,t}$ 为白噪声。

(三) 均衡及最优求解

首先，考虑原材料市场的均衡。假定出口竞争国对原材料的供应具有价格弹性，在购买力平价下，供给 $Z_t^s = Z_0(P_{z,t}'/P_{c,t}')^\tau = Z_0(Q_A'P_{z,t}/P_{c,t})^\tau$，弹性 $\tau \in (0, 1)$，Z_t^s 表示为原材料的供给，Z_0 为常数，$P_{z,t}'$ 为原材料以外币度量的价格。结合本式和 (13)、(14) 式，在进口原材料供给与需求均衡条件下，可以得到 Z 表达式为：$Z_t = Z_0^{1/1+\tau}\beta^{\tau/1+\tau}[Q_A'X_{n,t}P_{n,t}(1+t_\varepsilon)/P_{c,t}]^{\tau/1+\tau}$。从此式可见，人民币对出口竞争国实际汇率上升将导致原材料进口上升；同时，本国 $X_{n,t}$ 产量、价格 $P_{n,t}$ 以及出口退税率 t_ε 的上升也导致对国外原材料需求上升；本国的消费者价格指数 $P_{c,t}$ 上升，意味着本国不可替代出口品的比较优势下降，将引发生产该类产品的原材料的减少。将 Z_t 代入到生产函数中，则分别得到 $X_{n,t}$、$X_{s,t}$ 的函数形式为：

$$X_{n,t} = A_{n,t}^{(1+\tau)/\mu}(\alpha n/\theta)^{\alpha n(1+\tau)/\mu} Z_0^{\beta n/\mu}\beta n^{\beta n\tau/\mu}[(1+T_\varepsilon) P_{n,t}/P_{c,t}]^{[\alpha n(1+\tau)+\beta n\tau]/\mu} Q'^{\,\beta n\tau/\mu}_A K_{n,t}^{1-\alpha n-\beta n}\varepsilon_{w,t}^{-\alpha n(1+\tau)/\mu} \tag{16}$$

$$X_{s,t} = A_{s,t}^{1/1-\alpha s}\xi^{1/1-\alpha s}(\alpha s/\theta)^{\alpha s/1-\alpha s}[(1+T_\varepsilon) P_{s,t}/P_{c,t}]^{(\alpha s-\lambda)/(1-\alpha s)}(Q'_A)^{-\lambda}K_{s,t}^{1-\alpha s}\varepsilon_{w,t}^{-\alpha s/(1-\alpha s)} \tag{17}$$

其中 $\mu = 1-\alpha n-\beta n\tau+\tau(1-\alpha n)$。显然，$\mu > 0$。从 (16) 式可见，对不可替代出口品 $X_{n,t}$ 的供给而言，生产率因子 $A_{n,t}$、不可替代品相对价格 $P_{n,t}/P_{c,t}$、出口退税率 T_ε、对原材料进口国的实际汇率升值情况 Q'_A、资本存量有正向影响；工资冲击 $\varepsilon_{w,t}$ 有负向影响。(17) 式显示，可替代出口品 $X_{s,t}$ 的供给更加复杂，其比较优势 $P_{s,t}/P_{c,t}$ 的影响大小取决于 $\alpha s-\lambda$ 的正负情况：当此类产品劳动产出弹性 αs 大于 λ (反映国外消费者对可替代进口品需求与其他国家产品的替代弹性) 时，$P_{s,t}/P_{c,t}$ 上升将导致 $X_{s,t}$ 的供给增加；而当 λ 较大时，相对比较优势的提升并不会大幅提升 $X_{s,t}$ 的供给。在劳动密集型及简单初级产品等可替代出口品中，劳动的贡献率（αs）通常较大，因此假定 $\alpha s-\lambda>0$。此外，$X_{s,t}$ 与 $Q_A{}'$ 及来自工资水平的冲击 $\varepsilon_{w,t}$ 呈反向关系，与生产率冲击及资本存量呈正向关系。

其次，考虑整体市场的出清。结合（8）、(9) 以及（16）、(17)，可替代贸易和不可替代出口品的国内供给和外部需求实现均衡时，即满足 $M_{s,t}=X_{s,t}$，$M_{n,t}=X_{n,t}$。此时，可以得到均衡下两类产品的出口函数。为简化运算，对所有变量取对数的差分形式，其经济意义为各变量的增长率。对于各类冲击，本章假定其相关系数 ρ 均趋近于 1。由此，可得到：

$$\begin{aligned}\Delta m_s=\Delta x_s=&-(\varphi\sigma+\varphi\sigma/\mu_1+\sigma\lambda/\mu_1)\Delta q_A{}'-(\sigma+\sigma/\mu_1)(1-\varphi)\Delta q_B{}'\\&+(1-\sigma/\mu_1)\Delta c^*+\sigma/[\mu_1(1-as)]\eta_s+[\sigma(1-as)/\mu_1]\Delta k\\&-\sigma as/[\mu_1(1-as)]\varepsilon_w+\sigma(\alpha s-\lambda)/[\mu_1(1+\alpha s)]\Delta(1+t_\varepsilon)\end{aligned}\tag{18}$$

$$\begin{aligned}\Delta m_n=\Delta x_n=&[(1+\tau)/\mu_2]\eta_n+[\alpha n(1+\tau)+\beta n\tau]/(\sigma\mu_2)\Delta c^*+\\&[\beta n\tau-\varphi(\alpha n+\alpha n\tau+\beta n\tau)]/\mu_2\Delta q_A{}'-(1-\varphi)[\alpha n(1+\tau)\\&+\beta n\tau]/\mu_2\Delta q_b{}'+[\alpha n(1+\tau)+\beta n\tau]/\mu_2\Delta(1+t_\varepsilon)+\\&(1-\alpha n-\beta n)\Delta k-\alpha n(1+\tau)/\mu_2\varepsilon_w\end{aligned}\tag{19}$$

其中，$\mu_1=\sigma+(\alpha s-\lambda)/(1-\alpha s)$，$\mu_2=\mu+[\alpha n(1+\tau)+\beta n\tau]/\sigma$，变量的小写形式代表其对数化形式，并定义 $1+t_\varepsilon$ 为 $1+T_\varepsilon$ 的对数形式。根据上文假定，有：$\mu_1>0$，$\mu_2>0$。(18)、(19) 式描述了中国两类出口产品的市场均衡关系及影响因素。由此，我们有推论：

外部需求变动 Δc^*、生产技术冲击 η_s 及 η_n、资本存量变动 Δk、出口退税率变动对中国出口有正向作用；工资水平 ε_w 则有负向作用。

各因素中，本章最为关心实际汇率变动对出口的影响。我们分两种情况研究该问题。第一种情况是，人民币升值主要来自对同类产品出口国货币升值，而不是来自对欧美等主要进口国货币升值，即升值主要来自 $\Delta q_A{}'$ 而非 $\Delta q_B{}'$，即 $\Delta q_A{}'>0$，$\Delta q_B{}'=0$，在其他条件不变时，人民币升值会导致可替代出口品下降，即 $\Delta x_s<0$。从不可替代出口来看，受益于汇率升值导致原材料进口成本下降，尽管 $\Delta q_A{}'$ 上升引发总体汇率升值对出口的负面效应，Δx_n 的

具体变动将依赖于模型中各类经济参数的取值情况，包括同类产品出口国在人民币汇率中的比率、进口原材料产出贡献率等。从理论模型来看，Δx_n 的变动受系数 $\beta n\tau-\varphi(\alpha n+\alpha n\tau+\beta n\tau)$ 的取值影响，其中最为关键的为 φ，若 φ 较小（同类产品出口国在人民币实际有效汇率中所占权重较小），人民币升值会导致不可替代出口品上升，$\Delta x_n>0$；而当 φ 较大（同类产品出口国在人民币实际有效汇率中所占权重较大）时，人民币升值会导致不可替代出口品下降，$\Delta x_n<0$。从现实情况来看，亚洲等主要同类产品出口国占中国总出口比率仅为10%[①]左右，在人民币实际有效汇率中权重较小，表明 φ 的真实值较小。在这种情况下，当前 $\Delta q_A'$ 的升值将有利于中国不可替代出口品出口增加。第二种情况是，人民币升值主要来自于 $\Delta q_B'$ 而非 $\Delta q_A'$，即人民币对同类产品出口国货币基本保持稳定，而对其他主要国家货币升值，将导致中国最终商品在国际上的相对价格提高，从而导致外部需求和出口的下降。

因此，人民币升值对于中国出口存在多重效应，既有价格提升导致需求减少及需求替代效应，也有进口成本下降导致出口扩张效应，其最终效应取决于升值的货币结构（对同类产品出口国货币升值还是对其他国家货币升值）以及出口部门的结构（可替代出口及不可替代的比例）。鉴于汇率对出口存在正负影响且依赖于经济体的其他制度特征，因此人民币升值对出口的影响并不大。

上述模型只考虑制造业出口问题。此外，经济结构也会对出口造成影响，如果一国处于快速工业化阶段，制造业比重较高，出口增速通常较快；当一国处于后工业化阶段，服务业占比较高，出口通常比较平稳，增速较慢。因此，出口增速会与服务业比重呈现出图 2-6 所示的负向关系。这一因素在实证中需要考虑。并且，经济发展阶段不同，汇率对出口的影响也会有所变化。Haddad 和 Pancaro（2010）发现，汇率升值对中低收入国家出口的影响大于对中高收入国家的影响。

---

① 国家统计局 2011 年数据。所含国家包括缅甸、柬埔寨、印度、印度尼西亚、老挝、马来西亚、尼泊尔、阿曼、巴基斯坦、菲律宾、斯里兰卡、泰国、越南等几十个与中国劳动密集型产业存在竞争的国家。

理论分析表明，汇率只是影响出口变化的因素之一，其影响大小还取决于升值结构、经济发展阶段等因素。除汇率外，外部需求、劳动力成本、经济结构、出口商品结构、生产技术效率、出口退税率等因素也是解释出口变化的重要变量。下面借助计量手段定量分析包括人民币汇率在内的各因素对中国出口变化的影响。

四、基于时序数据与贸易伙伴国进口数据的实证研究

（一）模型设定与计量方法

在上述理论模型基础上，同时考虑数据可得性，构建以下实证模型①：

$$\exp_t = \alpha + \alpha_0 \exp_{t-1} + \beta(L)D\ln C_t^{\ *} + e(L)D\ln RER_t + \kappa(L)D\ln K_t + \omega(L)D\ln W_t + \mu_1 Dum_t + \mu_2 \mathrm{Indus}_t + \mu_3 Ecos_t + \varepsilon_t \qquad (20)$$

其中，exp、C^*、RER、K、W、Dum、Indus、Ecos 分别表示出口增长率、外部需求、实际汇率、资本存量、工资、2008 年开始的金融危机虚拟变量、出口商品结构、经济结构，t 代表时间。引入虚拟变量 Dum，是考虑 2008 年四季度以来，由于国际金融危机的爆发导致中国出口出现巨大波动。为了研究解释变量的长期效应，引入 $\beta(L)$ 等代表滞后多项式。本章将最长滞后期设为 4，即一年时间。

基于基准模型（20），本章考虑两类数据样本的实证研究：一是中国总出口数据，二是中国的出口国别面板数据。两类数据由于特性不同，采用的具体模型和检验方法有所差异。对于总出口数据，为保持回归结果的稳健性，本章采用 Newey-West（1987）提出的异方差自相关一致性协方差矩阵估计量进行估计。该方法在面临异方差和自相关时，仍然能对协方差矩阵做出一致性估计。对于出口国别面板数据，本章对基准模型（20）略加调整，估计如下方程：

---

① 由于本章研究的时间区间较短，不考虑技术进步因素。另外，由于出口退税率数据缺乏，也将不考虑该因素作用。

$$\exp_{it} = \alpha + \alpha_0 \exp_{it-1} + \beta(L) D\ln C_{it}^{\ *} + e(L) D\ln RER_{it} + \kappa(L) D\ln K_{it} + \omega(L) D\ln W_{it} + \mu_1 Dum_{it} + \mu_2 \mathrm{Indus}_{it} + \mu_3 Ecos_{it} + \delta_i + \varphi_t + \varepsilon_{it} \quad (21)$$

其中，δ_i 为国别效应，φ_t 为时间效应，i 与 t 分别代表国别和时间，其他变量意义与基准模型相同。方程（21）为一个典型的动态面板模型。需要指出的是，出口增长率的滞后项及实际汇率等其他解释变量都可能存在内生性问题。比如，实际汇率代表一国可贸易品与不可贸易品之间的相对价格，会相应受到一国经济发展程度、财政政策、储蓄率以及汇率市场干预①等多种因素影响。由于内生性问题的存在，传统的 OLS 估计和固定效应估计量都有偏差。处理面板数据内生性问题，代表性的方法有 Arellano-Bond（1991）的差分 GMM 估计方法，Arellano-Bover（1995）和 Blundell-Bond（1998）的系统 GMM 估计方法。较之前者，系统 GMM 同时使用了差分方程与水平方程，并进一步增加了差分变量的滞后项作为水平值的工具变量，因而工具变量的有效性更强，一定程度上规避了差分 GMM 可能的弱工具变量和有限样本偏差问题，所估参数相对具有稳健性②。系统 GMM 存在一阶段估计和两阶段估计的不同算法，Windmeijer（2005）通过蒙特卡洛模拟分析表明，较之一阶段估计，两阶段纠偏稳健估计量可以更好地进行统计推断，且系数估计值更加有效。然而，GMM 估计的渐进性质依赖于大样本，如样本容量有限，将会导致有限样本偏误。为此，Kiviet（1995）提出了纠偏虚拟变量最小二乘估计法（LSDVC）解决小样本偏差问题。Kiviet（1995）、Judson-Owen（1999）和 Bun-Kiviet（2003）等的蒙特卡洛模拟分析表明，LSDVC 方法在面对截面较小的宏观面板数据时，比 GMM 等估计方法更为有效。此后，Bruno（2005）又做了一个约束性说明，即只有在所有解释变量严格外生的情况下，LSDVC 才有更好表现，否则 GMM 方法仍相对有效。

基于上述方法论及样本数据特征，在出口国别面板数据分析中，本章将同时采用两阶段纠偏稳健系统 GMM 估计以及 LSDVC 估计。作为稳健性检验，

① Levy-Yeyati 和 Sturzenegger（2007）发现，即便政府在汇率市场进行冲销干预，也会在短期或中期内影响实际汇率水平，即名义汇率和实际汇率在一定时期里存在相关性。

② 系统 GMM 的估计原理及方法参见 Roodman（2009）。

我们也将同时报告普通最小二乘回归及固定效应回归结果。对于系统 GMM 的估计，本章将报告序列相关和过度识别检验两项统计指标：对于序列相关，报告 AR（2），着重关注是否存在二阶序列相关；对于过度识别检验，主要报告 Sargan 检验值。

（二）数据说明

样本数据为 2002—2012 年间的季度数据。中国于 2001 年 12 月正式加入 WTO。数据主要来自国家统计局以及 CEIC、世界银行、Wind 等数据库。这里着重介绍几个关键指标的基本属性。

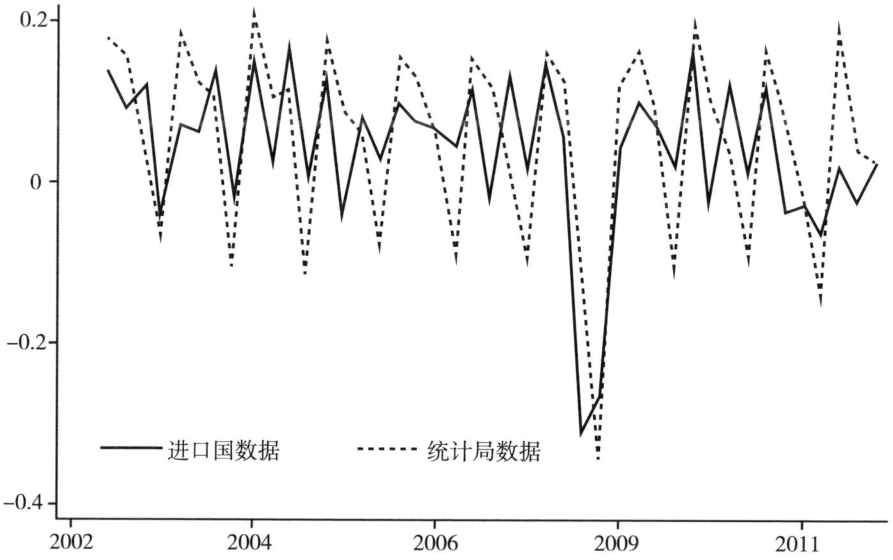

图 2-8　2002 年一季度—2012 年四季度总出口增长率

数据来源：CEIC、Wind 数据库、世界银行数据库。

注：纵轴为出口增长率（季度环比数据）。

由于中国贸易数据中有相当比例的所谓“热钱”（唐旭、梁猛，2007），因此出口数据质量一直受到质疑。为此，本章使用中国各主要出口国和地区①

① 包括美国、欧盟、中国香港、韩国、日本、中国台湾、澳大利亚、印度等。上述国家和地区占中国出口比重 60%以上，为中国最主要的出口市场。

进口中国的数据。图 2-8 比较了分别利用中国主要出口国和地区进口中国产品数据与统计局数据得出的出口增长率。可以发现，两者基本趋势相同，但统计局数据的波动更为剧烈，在多个月份有明显跳高或跳低的走势，而国外进口数据则较为稳健。这可能反映了在人民币升值预期变化条件下，部分资金借道货物贸易渠道实现跨境流动。

人民币汇率数据采用 BIS 数据库中人民币实际有效汇率值。外部需求则参考 Ahmed（2009），以所涉样本加权 GDP 来代表，权重为中国对该国出口占全部出口的比重。对于资本存量变量，Marquez 和 Schindler 等人（2007）研究发现，FDI 对出口影响更大，本章使用 1995 年开始中国 FDI 累积量数据来代表资本存量。出口产品结构，借鉴 Lall 等（2000）的方法，基于海关 SITC 分类将化学品及有关产品、机械及运输设备记为不可替代贸易品，主要是资本密集型产品，以其占总出口比重衡量出口产品结构，数值越高代表总体出口的技术含量越高，可替代性越低。以服务业/GDP 比重捕捉经济结构信息。虚拟变量 DUM 则自 2008 年第四季度之前设为 0，其后设为 1。在出口国别面板数据的计量模型中，出口数据直接使用贸易伙伴国家和地区①从中国进口的数据；汇率采用人民币与该出口地区币种的实际汇率②；外部需求以该国 GDP 代表。

为了克服离群值的影响，本章对各变量进行了 Winsorized 缩尾处理，并利用 X-12 方法对出口数据、外部需求等存在显著季节效应的数据做了季节调整。

（三）实证结果及其分析

1. 基于总出口数据的计量模型。

我们利用总体数据对基准模型（20）及对变形形式进行了估计，结果见表 2-1。其中，回归（1）、（2）、（3）的被解释变量为中国主要出口国进口数

① 具体包括美国、英国、德国、法国、韩国、日本、澳大利亚、加拿大、马来西亚、澳大利亚、中国香港、印度、印度尼西亚、意大利、菲律宾、俄罗斯、新加坡、中国台湾、泰国等 18 个国家和地区。

② 采用间接标记法。具体公式为 $rer = e * cpi/cpi^*$。e 为一单位人民币折合的名义外币量，cpi 与 cpi^* 分别代表本国与外国消费者价格指数。

据，使用了不同的汇率指标；回归（4）的被解释变量为统计局出口数据。本章从对所有变量滞后4期开始回归，根据变量及方程显著程度逐步进行变量选择取舍。

表2-1　实际汇率变化对出口增速的影响：总体数据①

	(1)	(2)	(3)	(4)
	出口国进口数据	出口国进口数据	出口国进口数据	统计局数据
L. exp	−0. 0985	−0. 0738	−0. 0429	−0. 0957
	(−0. 80)	(−0. 66)	(−0. 34)	(−0. 51)
DlnRER	−0. 410	−0. 150	0. 551	−0. 275
	(−0. 88)	(−0. 26)	(0. 30)	(−0. 29)
L. DlnRER	−1. 815***	−1. 584***	−0. 343	−1. 287
	(−4. 92)	(−3. 92)	(−0. 20)	(−1. 51)
DlnC *	2. 879*	3. 301*	5. 187*	0. 878
	(1. 77)	(1. 74)	(1. 73)	(0. 39)
L4. DlnC *	1. 372	0. 999	0. 125	
	(1. 26)	(0. 83)	(0. 08)	
L2. DlnK	0. 106**	0. 0963**	0. 0926*	0. 117
	(2. 81)	(2. 43)	(2. 01)	(1. 32)
L4. DlnW	−0. 213**	−0. 229*	−0. 18*	−0. 210
	(−2. 55)	(−2. 00)	(−1. 87)	(−0. 78)
Dum	−0. 0834***	−0. 0670**	−0. 0672**	0. 00489
	(−4. 47)	(−3. 27)	(−2. 14)	(0. 12)
Indus	2. 006***	1. 349**	1. 248**	−1. 202
	(4. 14)	(2. 99)	(2. 08)	(−1. 35)
Ecos	−0. 767*	−0. 647	−0. 661	−1. 049
	(−1. 92)	(−1. 58)	(−1. 36)	(−1. 26)
N	39	39	39	39

注：(1) * p<0. 1， ** p<0. 05， *** p<0. 01。(2) 括号中数字表示 Newey-West 标准差。

① 截断滞后期为 Newey-West 建议值。

从回归结果（1）看，在对相关变量进行控制后，发现汇率变化（DlnRER）的当期系数为负，但不显著；而滞后一期系数显著为负，表明人民币实际有效汇率升值中期将导致出口增速下降。为了验证结论的稳健性，考虑到人民币实际有效汇率并不能完全说明真实贸易中汇率比价情况，(2) 是使用BIS提供的人民币名义有效汇率，发现回归结果并未改变；(3) 是使用人民币兑美元实际汇率[①]数据，发现当期效应为正，滞后一期效应为负，但两者都不显著。最后，(4) 是使用统计局的出口数据，发现总体回归结果较差，多数参数显著度不高，实际汇率估计结果滞后一期在20%的置信区间内显著，提供了一个微弱的证据表明汇率升值对出口的不利影响。

从其他变量来看，出口国需求在主要回归中均显著，并为正值，显示出外部需求变动是中国出口变动的重要力量。与 Marquez 和 Schindler（2007）研究结论相似，FDI（L2. DlnK）在大部分回归中显著为正。工资变量（DlnW）如理论预期一样，其滞后4期在主要回归中显著为负，表明工资上升对未来出口有抑制作用。对于表征国际金融危机的虚拟变量 Dum，在主要三项回归中全部显著为负，表明始于2008年四季度的国际金融危机对中国出口具有负面影响。最后，出口产品结构变量显示，随着出口部门内部结构优势的提升（即不可替代出口品在总出口比重的提高），总出口增速有明显上升趋势；而随着经济结构中服务业占 GDP 的比重上升，总出口增速将会下降，这一趋势在回归（1）中非常显著，而（2）、(3)、(4) 则是在20%的置信空间内可信。由此，中国出口增长的决定机制可以表述为：汇率升值对出口增长有微弱负面影响；更重要的解释因素是，中国近年来出口的增速与外部需求、FDI、制造业内部产业结构优化存在正向关系，与国内工资水平、服务业比重上升存在负向关系；此外，国际金融危机对出口造成了重大冲击。

从实证结果来看，国外消费增长率、FDI增长率、出口部门内部结构每增长一个百分点，出口增速分别提高约2.8~5.2、0.1、1.2~2个百分点；汇

① 使用间接标记法，即一单位人民币所折合的美元量，该数值上升表示人民币升值。人民币与美元的汇率是中国出口贸易中最为重要汇率。

率、国内工资水平、经济结构每上升一个百分点，出口增速变动将下降约0.3~1.8、0.2、0.6~0.7个百分点；国际金融危机则造成中国出口增速变动下降约0.07~0.08个百分点。按影响系数测算①，国外消费对出口增速的影响为2.52~4.68个百分点，人民币汇率为-0.54~-0.09个百分点，FDI则为0.54个百分点，工资为-0.66个百分点，出口部门内部结构及经济结构调整则分别带来0.108~0.18及1.06~1.26个百分点。因此，外部需求、经济结构、工资成本对出口增速影响较大；相比之下，汇率因素对出口的影响度仅为外部需求的1/9~1/5。

2. 基于面板数据的计量模型。

表2-2展示了出口国别面板数据样本下，分别运用普通最小二乘、固定效应模型、系统GMM以及LSDVC的估计结果。滞后项主要是根据变量及方程估计的显著度、序列相关性、Sargan检验等标准进行选择确定。对于系统GMM估计，则特别报告了二阶序列相关及Sargan检验值。从Sargan检验值来看，可以在5%的置信区间内认为估计结果有效。另外，值得注意的是，系统GMM以及LSDVC估计的被解释变量自相关系数（即L.exp的系数）位于OLS估计与FE估计之间②，说明估计结果总体稳健。

从计量结果来看，OLS估计、FE估计、LSDVC估计均表明当期汇率变动对出口有正向影响，而滞后一期及二期的汇率变动则对出口有负向影响。这表明，人民币对某一出口国汇率升值将导致中国对该国当期出口上升，而未来一至两个季度出口下降，从而验证了人民币升值短期内存在反J曲线效应③。从系统GMM估计结果［估计（3）］看，汇率变动当期效应为正但不显著；而在滞后一至二期，计量结果显著为负。综合各期影响效应，汇率升值

---

① 简单地以静态平均数据估算，2002—2012年间，中国出口增长率季度环比平均上升4.1%，外部需求季度平均环比增速为0.9%，人民币实际汇率变动季度环比平均上升0.3%，FDI增长率平均为5.4%，国内工资水平平均季度环比增长率为3.3%，出口产品结构及经济结构则分别变动0.09个百分点和上升约1.8个百分点。

② 理论上来讲，OLS估计和LSDVC估计（固定效应模型）分别给出因变量滞后一期估计系数的上界和下界。

③ 杨天化等（2009）研究表明，人民币汇率升值短期存在反J曲线效应。

对出口有负向影响，其加总效应绝对值约为0.3~0.6。这一效应介于总体数据研究所得的0.3~1.8区间。较之总体数据，面板数据样本量更大，增加了自由度并减弱了共线性，其研究结果可能更贴近事实。

面板数据回归结果同样显示，外部需求变化对出口影响十分显著，综合系数约为1.2，而工资因素影响系数为-0.16，资本因素约为0.06，出口部门内部结构约为0.6~0.9，经济结构对出口变动的影响系数为-0.9。尽管面板数据所得的系数与总体数据有差异，但我们同样发现，汇率对出口的影响处于次要地位。

表2-2 实际汇率波动对出口增速影响：面板数据

	(1)	(2)	(3)	(4)
	OLS	FE	SYS-GMM	LSDVC
L. exp	-0.101***	-0.136***	-0.105**	-0.115***
	(-3.59)	(-3.67)	(-3.52)	(-4.68)
DlnRER	0.208*	0.208*	0.0505	0.205***
	(2.56)	(2.51)	(0.27)	(4.27)
L. DlnRER	-0.225**	-0.224**	-0.332*	-0.229*
	(-2.71)	(-2.64)	(-2.51)	(-2.07)
L2. DlnRER	-0.300***	-0.301***	-0.302*	-0.295**
	(-3.62)	(-3.56)	(-2.48)	(-3.11)
DlnC *	0.275**	0.288*	0.521*	0.290*
	(2.63)	(2.52)	(2.11)	(2.23)
L. DlnC *	0.539***	0.553***	-0.176	0.545***
	(5.43)	(5.17)	(-0.23)	(5.25)
L2. DlnC *	0.356***	0.370***	0.0692	0.362*
	(3.57)	(3.42)	(0.14)	(2.30)
DlnW	-0.165**	-0.165**	-0.154**	-0.166*
	(-2.72)	(-2.70)	(-2.72)	(-2.44)
DlnK	0.0604***	0.0603***	0.0362	0.0614**
	(3.95)	(3.89)	(1.83)	(3.11)

（续表）

	(1)	(2)	(3)	(4)
Dum	−0. 00744	−0. 00726	−0. 0104	−0. 00623
	(−0. 58)	(−0. 56)	(−0. 73)	(−0. 52)
Indus	0. 662**	0. 668**	0. 976***	0. 676***
	(2. 83)	(2. 80)	(3. 49)	(4. 68)
Ecos	−0. 930***	−0. 924***	−0. 966***	−0. 914***
	(−5. 88)	(−5. 76)	(−7. 13)	(−5. 51)
ons	0. 780***	0. 780***	0. 962***	
	(6. 74)	(6. 66)	(6. 70)	
国别效应	未控制	控制	控制	控制
R-squared	0. 264	0. 460		
AR（2）-P 值			0. 19	
Sargan-P 值			0. 08	
N	652	652	652	652

注：(1) * p<0. 1, ** p<0. 05, *** p<0. 01。(2) OLS 表示混合数据普通最小二乘回归模型，FE 为固定效应模型，SYS-GMM 为系统广义矩估计，LSDVC 为纠偏后虚拟最小二乘变量估计模型。(3) LSDVC 初始估计可以基于一阶差分 GMM 或系统 GMM。由于系统 GMM 相对更为稳健，本章设定其基于 SYS-GMM 估计结果进行纠偏。

五、实际汇率与出口波动：跨国经验证据

上述研究表明，人民币汇率并非中国出口变化的主要影响因素。这一特征仅是“中国特色”还是具有普适性？本部分试图给出跨国经验证据。Eichengreen（2008）、Rodrik（2009）、Haddad 和 Pancaro（2010）、Freund 和 Pierola（2012）运用跨国数据对实际汇率与出口变化的关系做了研究，一般认为实际汇率低估至少在短期内有助于推动出口扩张。在这些研究的基础上，我们控制更多变量，更新的样本进一步探寻汇率对出口的影响。

我们的样本覆盖 1980—2012 年全球 187 个国家和地区的面板数据。考虑

全球数据可得性和跨国研究特征，模型构造和指标选取略加调整为[①]：

$$\exp_{it} = \alpha + \beta_0 \exp_{it-1} + \beta_1 DlnRER_{it} + \beta_2 \ln(rgdp_{it-1}) + \sum_k \gamma_k x_{kit} + \delta_i + u_t + \varepsilon_{it} \quad (22)$$

其中，参考 Haddad 和 Pancaro（2010）等人研究，回归模型加入人均 GDP（rgdp）。此外，x_{it} 则为一组其他控制变量，包括上文模型中的外部需求（DlnC *）、FDI（DlnK）、经济结构变量（Ecos）。同时基于之前相关研究（Freund and Pierola，2008；Rodrik，2009；Haddad and Pancaro，2010）等，本章增加了储蓄率（srate）、人力资本（hrc）、制度质量（insti）。从宏观恒等式来看，国民储蓄等于投资和净出口之和，因而储蓄率越大，一国出口可能就将越大，要研究汇率对出口的影响就需要控制这一结构性因素。人力资本与出口产品的质量和竞争力有较大关系，本章用大学入学率来衡量人力资本[②]。参照前述研究，本章加入制度质量这一控制变量。进一步控制这些因素，有助于更准确地界定实际汇率对出口的影响。

参照同类研究惯例，本章将 1980—2012 年数据划分为 11 个时间单位，如无特别说明，所有变量的观察值均取 3 年平均数。为保持数据来源一致性，本章使用世界银行提供的经购买力平价转换因子平减的实际汇率，即 $E_{it} = XRAT_{it}/PPP_{it}$，其中 E 为实际汇率，$XRAT$ 和 PPP 分别代表名义汇率和购买力平价转换因子，均表示为单位美元所对应的本币量，i 代表国家，t 代表的时间范围为 3 年，E 上升代表了本币贬值。为与前文汇率保持一致，本章将使用间接标记法即 $RER_{it} = 1/E_{it}$。外部需求以世界 GDP 增长率来核算。FDI 为该国 1970 年开始累积量。制度质量来源于世界银行 WGI 数据库“Rule of Law”数据。其他指标选择与上文相同，且均来自于世界银行的 WDI 数据库。

方程（22）是一个动态面板模型，本章采用 Windmeijer（2005）两阶段纠偏稳健估计量进行估计，同时报告了其他方法的估计结果。表 2-3 报告了估计结果。AR（2）的 p 值均大于 0.1，表明在采用系统 GMM 估计动态模型

① 由于缺乏全球工资数据，因为模型没有将工资变量纳入，但新增的控制变量人均 GDP 与本国工资水平高度关联，可以规避该解释变量遗失的影响。

② Lau et al.（1991）和 Nehru et al.（1995）采用了类似指标。

时，不存在二阶序列相关。Sargan 检验得到的 p 值均大于 0.1，表明工具变量是合理的，不存在过度识别问题。

表 2-3　实际汇率状况与出口关系的计量结果

	(1)	(2)	(3)	(4)	(5)	(6)	(7)
	OLS	OLS	FE	FE	SYS-GMM	SYS-GMM	SYS-GMM
L. exp	0.447***	0.332***	0.276***	0.240***	0.320***	0.316***	0.315***
	(23.97)	(23.37)	(12.34)	(14.09)	(10.07)	(10.09)	(9.81)
DlnRER	-0.599***	-0.692***	-0.665***	-0.826***	-0.854***	-0.860***	-0.964***
	(-5.54)	(-7.92)	(-6.12)	(-8.81)	(-5.95)	(-6.15)	(-5.64)
L. DlnRER						-0.0840	-0.100
						(-1.05)	(-1.26)
L. lnrgdp	-0.0537***	-0.0353*	-0.173***	-0.164***	-0.0514**	-0.0416*	-0.0404*
	(-4.16)	(-2.18)	(-3.93)	(-3.92)	(-2.44)	(-1.86)	(-1.80)
DlnC *		1.078***		1.295***	1.459***	1.482***	1.484***
		(6.39)		(7.43)	(7.34)	(7.73)	(7.84)
DlnK		0.0463		0.000886	0.0387	0.0547*	0.0618**
		(1.58)		(0.03)	(1.28)	(1.71)	(1.97)
Ecos		-0.423***		-0.903**	-0.451**	-0.487***	-0.477***
		(-3.35)		(-2.49)	(-2.83)	(-2.98)	(-2.94)
srate		0.00261**		0.00520**	0.00318*	0.00292*	0.00299*
		(2.03)		(2.02)	(1.94)	(1.83)	(1.92)
hrc		0.00166**		-0.00124	0.00207**	0.00195**	0.00176**
		(2.32)		(-0.67)	(2.26)	(2.22)	(1.98)
insti		-0.0285		0.00978	-0.00785	-0.0200	-0.0212
		(-1.33)		(0.13)	(-0.35)	(-0.76)	(-0.80)
Dum * DlnRER							0.199
							(1.54)
国别效应			控制	控制	控制	控制	控制
R-squared	0.3299	0.5959	0.2632	0.3626			
AR（2）					0.354	0.413	0.34
Sargan-test（p 值）					0.11	0.13	014
N	1414	646	1414	646	646	644	644

注：(1) * $p<0.1$，** $p<0.05$，*** $p<0.01$。(2) 表中所有结果都是在因变量的滞后一项及汇率值项内生的假设下得到的，由于主要估计是在主要解释变量内生的假设下得到的，参数估计是一致的并相对更具有有效性。

计量结果中，本章最为关注的是实际汇率变动（DlnRER）的系数。在各项估计中，该系数显著为负，表明货币升值对出口具有负面影响。考虑汇率贬值可能存在着滞后效应，本章在（7）列回归中将滞后一期的汇率变量加入模型，发现其滞后效应不显著，这与 Haddad 和 Pancaro（2010）的研究结果一致。在加入上一期人均 GDP、国外消费变动、FDI、产业结构变化、储蓄率、人力资本、制度因素等控制变量后，实际汇率对出口增长的影响系数仍然显著为负，表明估算结果具有良好的稳健性。观察其他解释变量，发现 L. exp 系数显著为正，表明各国出口增长具有连贯性；L. lnrgdp 系数为负，表明随着人均 GDP 提升，出口增速将有下降趋势，这与 Eichengreen 和 Gupta（2013）研究一致，也与我们此前的结论一致；DlnC * 的系数显著为正，与前述外部需求对出口有重要影响的结论一致；资本存量尽管为正，但在大部分回归中并不显著，显示出在全球范围内，很多 FDI 是以服务本地市场为导向；表征经济结构的 Ecos 明显为负，说明随着经济成熟度的提升，出口增速会呈现下降趋势；储蓄率和人力资本显著为正，符合理论预期；制度因素在出口中则不显著。

从影响程度来看，DlnRER 的系数处于-0.9～-0.5 之间，表明实际汇率升值 1 个百分点，将导致出口增速下降 0.5～0.9 个百分点，这与中国面板数据研究部分所得的-0.6～-0.3 个百分点的结论较为接近。相比之下，外部需求的弹性为 1～1.5、Ecos 则为 0.4～0.9，上一期人均 GDP 对数的影响系数为-0.03～0.17，其他变量则相对显著度不足或影响程度较小。如以最近的两个时间区间为例，即 2007—2009 年以及 2010—2012 年，各国实际汇率平均贬值（相对于美元）2.81%，而同期出口增速为 21.9%，外部需求则增长 18.96%。可以发现，汇率虽然影响出口变动，但并非最重要影响因素，只能解释出口变化的很小部分。

之前研究（Haddad and Pancaro，2010）显示，汇率升值对中下收入国家出口有明显负面影响，而对中上收入国家出口则无明显影响。其背后机制是，当一国经济进入中等收入水平后，经济结构更加成熟，在一定程度上摆脱了传统比较优势，出口高增长阶段结束，但更加平稳，受汇率影响更小。IMF

等国际机构通常以人均 GDP3000 美元作为中下和中上收入国家的界限。按世界银行测算，中国 2008 年人均 GDP 达到 3413 美元，进入中上收入国家。为了检验经济发展水平对汇率与出口之间关系的影响，表 2-3 第（7）列加入汇率与人均 GDP 超 3000 美元国别虚拟变量（Dum）的交叉项，结果显示该系数为正，但不显著。这提供了随着经济增长，汇率升值对出口的影响有所减弱的微弱证据。

作为对上述结论的稳健性检验，我们分别使用 Penn World Tables 7.1 版本①提供的经购买力平价转换因子平减的实际汇率、经巴拉萨—萨缪尔森效应（Balassa-Samuelson Hypothesis，BSH）调整后的实际汇率值、各国币种与美元经 CPI 平减的直接汇率②等多种汇率指标加以检验，发现基本结果没有改变。

六、结论与政策启示

有学者将人民币升值与中国出口高速增长称为“贸易收支之谜”（陈学彬等，2007）。我们认为，解开这一谜团的关键在于汇率之外。我们通过一个均衡模型刻画了中国出口变化的决定机制，发现汇率只是影响出口因素之一，其影响方向和力度大小还取决于其他结构性制度性条件。此外，外部需求、出口商品结构、经济发展阶段、劳动力成本、比较优势变化等因素扮演了比汇率升值更重要、更确定的角色。时序以及本章首次使用的贸易伙伴国进口面板数据的实证研究显示，出口的人民币升值弹性为-0.54～-0.09。而且，跨国面板数据分析也表明，汇率变化只能解释各国出口变化的一小部分；随着中国自 2008 年进入中等收入国家，汇率升值对出口的影响有所减弱。

鉴于出口对中国经济增长、扩大就业和技术进步的重大作用，有关人民币升值对中国出口影响大小的讨论具有明确的政策指向。如果认为汇率升值

---

① 由 Alan Heston、Robert Summers 和 Bettina Aten（2012）提供。

② 即 $\ln rer = \ln(E^{*} PPI_{US}/CPI)$，其中 E 表示单位本币所对应的美元名义汇率，PPI_{US} 为美国生产者价格指数，CPI 为本国消费者价格指数。

对出口造成显著打压，那就应该停止升值甚至应对其他新兴经济体竞争性贬值。这种呼声并不少见，国际上也不乏“货币战争”的案例。然而，我们的研究显示并不支持这类观点和建议。我们认为，汇率对出口有一定影响，但并不起决定性作用，否则很多国家都可以通过贬值成为出口大国。中国入世以来出口的快速扩张，与中国劳动力成本优势明显、国际产业转移、技术进步加快、储蓄率高企、劳动生产快速提升有关，也得益于中国抓住了国际经济相对平稳、外部需求不断扩大的机遇。同样，2012 年以来，中国出口增速有所放缓，也主要与全球经济复苏迟缓、新兴经济体增长减速以及国内劳动力工资上升、部分产业对外转移有关，同时也符合一国经济进入中等收入水平后出口增速出现趋缓的国际经验，而不是汇率升值过快或过度所致。

同时，我们认为，汇率升值或贬值对一国对外贸易和经济增长存在正负多重效应，要想准确比较这些效应并非易事，合理的汇率政策是要让市场供求在汇率形成中发挥决定性作用。在此过程中，难免会有部分企业收缩产能甚至破产关闭、一些工人暂时失业，也会导致一些产业转移国外，但会在整体上有力促进产业结构调整升级，资源配置更加优化。“汇改”以来，我们不仅降低了进口成本、控制了通货膨胀和经济过热压力，还推动了出口部门的重心从劳动密集型产业逐步向资本技术密集型产业倾斜，并带动非贸易部门特别是服务业的发展。近年来，中国经常项目顺差占 GDP 的比重已经较之前高位明显下降，但仍有 2%左右的小幅顺差。随着市场在汇率决定的作用进一步扩大，未来人民币还有一定调整空间。在此过程中，我们应继续发挥汇率形成机制改革对调结构、扩内需的作用，同时优化宏观调控政策和产业政策，促进产业有进有出，深入参与国际分工，进一步提升经济增长的质量和效益。

第三章

人民币汇率、中央银行资产负债表与金融运行模式

——基于中央银行资产负债表的视角[①]

资产负债表是中央银行宏观调控操作的基础，调控能力的大小取决于资产负债表的空间。有问题的资产负债表不能承担重任，健康的资产负债表才能使人民银行足以应对今后可能出现的危机。

——周小川：《中央银行治理研究：议题与要点》，载《国际金融危机：观察、分析与应对》，中国金融出版社，2012 年。

一、引　　言

多种迹象表明，人民币汇率正接近均衡区间。中国外贸顺差占 GDP 的比重已降至 3%以下，符合国际认可的贸易基本平衡标准。2011 年四季度以来，外汇占款出现趋势性下降，海外市场显示人民币汇率存在贬值预期，人民币即期汇率双向波动初步形成。人民币汇率趋近均衡区间意味着，中国经济金融最近十几年来的运行模式会显著改变。在一国货币随着本国劳动生产率提升处在升值通道时，通常是该国经济处于经济增长较快、货币高增长、资产价格走高、银行体系流动性宽松、产业转型顺利的过程。当汇率接近均

① 本章写于 2012 年下半年。

衡汇率区间后，中国经济增长和货币供应机制将出现变化，资产价格上涨的动能也有可能衰减。

从国际经验看，日本、德国正是在本币升值基本完成之际，经济表现出现较大分化。因此，这一时期的货币政策操作对经济金融走向可能会产生深远影响。在人民币汇率接近均衡区间的同时，中国已进入中等收入阶段，人口结构也正在出现变化，这些因素的叠加影响更为复杂，对经济运行会带来更多不确定性，对政策操作提出了更高要求。由此，研究中国经济在人民币汇率趋近均衡条件下，经济增长动力更多转向内部需求，货币增长模式回归常态的过程中，货币政策和金融稳定所面临的挑战具有理论价值和现实意义。

随着人民币汇率正接近均衡区间，中国的货币政策、外汇管理等政策措施需要进行调整。未来基础货币投放将更多依赖公开市场操作，这方面，可借鉴欧洲经验将我国中央银行对商业银行的贷款由信用贷款方式改为证券抵押贷款；增加再贷款和再贴现在央行资产中的比重；考虑央行直接吞吐现券；并在公开市场操作中探索政策利率的形成。在监管指标上，也要考虑外汇占款下降后，对存贷比指标适用性的影响。

本章主要从人民银行资产负债表分析汇率趋近均衡条件下的影响，特别是货币政策有效性和工具选择的影响。下文第二部分在厘清若干理论概念、梳理现有研究文献脉络的基础上提出本章研究视角；第三部分概括人民币汇率趋近均衡、人民银行资产负债表变化的特征事实；第四部分构建汇率趋近均衡、货币政策操作与金融模式的理论模型；第五部分实证研究冲销对人民银行资产负债表和货币工具选择的影响；第六部分归纳总结德国、日本在本币升值末期的货币政策实践及启示；第七部分总结全文并提出政策建议。

二、相关理论、文献与本章视角

国内外直接研究汇率趋近均衡区间时关于经济金融影响的文献不多，但关于在汇率处于升值通道时对货币政策和经济金融运行的影响方面却有比较丰富的文献研究。显然，厘清升值过程影响金融运行和货币政策的机理，能够为对汇率趋近均衡条件下的研究奠定基础。

（一）均衡汇率理论

均衡汇率（FEER）理论可追溯到凯恩斯的《货币改革论》，随后 Nurkse（1945）将均衡汇率定义为与宏观经济内外部均衡相一致的汇率，Swan（1963）将均衡汇率的研究上升为一套较完整的理论体系。此后，Williamson（1983）发展出均衡汇率的测算方法后，涌现了大量各类均衡汇率理论。如行为均衡汇率理论（BEER），代表性工作有 Clark 和 MacDonald（1998、1999、2000），MacDonald（1998、2002），MacDonald 和 Swagel（2000）；国际收支均衡汇率理论（BPEER），代表性人物有 Rubaszek（2004）等；自然均衡汇率理论（NATREX），代表性工作有 Stein（1994）；均衡实际汇率理论（ERER），代表性工作有 Edwards（1989），Baffes 等人（1997）。

国内研究方面，张晓朴（1999）测算了人民币的均衡汇率及失调状况；刘莉亚、任若恩（2002）采用 Edwards 的 ERER 模型来测算人民币的均衡有效汇率；秦宛顺等（2004）通过协整关系估计人民币的均衡汇率。此外，林伯强（2002）、张斌（2003）、刘阳（2004）、施建淮（2005）、姜波克（2006）、姚洋（2009）等人也对人民币均衡汇率问题做了相关研究。从现有文献来看，国内外关于一国达到均衡汇率后的金融运行模式调整研究较少直接涉及。

（二）汇率目标制

经济学家对通货膨胀目标制作了大量研究，其中一部分文献将通货膨胀目标与汇率目标制结合起来。20 世纪 80 年代，主流货币经济学推崇的通货膨胀目标制得到了较好实践，多数经济学家认为要保证通货膨胀目标制成功，汇率必须有足够的弹性。因此，是否允许汇率自由浮动被看作一国货币当局是否有诚意实行通货膨胀目标制或维持低利率的标志（Masson et al.，1997；弗里德曼，1988）。

但这个建议在危机中受到挑战，特别是与很多发展中国家的实际不够吻合。因为保持消费物价稳定只是货币政策的一个目标，特别是发展中国家，中央银行通常会考虑多个目标，这样就需要有多个政策工具。Stone 等（2009）发现，外汇市场干预在发展中国家起到了比在发达国家更大的作用，并认为能够较好地与利率等常规货币政策相配合，实现多个政策目标。发展中国家本币金融市场通常不够发达，这为货币当局有效干预外汇市场提供了可能，此时中央银行更有可能运用两种政策工具。

表 3-1　有关汇率目标值可维持性的主要研究

研究	国别	是否有效	
		稳定汇率水平	控制汇率波动
Stone，Walker and Yosuke（2009）	巴西	是	是
Tapia and Tokman（2004）	智利	是	
Mandeng（2003）	哥伦比亚		是
Kamil（2008）	哥伦比亚	是（弱）	是
Holub（2004）	捷克	不确定	
Disyatat and Galati（2005）	捷克	是（弱）	是
Barabás（2003）	匈牙利	不确定	
Pattanaik and Sahoo（2003）	印度	是（弱）	是
Rhee and Song（1999）	韩国	是	
Doma and Mendoza（2002）	墨西哥和土耳其	是	是
Guimares and Karacadag（2004）	墨西哥和土耳其	是（弱）	不确定
Abenoja（2003）	菲律宾	不确定	是（弱）
Sangmanee（2003）	泰国	否	
Adler and Tovar（2011）	主要拉丁美洲国家	是	

资料来源：课题组整理。

（三）冲销、冲销成本与货币政策独立性

蒙代尔—弗莱明模型（Mundell-Flemming Model，简称 M-F 模型）认为，在固定汇率制度下资本流动会使货币政策无效。这一结论只有在中央银行不进行冲销操作的前提下才能够完全成立。事实上，中央银行可以通过冲销操

作在一定程度上保持货币政策在固定汇率制度下的独立性。

图 3-1 展示了冲销式干预和非冲销式干预的区别。假设一国经济最初的均衡有 LM_1 和 IS，国内利率为 r^d，产出由潜在产出水平 Y_0 决定。此时国内利率 r^d 高于国际利率 r^f，国内面临着资本流入压力。随着资本流入，在非冲销的情况下，国内货币将会扩张，LM 曲线会向右移动，直到移动到 LM_2，此时国内外利率水平一致。在此均衡点，国内产出为 Y_1，高于潜在产出水平，这意味着出现经济过热，同时存在输入性通货膨胀。为避免国内货币条件的被动改变，中央银行可以同时卖出本币债券，回收流动性，促使 LM 曲线从 LM_2 回到 LM_1，经济得以在潜在产出水平运行。

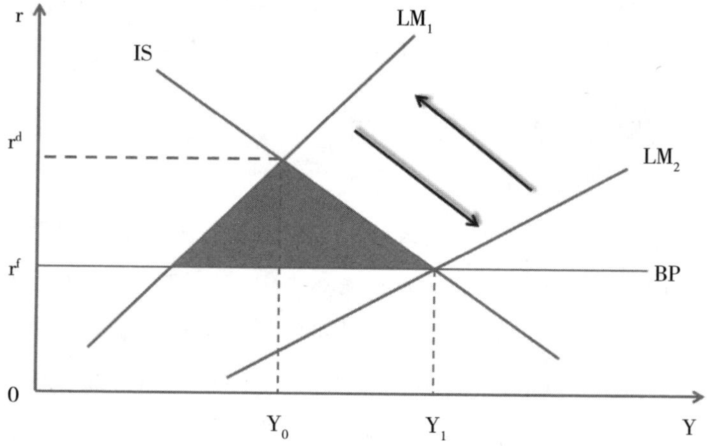

图 3-1　冲销式干预与非冲销式干预

狭义的货币冲销指货币当局在其因外汇市场干预操作而使本国基础货币发生变化时，通过公开市场操作保持本国基础货币的数量不发生变化，抵消因维持汇率目标而导致的货币供给总量扩张（Obstfeld，1982）。广义的货币冲销是把所有使本国货币政策的松紧程度不因外汇市场干预而发生变化的手段都看作冲销干预，这些工具包括回收再贷款、控制信贷规模、提高准备金率等其他手段。

短期来看，冲销可以达到汇率稳定和物价稳定等货币政策目标，因而能够解决内部和外部均衡的冲突（Obstfeld，1982）。就长期而言，有以下共识：

（1）冲销无法永久改变汇率，因而只是暂时有效的（Edison，1993）。（2）大规模冲销会带来冲销成本，并会影响中央银行的独立性或信誉（Dalton and Dziobek，2005）。（3）冲销带来的债务上升会抬升通胀预期，将会转化为通胀压力（Calvo，1991）。

大量学者研究了冲销的成本。Calvo 等学者（Calvo et al.，1991）较早地指出，中央银行用收益较高的国内债券置换收益较低的国外债券会带来不少的半财政成本（Quasi-Fiscal Costs）。Calvo 等人（Calvo et al.，1993）与 Khan 和 Reinhart（1994）等人估计拉丁美洲国家的冲销成本为 GDP 的 0.25%～0.5%，而 Kletzer 和 Spiegel（1998）认为，中国台湾和新加坡某些季度的冲销成本达到 GDP 的 1%。Kletzer 和 Spiegel（2000）理论模型展示，在通常的泰勒规则下，中央银行如果面临资本流入和冲销成本，理性的选择是允许名义汇率升值。

（四）央行财务的健康性及其影响

传统理论认为，中央银行在货币政策决策时不应考虑其财务状况如何。这些理由包括：是否盈利不是中央银行的主要考虑，央行的目标是为经济运行提供合适的货币和信贷条件；由于拥有垄断货币发行的权力，央行通常总能实现收入大于支出；如果中央银行在某段时间财务亏损了，理应由政府来抹平。

但在实践中，中央银行资产负债表的财务健康（Financial Strength）状况并非可以忽视。Stella（2002）发现，拉丁美洲的一些中央银行在 1987—2001 年一直亏损，其货币政策和汇率政策因此受到影响。发达国家也不例外。Cargill（2005）认为，日本央行由于持有大量的低息政府债券，一直表示对自己财务状况的担忧。Ize（2005）和 Stella（2005）都强调，虽然中央银行不用担心债务违约，但如果其资产的盈利不能覆盖其负债的还本付息，那么就需要印钞票，这将对其稳定物价的目标产生负面影响。如果请求政府注资的话，将影响公众预期和中央相对于财政的独立性。

（五）有待研究的课题与本章视角

现有的多数研究不太符合中国的实际国情。标准的经济学主要基于发达国家实际，将货币政策操作抽象为一个通货膨胀目标和一个利率目标，而当物价稳定时，其他目标也将自动实现。然而，在现实中，中国一直非常强调多目标，即包括经济增长、就业、物价稳定和国际收支基本平衡以及金融稳定在内的多重目标，特别是保持汇率基本稳定基本主导了20世纪90年代中期以来特别是2003年以来的货币政策，同时多种政策工具均发挥了重要作用。对此，现有研究对中国的分析显得不够。

近年来基于中国的研究主要是在人民币升值背景下展开的，而对人民币汇率趋近均衡区间这一新迹象有待深入研究。人民币升值和外汇占款增加对中国的货币政策和金融模型影响巨大，而随着汇率趋近均衡，将会产生系统性改变。这些改变已经显现，不少学者及时进行了研究，但这些研究尚缺乏系统性和理论深度。本章将从中央银行资产负债表出发，考察外汇占款膨胀对货币政策操作的影响，以及在汇率趋近均衡条件下，外汇占款下降对货币政策操作提出的新要求。我们认为，通过合理的设计，人民银行不仅能够提升货币政策的独立性，改善资产负债表的状况，还能够构造新的货币政策操作体系。

与现有文献相比，本章视角包括：(1) 与主流货币经济学一个目标，一个工具相比，本章考虑多个目标，多个工具；(2) 与现有理论不考虑冲销成本相比，本章从央行资产负债表的角度考虑货币政策的成本；(3) 考虑汇率趋近均衡条件下，货币政策操作的转换。

> 这个时期中国货币政策工具的选择、使用和创新，很大程度上正是归因于对冲银行体系过剩流动性、抑制货币信贷过度膨胀的需要：公开市场对冲操作逐渐成为货币调控的重要手段，存款准备金工具被前所未有地使用，再贷款及再贴现从过去投放基础货币的重要渠道转变为以促进结构调整为主。
>
> ——张晓慧：《国际收支顺差条件下货币政策工具的选择、使用和创新》
>
> 2011年3月24日，人民银行网站

三、从升值到均衡：特征事实与人民银行的实践

从贸易顺差、外汇占款、NDF市场贬值预期、有效汇率以及相关学者对

均衡汇率的研究等方面看人民币已趋近均衡区间。在此背景下，人民银行的对冲压力下降，对冲意愿也随之减弱。

（一）人民币汇率趋近均衡区间

自 2011 年四季度以来，人民币汇率呈现双向波动态势，人民币汇率预期从单边升值转向双向波动。人民币从 2012 年 7 月下旬开始由贬值预期转向升值预期的短短四个月中，人民币兑美元升值接近 2. 6%。透过离岸市场人民币兑美元远期汇率报价，以及利率平价关系来进行计算，离岸市场折射出的当前人民币升值预期并不十分强烈（图 3-2）。这表明现阶段人民币汇率处于海内外认可和市场自主出清的水平，不存在大幅波动的预期。

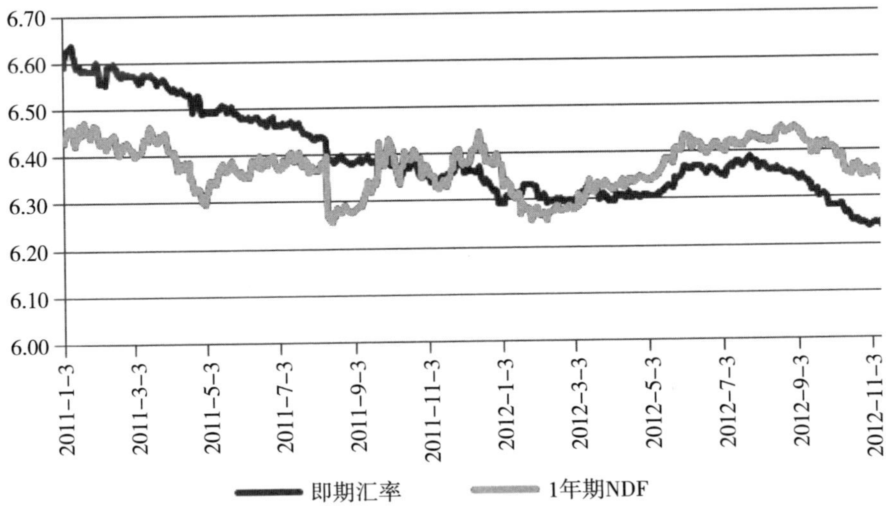

图 3-2　人民币即期汇率与一年期 NDF 汇率

数据来源：路透数据库。

汇率趋近均衡的另一表现是外汇市场供求趋于平衡。过去外汇售出多于贸易盈余，现已有所改变。如 2012 年第三季度贸易顺差达到 960 亿美元，而外汇储备流入仅为 280 亿美元，这导致了在岸外汇市场的美元买家和卖家之间大致的平衡。

（二）人民币趋近均衡区间的支撑

从实体经济、企业结售汇行为、人民币跨境使用等方面看，人民币汇率趋近均衡具有可持续性。

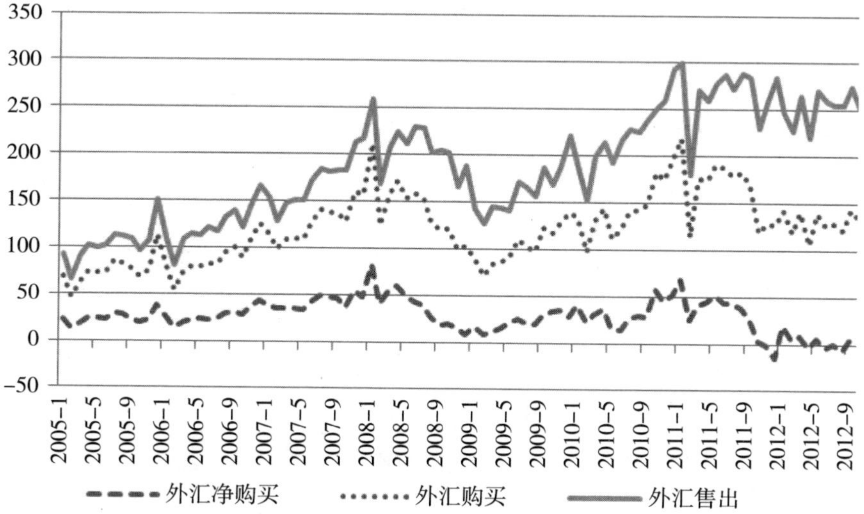

图 3-3　银行向企业的买卖外汇趋于平衡（单位：10 亿美元）

资料来源：CEIC

1. 经常项目差额明显收窄

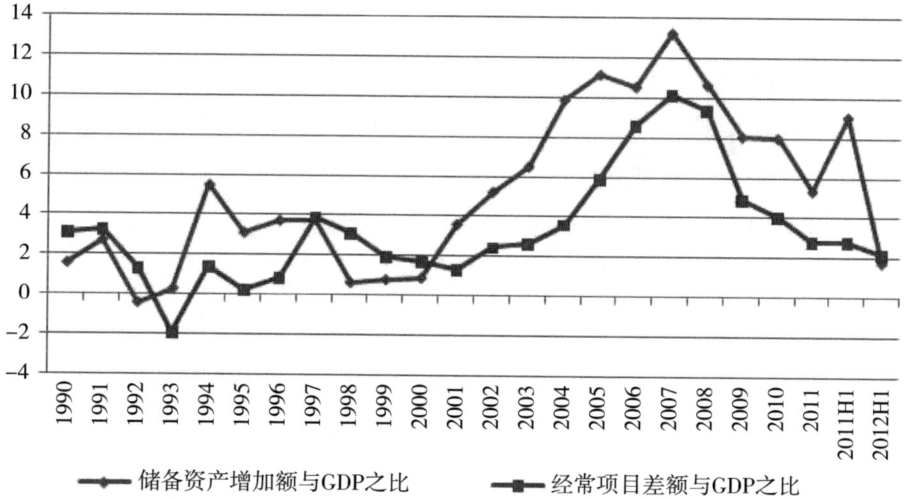

图 3-4　中国经常项目差额和储备资产增加额与 GDP 之比（%）

数据来源：国家外汇管理局、国家统计局。

自2011年四季度以来，受国内与国际、市场与政策因素共同作用影响，中国经济再平衡进程明显加快。2012年前三季度，经常项目顺差与GDP之比由2007年的峰值10.1%降至2.6%，国际收支口径的外汇储备资产增幅（剔除汇率和资产变动引起的估值变化）与GDP之比由2007年的峰值13.2%降至1.1%。①

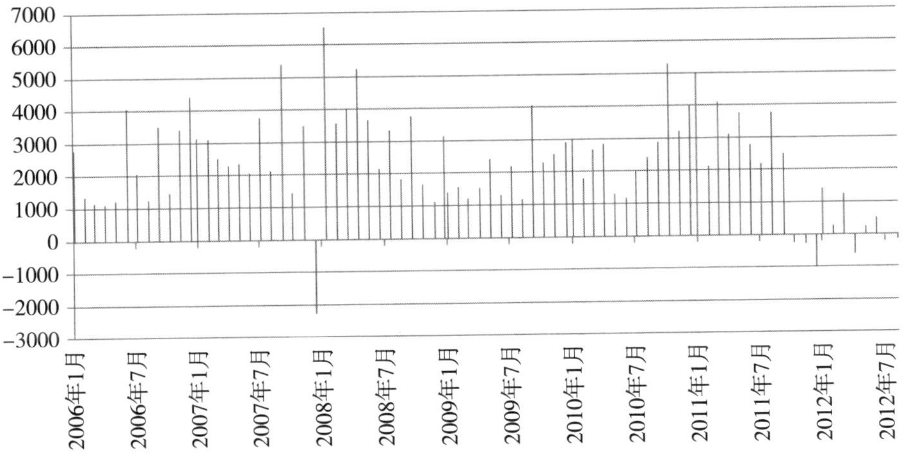

图3-5 金融机构外汇占款明显下降（单位：亿元）

资料来源：中国人民银行网站。

注：金融机构包括中国人民银行、银行业存款类金融机构、信托投资公司、金融租赁公司和汽车金融公司。

2. 外汇占款增减相间

人民币汇率趋近均衡水平的另一支撑因素是外汇占款增减出现间隔态势（图3-6）。无论从银行代客结售汇差额还是从金融机构外汇占款变动看，都是小幅顺逆差（或增减）交替出现，无趋势性变化。

3. 实体经济预期明显改变

外汇流入下降的一个重要原因是企业结售汇行为的转变。进口商目前的外汇购入相当于其进口需求的60%，而2008年以前只占35%~40%。这导致了在岸外汇市场的美元买家和卖家之间大致的平衡。进口企业购买更少的美元

① 管涛：《此QE非彼QE：美国第三轮量化宽松货币政策对我国跨境资本流动的影响分析》，“中国金融四十人论坛”交流文章。

或者出口商推迟美元结汇，这明显降低了中央银行吸收市场上过多美元的必要性。2012 年年中，中国商业银行的美元存款大幅增长。因而，即使贸易收支已经重回顺差，进口企业外汇行为的这种变化是外汇储备不增长的最重要原因。这一增长情况足以解释上半年“其他”项下体现为净流出的原因。而人民币兑换成美元并留在国内和资本外流是不一样的，不能解释为资本外逃。

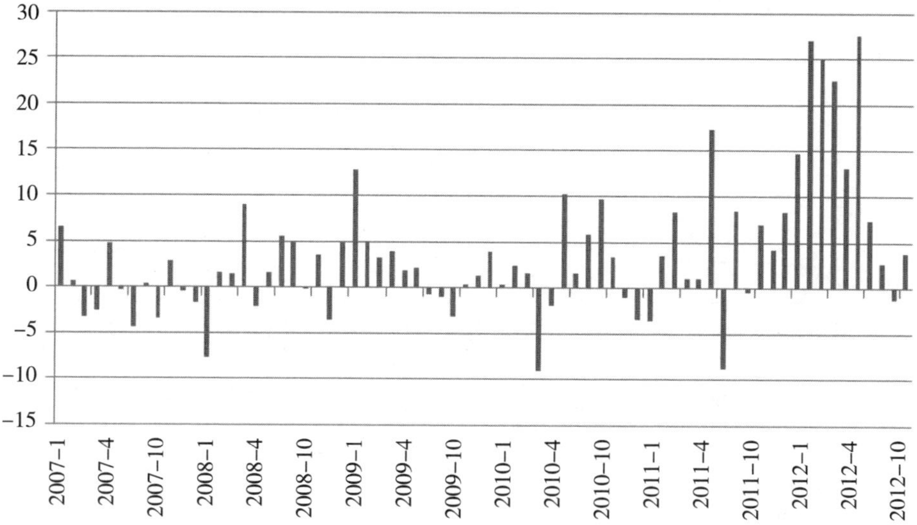

图 3-6　商业银行美元存款的月度变化（单位：10 亿美元）

资料来源：CEIC。

4. 人民币跨境使用的影响

跨境贸易人民币结算业务规模和结构发生改变，出口人民币结算占比提升，是造成外汇占款增量不高的重要原因之一。2010 年至 2011 年上半年，跨境贸易人民币结算业务规模迅速增加。2012 年 3 月人民银行会同相关部门联合发布《关于出口货物贸易人民币结算企业管理有关问题的通知》，以往人民币进口结算多、出口结算少的结构已发生改变。

（三）人民银行的对冲与资产负债表变化

外汇市场上外汇过剩时，要么允许人民币快速升值，要么中央银行买进。中国一方面坚持主动性、渐进性、可控性原则，允许人民币有序升值；另一方面中央银行补充外汇储备。在这个过程中，因为外汇占款投放的人民币事实上处于超量状态，需要提高存款准备金率、发行央行票据、外汇掉期等对冲流动性，大体上不需要提供再贷款。

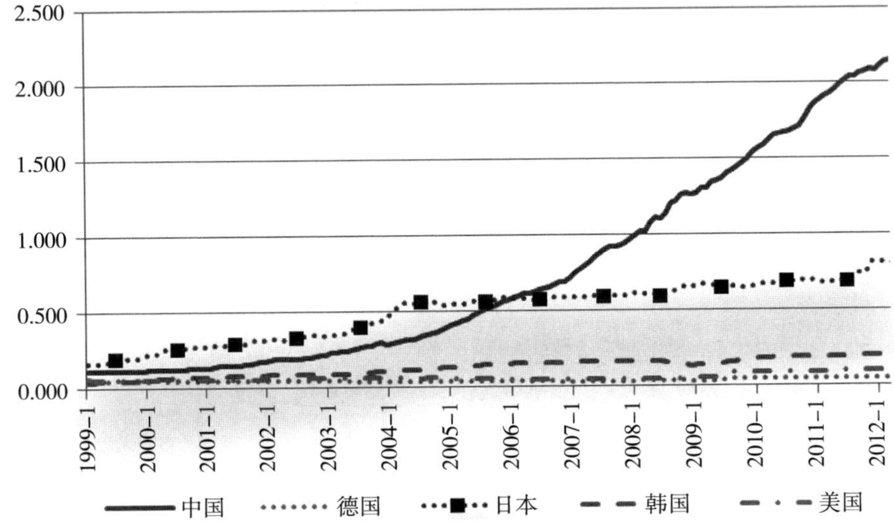

图 3–7 中国外汇储备的迅速膨胀（单位：兆 SDR）

资料来源：CEIC。

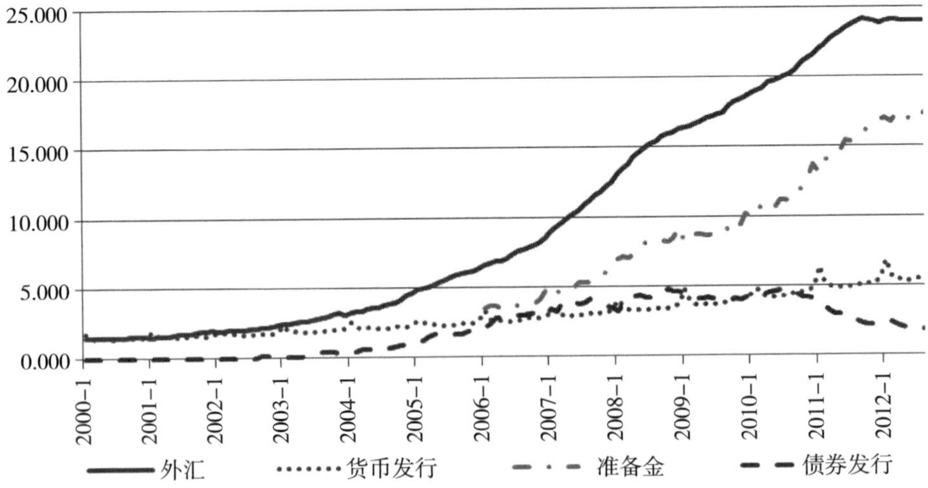

图 3–8 对冲资本流入：负债方的运用（单位：兆元）

资料来源：CEIC。

从结构看，外汇占款占人民银行总资产 80%以上，而对政府债权，对商业银行再贷款和对其他金融性公司债权均不到 10%。基础货币增加在 20 世纪 90 年代以对商业银行的再贷款为主，1998—2002 年，对商业银行的再贷款在人民币发行中的重要性下降（图 3-9）。

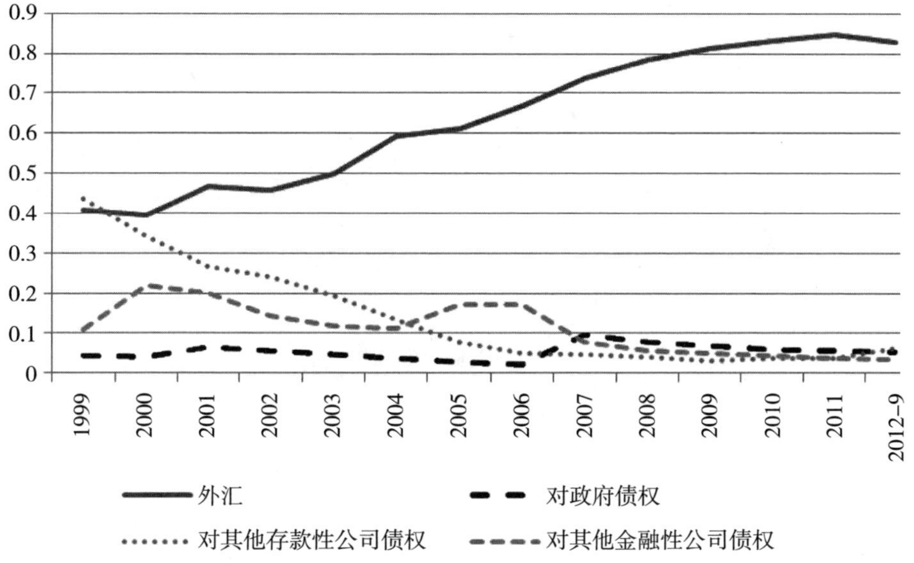

图 3-9　人民银行资产中外汇占款的比例越来越高

资料来源：CEIC。

而储备货币中，货币发行占比由最初的 40%下降到不足 20%；同时，准备金占比明显上升（图 3-10）。

（四）人民银行对冲压力与对冲意愿的下降

人民银行外汇占款变化反映了对外汇市场干预力度的大小。2003 年年初至 2011 年 9 月，人民银行平均每个月在外汇市场上净购入 2075 亿元人民币等价的美元；2011 年 10 月至 2012 年 8 月，平均每个月的净干预量降至 100 亿人民币等价的美元，人民银行对外汇市场的干预出现了趋势性下降。

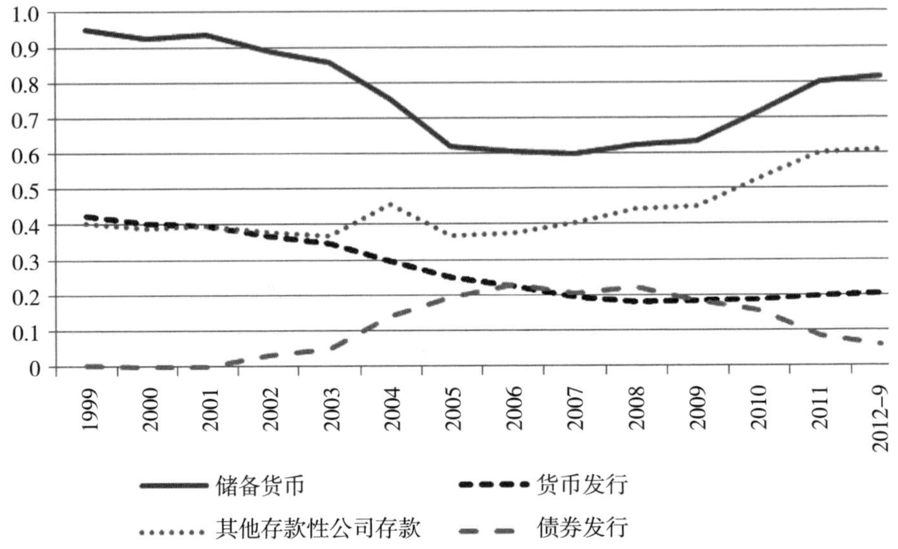

图 3-10　人民银行负债中货币发行占比下降

资料来源：CEIC。

注：因货币发行和其他存款性公司存款都是在储备货币项下，所以比重相加超过 100%。

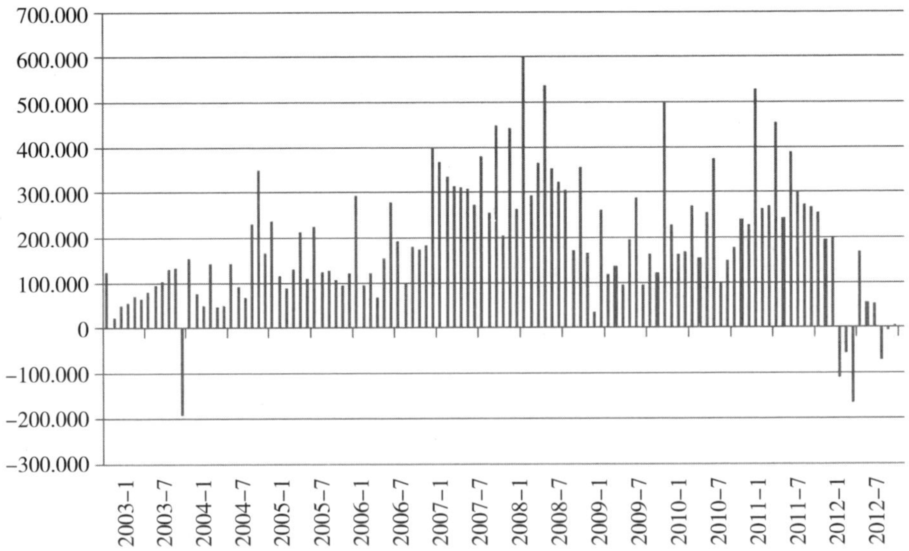

图 3-11　人民银行外汇资产当月新增量（单位：10 亿元）

资料来源：CEIC。

2012 年 7 月开始人民币由贬值预期转为升值走势，近来兑美元即期汇价屡次触及日间涨停限制。中国经济筑底企稳和国际主要央行重施量化宽松是普遍解释，但更重要原因是人民银行减少了干预。人民银行 2012 年 5—10 月共有五个月外汇资产月波动都在 60 亿元人民币以下，远低于 2005 年 7 月汇改以来超过 2100 亿元的月波动均值。这在过去 10 年的外汇操作史上绝无仅有。

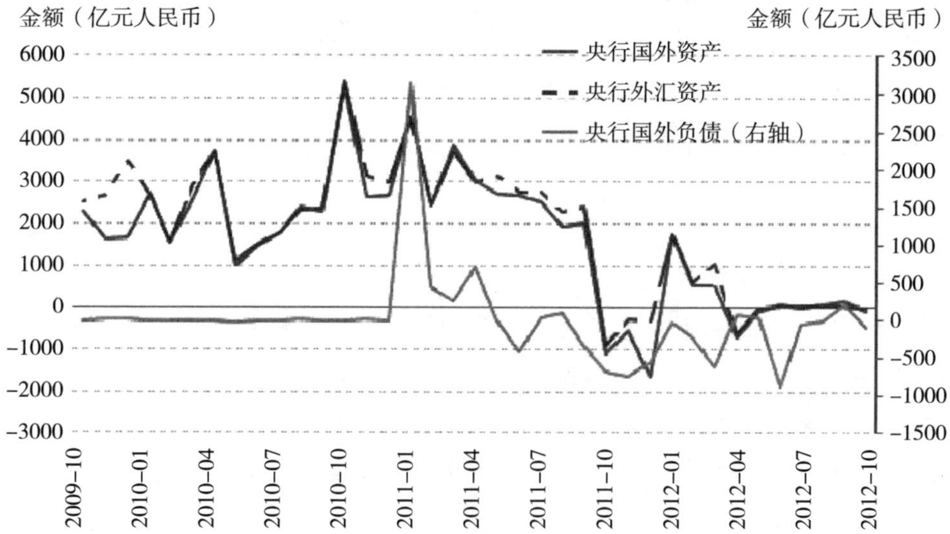

图 3–12 人民银行持有外汇资产及操作策略图

资料来源：Wind。

人民银行过去一直增加持有外汇，但 2012 年 4 月以来转为基本不增加持有，同时还通过负债方增加了在外汇市场操作的灵活性。可以互为印证的是，人民银行在 2012 年第二季度货币政策执行报告明确，要“降低干预频率，使市场供求在汇率形成中发挥更大作用”。

四、汇率均衡、货币政策操作与金融模式：理论分析

从国际上看，虽然在通货膨胀目标制流行之后，外汇市场干预在货币政

策中的作用有所减弱；但 2008 年金融危机以来，外汇市场干预重新开始扮演重要角色。为了阻止本币过快升值，许多新兴经济体干预外汇市场，这甚至被巴西等国视为“汇率战争”。实际上除了新兴经济体外，瑞士、澳大利亚、以色列、日本等国也公开宣布对外汇市场进行联系干预，香港在 2012 年 10 月甚至连续 6 次干预外汇市场。并且，在发达国家的量化宽松政策中，外汇市场干预也被作为配套政策。面对国际资本的流动性加大，特别是在全球流动性过剩条件下，新兴经济体面临着资本过度流入风险，一向主张放松资本项目管制的 IMF 也建议，在需要时，应该将资本管制作为一项政策工具。这实际上也间接承认外汇市场干预的合理性。由此，在资本非自由流动条件下，一国可以重新为汇率政策留下空间。

（一）非技术性描述

本章模型旨在利用一个简约的一般均衡框架讨论稳定汇率政策时的货币政策决策，这实际上是一个多目标—多工具的模型。这个模型与通常只强调通货膨胀目标（Inflation Target）的货币政策不同。具体而言，我们将在标准的通货膨胀目标制的模型中，引入中央银行对汇率的管理，以便让汇率在某个区间波动或者按照渐进、可控的步伐升值或贬值。在这里，汇率实际上是作为一个独立的政策工具而不是一个货币政策的中间目标。需要强调的是，在这个模型中，央行干预外汇市场所带来的资产负债表的在存量和流量意义上的变化，是一般均衡建立的基础，也是汇率管理的传导机制所在。

模型的机理是中央银行进行外汇市场干预—形成外汇占款—进行对冲—央行资产负债表的规模和结构发生变化—商业银行和私人部门的资产负债表规模和结构同时变化。中央银行考虑冲销成本以及最终政策目标从而做出干预和冲销决策，商业银行则根据外汇占款和净国外负债比例决定的 UIP 条件进行最优化决策，而外汇占款和净国外负债比例则由央行的外汇干预行为决定。同时在这个模型中，我们引入了不同组合的资产负债表效应，这些效应是通过商业银行和私人部门的最优化行为产生的。

（二）特征性分析

根据基础货币的一般理论，货币供应量 M1、M2 与基础货币量 B 的关系如下：

Ml＝K1×B＝（n+h）/（r+e+h）×B

M2＝K2×B＝（1+h）/（r+e+h）×B

其中，n 为活期存款与存款总额的比例；h 为公众现金持有比例；r 为法定准备金比率；e 为超额准备金比例；K1，K2 分别为狭义货币乘数和广义货币乘数（Friedman and Milton，1971）。其中，基础货币量 B 的基本结构如下所示，其平衡关系为：B＝B1+B2+B3−B4＝C+R+E。

货币冲销的目标是抵消因外汇占款 B 增加而产生的基础货币扩张，通常可以通过收缩基础货币的其他科目或降低货币乘数两个途径来实现。反映到政策操作上，有以下几种方法可供选择：(1）增发央行票据，加大正向回购的操作力度；(2）减少央行给金融机构的再贷款、再贴现；(3）提高法定准备率或降低超额准备金利率，以缩减基础货币乘数；(4）严格控制信贷规模；(5）控制财政赤字，减少政府债券发行等。上述 5 种方式直接影响货币供应量，理论上都可以抵消外汇占款对货币供应量产生的膨胀效应。

（三）模型分析

1. 传统模型

两种将汇率加入货币政策的方式：

一种较为普遍的方式是：

$$i = \bar{i} + \alpha(\pi - \pi^T) + \beta\hat{q} + \delta R \quad (1)$$

上式中，i 代表利率，$\bar{i}$ 代表自然失业率，π 代表通货膨胀率，π^T 代表目标通货膨胀率，$\hat{q}$ 代表产出缺口，R 代表中央银行对汇率变化的关注。至于中央银行关注汇率变化的具体方式，很多文献（如 Parrado，2004a；Natalucci and Ravenna，2002）表述为：

$$R = \hat{e} - \chi\hat{e}_{-1}$$

$$= \Delta e + (1 - \chi)\hat{e}_{-1}$$

$$= \Delta s - \pi + \pi^{*} + (1 - \chi)\hat{e}_{-1} \tag{2}$$

上式中 e 和 s 分别为实际和名义汇率的对数形式。“^”代表对稳定或合意水平的偏离，π^{*} 代表国际物价水平。根据参数不同，(2) 式可描述中央银行对汇率的不同关注，$\chi = 0$ 表示中央银行关注实际汇率对合意水平的偏离，$\chi = 1$ 表示中央银行关注实际汇率的波动。

类似地，中央银行对汇率的关注可描述为：

$$R = \chi\Delta s + (1 - \chi)(s - s^{T}) \tag{3}$$

(3) 式代表央行有一个明确的汇率目标，就像有一个明确的通货膨胀目标一样。综合 (1) 和 (3)，当 δ 越大、χ 越小时，汇率的弹性越小。

另一种方法是试图直接描述外汇管理，并建议用汇率目标制取代通货膨胀目标制（如 Parrado，2004b；Scott et al.，2009）。

$$\hat{e} = \rho\hat{e}_{-1} + (1 - \rho)\left[\alpha(\pi - \pi^{T}) + \gamma\hat{q}\right]$$

或

$$s^{T} = \rho s^{T}_{-1} + (1 - \rho)\left[\alpha(\pi - \pi^{T}) + \gamma\hat{q}\right] \tag{4}$$

上述方法的问题在于：外汇市场干预是中央银行影响汇率的主要手段，而在 (1) 式中，它仅仅是作为利率决策的一个辅助因素。另外，这实际上仍表示中央银行只利用一种工具做决策，事实上降低了货币政策独立性。在极端情况下，泰勒规则下的固定汇率制度实际上表示利率完全与国内货币政策无关。如果令 δ 无穷大，则 (1) 式代表的泰勒规则退化为 $s = s^{T}$，这意味着利率由 UIP（非套补利率平价，Uncovered Interest Parity）条件决定。公式 (4) 的问题是把利率政策服从于汇率目标，并且也没有考虑外汇市场干预的传导效应。

2. 基本模型框架

这里的模型考虑央行使用两个货币政策工具，并重点考虑外汇市场干预带来的资产负债表效应作为货币政策传导机制的情形，这中间的均衡是通过央行、商业银行和住户的最优化决策达到的。

模型考虑三大相关部门：中央银行、商业银行和住户。假定各自的资产负债表如下：

中央银行

资产	负债
外汇资产（F）	央行票据（O）
	存款准备金（R）

商业银行

资产	负债
央行票据（O）	存款 D
存款准备金（R）	外汇 B
贷款（L）	

住　户

资产	负债
存款 D	贷款（L）
	净财富（NW）

在这个模型中，中央银行在资产方通过外汇市场干预积累外汇储备（F），同时为了对冲流动性，而提升准备金率并发行央票，体现为负债方准备金（R）和央票（O）。商业银行在资产方持有央票、上缴准备金（O）并发放贷款（L），而负债方主要是住户部门的人民币存款（D）和外汇存款（B）。住户部门的资产是存款，负债是从商业银行的贷款，同时并持有净财富（NW），此净财富也可能是负值。在模型中，我们假定不存在现金漏损。

3. 中央银行行为分析

在每一时点，中央银行从外汇储备中获得利息，利率 i^* 由国际金融市场外生决定。同时，中央银行以利率 i^1 向商业银行支付央行票据的利息，并以 i^2 支付准备金利息。

$$CF^{CB} = \frac{S}{S_{-1}}F_{-1}\exp(i^*) - O_{-1}\exp(i^1) - R\exp(i^2) - f + o \tag{5}$$

其中，CF 代表中央银行的现金流，表明在期末有多少盈余上缴财政；S 代表即期汇率，F 代表外汇储备存量，f 代表新增外汇占款，O 和 o 分别代表央行票据的存量和流量；准备金由准备金率和存款决定，即 $R = rD$ 。在每期中央银行决定央票利率（i^1）、法定存款准备金率（r）以及存款准备金利率（i^2），并决定购买外汇的数量（f）以保持汇率处在合意水平：

$$\frac{F}{L}=\overline{\frac{F}{L}}+\omega(\frac{S}{S^T}) \qquad (6)$$

其中，$\overline{\frac{F}{L}}$ 为外汇储备与信贷总量的比例，也就是相当于整个经济体中外汇资产和非外汇资产的比例，S^T 是汇率目标。这时，中央银行就有两个政策工具即存款准备金率和汇率，其中存款准备金率假定也有一个类似泰勒规则的反应函数，其中 $\bar{r}$ 代表中央银行希望银行系统维持的准备金率水平，或者是超额准备金率水平，其政策反应函数为①：

$$r=\bar{r}+\alpha(\pi-\pi^T)+\beta\hat{q} \qquad (7)$$

$$s^T=\rho s_{-1}^T+(1-\rho)[\alpha(\pi-\pi^T)+\gamma\hat{q}] \qquad (8)$$

对中央银行来说，要维持汇率稳定，假定需要购买一定的外汇，此时在负债方主要有两大工具手段，或者发行央票，或者提高准备金率。

由以上分析我们得出推论：(1) 中央银行通过对冲能够在一定程度上实现两个目标，保证国内经济目标的实现；(2) 中央银行的对冲都有成本，在货币政策工具选择中，应该考虑工具成本的摆布；(3) 存款准备金率和发行央行票据在一定程度上有替代关系，但在工具手段和使用上有所不同。

4. 商业银行行为分析

假定商业银行是充分竞争的，并且是以利润最大化为目标的，其面临的是技术上的成本约束 $\Omega(O, R)$，并假定它符合以下一般成本函数的特征②：

$$\Omega(O, R),\ \Omega_i(.)>0,\ \Omega_{ii}(.)>0,\ \Omega_{ij}(.)<0,\ i,\ j\in\{O, L\} \qquad (9)$$

这里实际上假定，在一定的存款准备金率的条件下，商业银行主要面临的技术约束是央行的央票规模和利率，以及存款准备金率，在这些条件一定时，商业银行不存在惜贷行为。并且，从上式中可以看出，商业银行购买央票和上缴存款准备金率不是等价的，这是符合中国现实的，即相对而言，商业银行更倾向于中央银行增加公开市场操作工具的使用而不是提高准备金率。

① (7) 式在 (1) 式基础上假定 δ 为零。

② Edwards 和 Vegh (1997) 使用了类似的成本函数，但本章考虑了存款准备金率而不是利率的情况。

这里我们可以参照 Benes 等人（2008）的做法设定一个具体的成本函数：

$$\Omega(O,\ R) = \theta_R R + \theta_L L - 2\theta\sqrt{RL} \tag{10}$$

商业银行在成本方程和资产负债表的约束下，根据包括 O、R、L、D 的递归现金流方程（Recursive Cash Flow Formula）对其现金流最大化：

$$CF^{PB} = \exp(j_{-1})L_{-1} - L + \exp(i^1_{-1})O_{-1} - O + B - \exp(i^*_{-1})B_{-1}\frac{S}{S_{-1}} + D - \exp(i^D_{-1})D_{-1} + \exp(i^2_{-1})R_{-1} - R - \Omega(O_{-1},\ R_{-1}) \tag{11}$$

上式中的 j 是贷款利率， i^D 是存款利率。在上式中加入资产负债恒等式，并将时期滞后一期，则上述问题简化为：

$$\underset{(O,\ R)}{Max}CF^{PB} = \exp(j)L + \exp(i^1)O - O + \exp(i^*)(O+)B\frac{S_{+1}}{S} - \Omega(O,\ R) \tag{12}$$

上述方程的一阶条件（FOC）为：

$$\exp(i) = \exp(i^*)\frac{S_{+1}}{S} + \Omega_O(O,\ R) = \exp(i^*)\frac{S_{+1}}{S} + \theta_O - \theta\sqrt{\frac{L}{O}} \tag{13}$$

$$\exp(j) = \exp(i^*)\frac{S_{+1}}{S} + \Omega_R(O,\ R) = \exp(i^*)\frac{S_{+1}}{S} + \theta_R - \theta\sqrt{\frac{L}{R}} \tag{14}$$

$$= \exp(i) - \Omega_O(O,\ R) + \Omega_R(O,\ R) \tag{15}$$

$$= \exp(i) + \theta_R - \theta_O - \theta\sqrt{\frac{O}{R}}(1 - \frac{R}{O}) \tag{16}$$

条件（13）源自非套补的利率平价条件（UIP），此时的风险条件为

$$\theta = \theta_O - \theta\sqrt{\frac{L}{B}} \tag{17}$$

这里的利率 i 由泰勒规则定义。条件（17）定义了一个向上倾斜的信贷供给曲线。同时也表明政策利率和信贷利率之间存在一个差额，该差额在中国可理解为货币市场利率与贷款的利率：

$$\theta_L - \theta_O - \theta\sqrt{\frac{O}{R}}(1 - \frac{R}{O}) \tag{18}$$

由以上分析得出以下推论：(1) 商业银行以较高的存款准备金率、较低

的存款准备金率、较低的央票利率参与承担中央银行的对冲成本，也就是说，在外汇占款大幅流入背景下，会伴随着对利率和贷款规模的管制；（2）为规避监管，商业银行将积极发展表外业务；（3）商业银行外汇资产的变化，会影响到存贷比的变化，使得该指标的监管意义下降。

5. 家庭部门行为分析

家庭部门面临的预算约束为：

$$PC - L = -\exp(j_{-1})L_{-1} + \prod - \Psi(L) \quad (19)$$

其中，$\Psi'(L) > 0$ (20)

$\Psi''(L) > 0$ (21)

上式中 P 表示消费者所消费物品的价格向量，C 代表所消费商品的数量。$\prod$ 表示消费者从企业、银行等部门所获得的收入。在这些条件下，家庭部门的最优化问题的一阶条件为：

$$\frac{\lambda}{\lambda_{+1}}[1 - \Psi'(L)] = \beta\exp(j) \quad (22)$$

$$P\lambda = U'(C) \quad (23)$$

这里 λ 是拉格朗日乘子（Langrange Multiplier）。

由以上分析得出以下推论：（1）住户部门通过获得较低的存款利率参与央行对冲成本的分摊；（2）外汇占款本质上是居民企业通过出口赚取的收入；（3）随着外汇占款的下降，中国的货币高增长、间接融资比重高等现象会逐步缓解。

（四）小结

本章理论分析证明：中央银行通过冲销，在一定程度上能够维护汇率和国内物价的稳定；为降低冲销的财务成本，中央银行可以通过利率、存款准备金率、央票、贷款规模管理等手段，实现成本在银行和实体经济之间的分摊，保持冲销的可持续性；在这种模式下，可以解释中国高货币、高储蓄、间接融资比重高等金融运行模式的形成。

与之相对，当人民币汇率趋近均衡，上述现象将会得以转变，货币政策操作和中国的金融模式都将发生与之相反的一系列变化。下章我们将对上述结论进行验证。

五、对冲、央行资产负债表与工具选择：经验证据

本节主要就第四部分理论模型中提出的一系列推论给出实证检验。为集中问题，我们主要集中讨论与人民银行相关的结论。

传统教科书认为，中央银行在货币政策操作中不应考虑成本。但正如前所述，事实并非如此。从货币政策目标看，人民银行较好地实现了经济较快增长和物价基本稳定，同时外部失衡有所缓解，为国内经济结构调整赢得了时间和空间。但与此同时，上一部分分析显示，中央银行做到这一点并非无成本。了解这些成本，我们会认识到在人民币趋近均衡区间、外汇占款下降背景下，实际上为人民银行资产负债表回归正常提供了机遇。

（一）人民币均衡汇率的实证分析

根据 Montiel（1999）模型，本章提出如下相关解释指标：（1）人民币实际汇率，文章以人民币实际有效汇率（REER）作为替代变量。（2）相对劳动生产率变化（HBS），用我国季度 GDP 同我国的季度就业人数的比率表示。（3）贸易条件（TOT），因为我国并不公布进出口商品的价格指数，用出口商品总额除以进口商品总额的比值表示。（4）国外净资产地位（NFA），用季度经常项目余额累加得到国外净资产序列，并将该序列除以同期季度 GDP 表示。（5）经济开放度（TRAD），用季度进出口总额同季度 GDP 的比值表示。（6）政府支出行为（GOV），用每个季度的政府支出同 GDP 的比值表示。

数据选择：1996 年 12 月 1 日实现经常贸易项下人民币的自由兑换，因此选择 1997 年一季度作为起点的数据。各基础数据均来自万德数据库。

协整的先决条件是参与分析的各时间序列是同阶单整的。因此，首先对六个时间序列进行单位根检验。

检验结果表明（表 3-2），TOT 是平稳时间序列，REER、HBS、NFA、TRAD 和 GOV 都是一阶单整序列。因此，后续讨论不再涉及 TOT，仅讨论其他五个序列之间的协整关系。

表 3-2　变量的单位根检验

变量	ADF 检验值（T）	检查类型（C，T，K）	临界值（10%）	结论
REER	-1.0752	（C，T，10）	-3.1723	不平稳
DREER	-5.7999	（0，0，10）	-1.6132	平　稳
HBS	3.0981	（C，T，10）	-1.6130	不平稳
DHBS	-3.2419	（C，T，10）	-3.1757	平　稳
TOT	-3.5791	（C，0，10）	-2.5936	平　稳
NFA	-2.6689	（C，T，10）	-3.1757	不平稳
DNFA	-3.8335	（0，0，10）	-1.6130	平　稳
TRAD	-2.0407	（C，T，10）	-3.1757	不平稳
DTRAD	-3.4823	（0，0，10）	-1.6130	平　稳
GOV	-1.6935	（C，T，10）	-3.1757	不平稳
DGOV	-3.8466	（0，0，10）	-1.6130	平　稳

HBS、NFA、TRAD 和 GOV 四个序列的季节特征较为显著。另外，为了消除数据间的异方差性，对参与协整分析的变量先季节调整后取常用对数。

Engle 和 Granger 于 1987 年提出了“两步”检验法。EG 检验法是当前普遍运用的协整检验方法。现将 log(*REER_ sa*) 关于 log(*HBS_ sa*)、log(*NFA_ sa*)、log(*TRAD_ sa*) 和 log(*GOV_ sa*) 回归。结果如表所示，log(*NFA_ sa*) 未通过参数检验。

表 3-3　实际汇率的四变量回归方程

被解释变量：LOG（REER_ SA）

解释变量	系数	标准误	T 统计量	P 值
LOG（HBS_ SA）	0.160995	0.016250	9.907575	0.0000
LOG（NFA_ SA）	0.041888	0.053184	0.787610	0.4343
LOG（TRAD_ SA）	-0.341921	0.025555	-13.37958	0.0000

（续表）

解释变量	系数	标准误	T 统计量	P 值
LOG（GOV_ SA）	0.081202	0.030731	2.642362	0.0107
R-squared	0.832386	Mean dependent var		4.535117
Adjusted R-squared	0.820196	S. D. dependent var		0.064374

因此，将 log(*NFA_ sa*) 剔除，将 log(*REER_ sa*) 关于 log(*HBS_ sa*)、log(*TRAD_ sa*) 和 log(*GOV_ sa*) 回归。

表 3-4 实际利率的三变量回归方程

被解释变量：LOG（REER_ SA）

解释变量	系数	标准误	T 统计量	P 值
LOG（HBS_ SA）	0.159724	0.016114	9.911850	0.0000
LOG（TRAD_ SA）	-0.348341	0.024139	-14.43089	0.0000
LOG（GOV_ SA）	0.072098	0.028377	2.540687	0.0139
R-squared	0.830495	Mean dependent var		4.535117
Adjusted R-squared	0.821415	S. D. dependent var		0.064374

结果如表 3-4 所示，系数都通过了显著水平为 5%的 T 检验，整体方程的残差平方和达到 0.83，AIC 和 SC 两个统计量较小，方程的拟合度较好。对残差做 ADF 单位根检验，T 统计量为 -3.3770，低于显著性 1%的临界值 -2.6047。表明，残差是平稳序列，回归方程是协整方程。

上述的回归结果表明，劳动生产率的提高和政府支出增加都会使人民币实际汇率升值，而开放度的提高会使实际汇率贬值。劳动生产率提高一个百分点会使人民币实际汇率上升 0.16 个百分点；政府财政支出增加一个百分点使人民币实际汇率上升 0.07 个百分点；而我国的开放度上升一个百分点会使人民币实际汇率下降 0.35 个百分点。

为了分析短期波动对人民币长期均衡关系的偏离，建立误差纠正模型（ECM，表 3-5）。

根据 ECM 结果，误差项纠正偏离长期均衡的能力较弱，仅为 0.002654，远不及对外开放度的 0.290729。

表 3-5 误差纠正模型

被解释变量：D [LOG (REER_ SA), 1]

解释变量	系数	标准误	T 统计量	P 值
D [LOG (TRAD_ SA), 1]	-0.290729	0.058252	-4.990856	0.0000
E (-1)	-0.002654	0.001222	-2.170869	0.0342
R-squared	0.312319	Mean dependent var		0.002883
Adjusted R-squared	0.287759	S.D. dependent var		0.022599

由于经济变量容易受到经济周期的影响，直接使用原序列可能将周期因素带入长期均衡汇率。因此，先将 HBS、TRAD 和 GOV 用 HP 滤波法剔除其周期影响，再将滤波后的序列代入已经估计出的协整方程，最后换算出人民币长期均衡汇率 REER_ LE。

$$\log(REER\_\ LE) = 2.015122 + 0.159724^{*}\log(HBS\_\ HP)$$
$$- 0.348341^{*}\log(TRAD\_\ HP) + 0.072098\log(GOV\_\ HP)$$

从图 3-14 可知，样本期内有三个阶段处于高估阶段：第一阶段为 1997 年第四季度—1998 年第三季度，当时正值东南亚金融危机，不少国家实施贬值政策，振兴出口，中国政府承诺人民币不贬值；第二阶段为 2000 年第四季度—2003 年第一季度，该时期网络经济泡沫破裂和“9·11”恐怖袭击拖累世界经济；第三阶段为 2008 年第一季度—2010 年第一季度，国际金融危机席卷全球，主要经济体实施宽松货币政策。从 2010 年起，我国人民币实际汇率进入均衡阶段，围绕长期均衡汇率上下波动，且偏离度非常小。

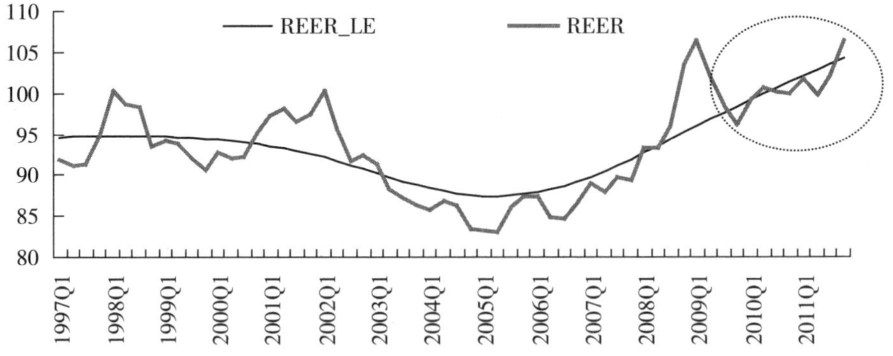

图 3-13 人民币长期均衡汇率与实际汇率趋势

为准确衡量实际汇率对长期均衡汇率的偏离程度，本章定义计算汇率长期偏离度=（实际汇率-长期汇率）/长期汇率。

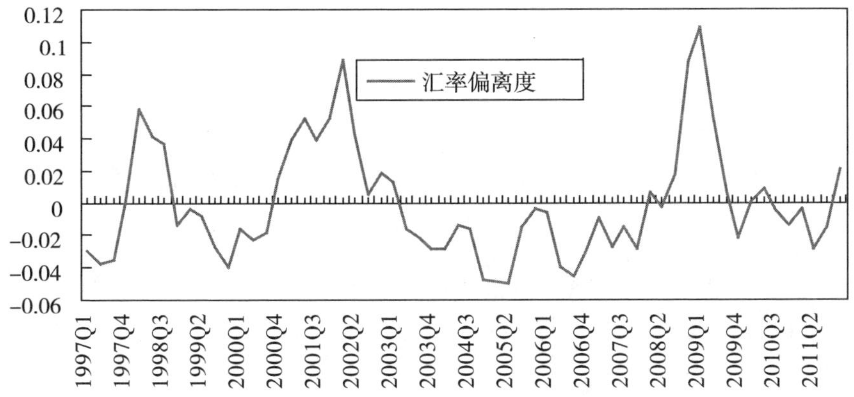

图 3-14　人民币汇率长期偏离度

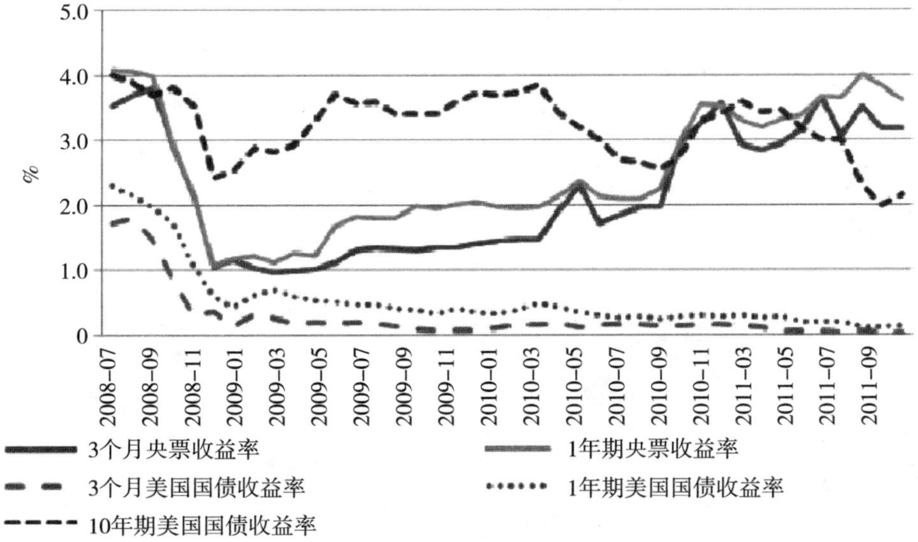

图 3-15　央票收益率高于美国国债收益率

资料来源：CEIC。

从图 3-15 可知，人民币汇率偏离度主要处于（-0.05，0.08）。有三个季度不在此区间，2002 年第一季度实际汇率高估了 8.8%，2008 年第四季度实际汇率高估了8.7%，2009年第一季度实际汇率高估了10.9%。实际汇率被低估的程度都在5%以内。从2009年第三季度以来，人民币汇率的偏离度大大降低，都在正负3个百分点内。

（二）人民银行冲销成本的分摊模式

1. 有效的冲销

随着中国劳动生产率的快速增长，根据巴拉萨—萨缪尔森效应，要么人民币名义汇率明显升值，要么会出现通货膨胀。而中国情况是，人民币一直保持着渐进可控的升值步伐，同时通货膨胀总体可控。做到这一点的关键在于，人民银行实现了有效冲销（表3-6）。从表3-7看，2001年来人民银行外汇占款年增长率高达15%~51%，明显高于M1 9%~33%的增长率，从平均数看，前者比后者高出了14个百分点，冲销指数为1.78%。

表3-6　中国人民银行货币政策工具操作统计（万亿元）

	公开市场操作（如票据发行）	再贴现利率	再贷款利率	存贷款基准利率	贷款规模	法定存款准备金率	外汇市场干预	窗口指导
1994	▲				▲（4）		▲	
1995	▲			▲（2）	▲（4）		▲	
1996	▲		▲（2）	▲（2）	▲（4）		▲	
1997			▲（1）	▲（1）	▲（4）		▲	
1998	▲	▲（3）3.96	▲（3）	▲（3）		▲（1）	▲	▲
1999	▲	▲（1）2.16	▲（1）	▲（1）		▲（1）	▲	▲
2000	▲						▲	▲
2001	▲	▲（1）2.97					▲	▲
2002	▲		▲（1）	▲（1）			▲	▲
2003	▲0.72					▲（1）7	▲	▲
2004	▲1.51	▲（1）3.24	▲（1）	▲（1）		▲（1）7.5	▲	▲
2005	▲2.75						▲	▲
2006	▲3.65			▲（2）		▲（3）9	▲	▲
2007	▲4			▲（6）		▲（10）14.5	▲	▲

（续表）

	公开市场操作（如票据发行）	再贴现利率	再贷款利率	存贷款基准利率	贷款规模	法定存款准备金率	外汇市场干预	窗口指导
2008	▲ 4.36	▲（3）1.8	▲（3）	▲（5）		▲（9）15.5	▲	▲
2009	▲ 2.81						▲	▲
2010	▲ 4.24	▲（1）2.25		▲（2）		▲（6）18.5	▲	▲
2011	▲ 1.4			▲（3）		▲（7）21	▲	▲
合计	n	10	12	29	16	39	n	n
主要调节对象	调节基础货币和银行体系流动性；引导市场利率，调节资金供求	调节基础货币投放	调节金融机构头寸和短期流动性，保持基础货币稳定，控制货币供应量	调节投资、储蓄、消费、信贷、价格水平、经济增长、通胀预期等	调节货币供应量，支持"三农"和企业发展	调节银行可用资金，控制信贷；回收银行体系过剩流动性	稳定汇率	引导信贷，传达调控意图，风险提示等

注：▲后（）内数字为该年调整次数；"合计"数字为1994—2011年上半年的总调整次数，其中"n"表示根据需要随时或不定期进行。

资料来源：郭红兵、陈平：《中国货币政策的工具规则和目标规则》，《金融研究》第八期，第30~31页，2012；中国人民银行网站。

人民银行之所以能够保持冲销的持续性和有效性，是因为建立了一个多方承担的成本分摊机制。有些是显性的成本，如央票、存款准备金率；有些则是隐性的成本，如较低的存款利率、信贷管理等。下面将逐一分析。

表3-7 对外汇占款的有效冲销

年份	M1增长率	人民银行外汇占款增长率	冲销指数
2001	13%	25%	1.97
2002	18%	30%	1.63
2003	19%	50%	2.68
2004	14%	51%	3.61

（续表）

年份	M1 增长率	人民银行外汇占款增长率	冲销指数
2005	12%	35%	3.01
2006	17%	39%	2.23
2007	21%	30%	1.41
2008	9%	31%	3.49
2009	33%	15%	0.44
2010	20%	17%	0.83
平均	18%	32%	1.78

资料来源：课题组根据 CEIC 计算。

注：冲销指数为人民银行外汇占款增长率/M1 增长率（武剑，2005）。

2. 央票冲销及其成本

在 2004—2008 年，央行票据充当了冲销的重要功能。而从 2009 年以后，央票的冲销功能开始下降，2009 和 2010 年连续两年净发行额为负。

表 3-8　央票发行对新增外汇占款的冲销

年份	当年央票发行额	当年净发行额	新增外汇占款	央票冲销程度
2003	723	154	1162	13%
2004	1704	805	1774	45%
2005	2788	922	1862	50%
2006	3657	944	2777	34%
2007	4072	473	2940	16%
2008	4296	1131	4005	28%
2009	3974	-372	2468	-15%
2010	4661	-157	3268	-5%
合计	25875	3901	20257	19%

资料来源：中国人民银行。

央票发行是市场化程度较高的操作，如果发行利率较低，市场可能积极性不高，影响对冲效果[①]。图 3-16 显示，与美国国债收益比较，发行央票回收流动性、再将美元投资美国在成本上缺乏优势。

但与此同时，央票收益率也低于同期的 SHIBOR 利率，这意味着商业银行购买央票时所获得的利率低于银行间的资金市场价格。

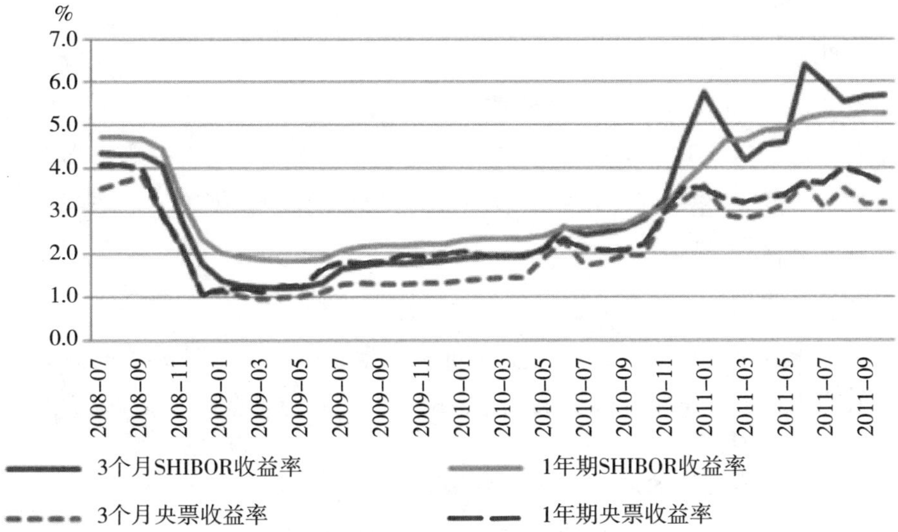

图 3-16 央票收益率低于同期 SHIBOR 利率

资料来源：CEIC。

3. 存款准备金率

由于金融创新，在成熟国家 RRR 几乎淡出舞台（张晓慧等，2008）。对商业银行而言，存款准备金率的收益还不如购买央票。目前人民银行支付给商业银行准备金的年利率是 1.62%，低于同期的 SHIBOR 利率，也低于存贷款基准利率的息差，甚至低于央票收益率。此外，对于中小金融机构而言，缴纳 RRR 的压力更大，它们通常是银行间市场的资金净拆入方，对其实行差别准备金率是为了更好地服务中小企业的功能。

4. 低利率

20 世纪 90 年代人民银行曾主要采用加息应对通胀，一度将一年期存

① 当然，在某些时候，也出现了定向发行央票的做法，但这是带有惩罚性的。

款利率提高到10%以上，当时的外汇储备只有520亿美元。但在2003年以来的通胀周期中，外汇储备大幅增加，人民银行需要保持低利率，以便以较低的利率发行央行票据，并为存款准备金支付较少的利息，由此降低冲销成本。

5. 汇率升值的账面损失

除此之外，人民银行面临汇率风险。在2011年9月底，人民银行总的人民币资产是28.5万亿人民币，但是净外汇资产为23.7万亿人民币。如果人民币有效汇率每年升值4%，人民银行将承受9460亿人民币的账面损失，这是自有资本的43倍。人民币升值后，以人民币计算的人民银行资产负债表可能出现不平衡。

此外，成本还限制商业银行的贷款规模。

这些工具具有扭曲性，并对金融机构产生影响。干预是成功的，但也要看到其成本，尤其是隐性的成本，如金融压抑和对中小企业融资造成的困难。

（三）人民银行的冲销成本：估算结果

对中央银行对冲成本的估算，过去主要是估算国内外资产收益率的差额（Kletzer and Spiegel，2004）。但这对中国过于粗略。利用公开数据估算我们发现，2001年来人民银行在对超规模的外汇占款进行对冲时成功维持了正的收益。在估算中，我们做了如下几点技术处理。

根据IMF按季度公布的官方外汇储备货币构成数据库（Currency Composition of Official Foreign Exchange Reserves，CCOFER）作为中国外汇储备结构的测度。同时为计算方便，我们仅考虑美元、欧元和日元三种主要货币。各币种外汇储备的收益率用各国政府公布的10年期政府债券收益率表示。

从图3-17看，在2005年以前，人民银行较好地保持了正的收益率，但之后冲销成本的压力开始增加，特别是2008年以来，出现了一定程度的亏损。但2012年以后，对冲成本有所减少。

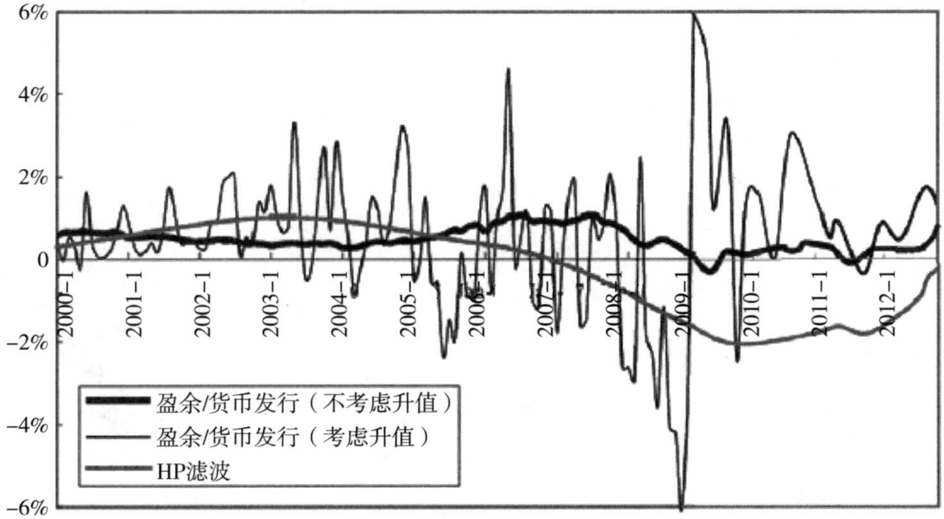

图 3-17　考虑冲销成本后的央行盈利测算

资料来源：课题组根据公开资料估算。

（四）对冲工具与人民银行资产稳健性：实证研究

我们估算如下方程：

$$\pi_t = \alpha_t i^D + \beta_t r + \chi_t o_t + \eta_t i_t^D \cdot o_t + \delta_t X_t + \varepsilon_t \qquad (24)$$

被解释变量是中央银行的盈利状况，用盈利占货币发行的百分比来衡量，该数据来自前面的估算。方程的右边前三项是人民银行的三个主要的政策工具成本：一年期存款准备金利率、法定准备金率和央票规模（央票用央票余额与储备货币之比来衡量）。同时方程右边放入了一年期存款利率与央票规模的交互项。此外我们控制了外汇占总资产比重、美元兑人民币汇率、日元兑人民币汇率、欧元兑人民币汇率、美国十年期政府债券收益率、日本十年期债券收益率、欧元十年期政府债券收益率，以及 2005 年 7 月、2008 年 9 月、2010 年 6 月、2012 年 4 月这几个时间的哑变量。2005 年 7 月是第一次汇率改革；2008 年 9 月国际金融危机恶化，之后的一年是金融危机背景下汇率相对固定的一段时间；2010 年 6 月人民币汇率改革又重新启动；2012 年 4 月扩大了人民币汇率的浮动区间，同时人民银行在外汇市场上也基本停止了干预。

哑变量的设置方式是：该时间点之前变量为0，之后为1。

表 3-9　变量描述

变量	描述	数据来源
被解释变量		
π_1	人行净利润/货币发行	作者估算
π_2	（人行净利润+汇率盈亏）/货币发行	作者估算
解释变量		
i^D	一年期存款利率	人民银行
r	存款准备金率	人民银行
o	央行票据余额/货币发行	人民银行
fx	外汇资产/总资产	人民银行
usexr	美元对人民币汇率	国家外汇管理局
jpesr	日元对人民币汇率	国家外汇管理局
euesr	欧元对人民币汇率	国家外汇管理局
usyield	美元十年期政府债券收益率	美国财政部
jpyield	日元十年期政府债券收益率	日本银行
euyield	欧元十年期政府债券收益率	欧央行
dummy2005	2005年7月时间哑变量	
dummy2008	2008年9月时间哑变量	
dummy2010	2010年6月时间哑变量	
dummy2012	2012年4月时间哑变量	

我们的样本范围是2000年1月至2012年10月的128个观察点。单位根检验的结果如下：

表 3-10　单位根检验

变量	是否平稳	一阶差分后是否平稳
被解释变量		
π_1	是	是
π_2	否	是
解释变量		
i^D	否	是

（续表）

变量	是否平稳	一阶差分后是否平稳
r	是	是
o	否	是
fx	是	是
usexr	否	是
jpesr	否	是
euesr	否	是
usyield	是	是
jpyield	否	是
euyield	是	是

单位根检验发现，计量模型（24）中超过一半的变量含有单位根，是非平稳的，因此不能直接进行最小二乘法估计。经过一阶差分，所有的被解释变量和解释变量都变成了不含单位根的平稳时间序列。因此，我们在计量时估算模型（25）：

$$\Delta\pi_t = \alpha_t \Delta i^D + \beta_t \Delta r + \chi_t \Delta o_t + \eta_t \Delta(i_t^D \cdot o_t) + \delta_t \Delta X_t + \varepsilon_t \qquad (25)$$

我们估计了三个式子。其中回归式（1）的被解释变量包括汇兑损益的利润，回归式（2）的被解释变量是不包括汇兑损益的利润。回归式（3）我们使用了 White 异方差一致性估计（White Heteroskedasticity-consistent Estimator），以增加计量结果的稳健性，也是作为一个稳健性检验。

从回归结果可以看出，不同货币政策工具的成本是不同的。具体讨论如下：

表 3-11 计量结果

变量	回归（1） 考虑升值盈亏	回归（2） 不考虑升值盈亏	回归（3） 修正序列自相关
一年期存款利率	-0.157*	-0.165*	-0.183**
	(-3.240)	(-3.253)	(-3.193)
存款准备金率	0.016	0.010	0.012

（续表）

变量	回归（1） 考虑升值盈亏	回归（2） 不考虑升值盈亏	回归（3） 修正序列自相关
	(−0.674)	(0.120)	(0.330)
央行票据/货币发行	0.006**	0.007*	0.005***
	(1.264)	(1.943)	(3.561)
基准利率与央票交叉项	−0.354***	−0.341**	−0.218**
	(−1.285)	(−2.261)	(−2.657)
外汇资产/总资产	−0.015**	−0.001***	−2.22E−04**
	(1.778)	(−2.157)	(1.383)
美国十年期国债回报	0.043**	0.049**	0.061** *
	(2.961)	(4.235)	(6.496)
日本十年期国债回报	0.027	−0.001	0.003
	(0.051)	(−0.009)	(−0.501)
欧元十年期国债回报	0.098*	0.068*	0.036**
	(3.143)	(3.451)	(3.135)
人民币/美元汇率	0.254** (2.423)		
人民币/日元汇率	16.54* (6.451)		
人民币/欧元汇率	0.132*** (2.15)		
外汇储备/总资产	−0.021* (0.997)	−0.031* (1.789)	−9.21E−03** (1.432)
dummy2005	−0.010** (−3.312)	−0.002** (−1.080)	= 1.81E−04* (−2.439)
dummy2008	−0.011 (−1.129)	0.021 (0.098)	−0.023* (−1.251)
dummy2010	0.001** (1.129)	0.000 (0.098)	0.001* (1.251)
dummy2012	0.012** (2.217)	0.003* (1.012)	0.002* (2.131)
样本数	128	128	128

（续表）

变量	回归（1）考虑升值盈亏	回归（2）不考虑升值盈亏	回归（3）修正序列自相关
调整后 R^2	0.67	0.70	0.91
D-W 检验值	1.97	1.32	2.62

（1）加息会降低人民银行的盈利。在所有的回归中，一年期存款利率都是显著为负的，这意味着加息工具将减少人民银行盈利，或增加人民银行的成本。因为存款利率上升会增加人民币升值压力，而人民币升值导致发生汇兑损失，使得人民银行利润减少。在控制了其他变量的情况下，增加一个百分点的存款利率，会导致央行利润与流通现金的比下降 0.16~0.18 个百分点。同时，一年存款基准利率与央行发行的交互项显著负相关。因为提高存款利率会使央票利息增加，从而央行支付的央票利率会增加。这意味着数量型货币政策工具和价格型货币政策工具之间存在联系。综合来看，假设央票发行余额占货币发行的比重为 1（参见表 3-11），则加息对人民银行盈利的总影响略高于 0.5%，即加息一个百分点，将使得人民银行盈利占货币发行的比重减少 0.5 个百分点，其中加息的直接影响和通过发行央行票据渠道的影响分别占 30%和 70%左右。

$$\Delta\pi_t = -0.157\Delta i^D + \cdots - 0.354\Delta(i_t^D \cdot 1) + \cdots$$

这也反映出，近年来尤其是 2006 年下半年以来，人民银行相对较少使用加息手段。

（2）提高法定准备金率没有显著影响，表明它是一项成本较低的货币政策工具。尽管央行需要向商业银行支付存款准备金利息，回归结果表明，在控制其他因素的情况下，央行提高存款准备金率的会计成本并不明显，存款准备金的增加并不会给央行带来很大负担。这也就解释了人民银行较多地使用存款准备金率工具，特别是在 2005 年以后外汇占款明显放大后，存款准备金率在对冲流动性上扮演了更主要的角色。

（3）发行央行票据对央行盈利的综合影响为负。单从第三行变量看，人民银行发行央行票据能够增加财务盈利，这可能是因为相比美国长期国债，央行票据的利率并不高。但如果考虑到央票利率和基准利率的互动，即一年期基准利率和央票发行的交互项，结果可能就有差异。以回归（1）为例，把存款利率看作常数时，可以有如下形式：

$$\Delta\pi_t = \cdots + \chi_t\Delta o_t + \eta_t\Delta(i_t^D \cdot o_t) + \cdots$$

$$\Delta\pi_t = \cdots + (\chi_t + \eta_t i_t^D) \cdot \Delta o_t + \cdots$$

$$\Delta\pi_t = \cdots + (0.006 - 0.354 i_t^D) \cdot \Delta o_t + \cdots$$

假定发行央票对央行成本的影响为零，即上式中

$$0.006 - 0.354 i_t^D = 0$$

此时可以得出，一年期存款基准利率为 $i_t^{D*} = 1.69$，也就是说，1.69%是一年期存款利率的一个临界值，当 i_t^D 小于 1.69%时，Δo_t 一项的系数为正，发行央票将会增加央行利润；反之当存款基准利率大于 1.69%时，发行央票会导致央行利润减少。这是因为央票的利率由市场决定，而市场利率与存贷款基准利率又密切相关，当存款利率较高时，央票的票面利率也相应上升，因此发行央票的成本增加。在我们的样本区间里，一年期存款基准利率最低为 1.98%，因此央票增加对利润的影响一直是负的。需要指出的是，这里的 1.69%只是一个估计量，并不是一个准确的数值。根据同样原理，我们可以计算出回归（2）、回归（3）中的一年期存款利率的临界值分别为 2.05%、2.29%。

（4）外汇资产占货币发行的比重：在三个回归中，这项的系数都显著为负数，表明外汇资产相对比重的上升，会降低人民银行的利润。

（5）在外汇资产收益的一方，美国、欧元区十年期政府债券利率的上升能够增加人民银行的利润率，而日本十年期政府债券收益率则不显著。这表明，美国和欧元债券市场的变化是影响中国外汇投资的主要变量，这个结果符合很多估算认为的中国有较大比重的外汇投资在欧美债券市场，特别是美国的国债。

（6）值得注意的是，人民币对美元、欧元和日元这三个全球主要货币的升值，会降低人民银行的盈利。人民银行的资产负债表是以人民币计价的，当人民币对别国货币升值时，会造成账面上的损失。当然，这个账面的损失

不一定会带来直接的负面影响。

（7）观察人民币汇率改革时间点的几个哑变量。可以看出，2005 年的汇改由于开启了升值进程，同时在这段时间外汇储备流入较大，这个哑变量显示，这次汇改降低了人民银行的盈利。2008 年 9 月，美国次贷危机升级为国际金融危机，人民币停止升值，重新与美元挂钩，这次汇率变化对人民银行的盈利没有显著影响。而 2010 年特别是 2012 年的汇率体制改革，在一定程度上改善了人民银行的资产负债表状况，这体现为在人民币跨境使用增加、人民银行在外汇市场上干预减少的背景下，人民币汇率弹性增加的影响开始发生改变，更多是朝着改善人民银行资产负债表的方向起作用。

（四）小结

总之，提高存款利率和发行央行票据都会降低央行利润，给央行带来成本，尤其当考虑汇率变化时，利率的成本尤为突出。相比之下，提高存款准备金率的成本较小，对央行利润的影响并不显著。同时我们认为，随着经济金融条件的改变，干预的成本正在发生变化。

六、汇率升值末期货币政策和金融运行模式的国际实践

德国、日本在 20 世纪 80 年代中后期本币汇率趋于均衡的过程中，采用了不同的货币政策，两国经济金融运行出现不同绩效。在人民币汇率渐趋均衡的情况下，研究日德两国在类似时期的经验，对我国当前阶段的货币政策操作和金融运行具有借鉴意义。

（一）德国、日本在本币升值末期的政策实践及其影响

1. 从大幅升值到升值末期：马克与日元的表现

二战后，德国和日本经济迅速起飞，对外贸易不断增长。与德国在 20 世纪 50 年代中期就出现贸易顺差并不断扩大相比，日本直到 1969 年才出现较大的顺差，但顺差额迅速扩大，日本面临较大的来自国际社会尤其是美国的

压力。布雷顿森林体系瓦解之后，日本告别固定汇率开始实行浮动汇率①，德国马克也差不多同时开始自由浮动。

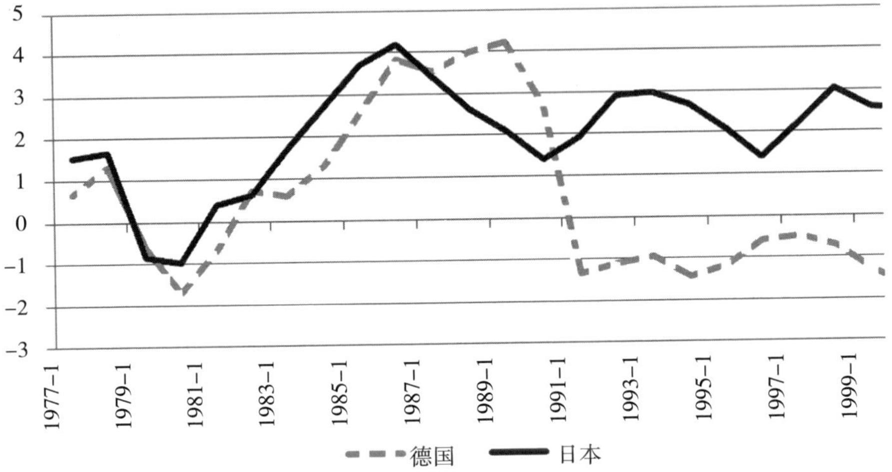

图 3-18 德国、日本经常账户顺/逆差占 GDP 比重（%）

资料来源：IMF WEO Database。

图 3-19 德国马克汇率变化（马克/美元）

资料来源：CEIC。

① 当时的浮动汇率是有管理的，在经常项目一直处于顺差的情况下，日本外汇储备仍旧不断增加。如果日本政府不干预市场，外汇储备不会增加。日本政府通过央行在外汇市场上实施干预。

1985 年 9 月，为改变美国的巨额贸易赤字和美元升值的局面，美、日、英、法、德五国在纽约签署“广场协议”，将美元对世界其他主要货币的比率在两年内贬值 30%。1985 年 9 月至 1989 年 12 月，日元与德国马克分别对美元升值了 46%和 42%。此后，日元和马克汇率进入相对平稳的时期。

图 3-20　日元汇率变化（日元/美元）

资料来源：CEIC。

2. 本币升值末期德国、日本货币增速的分野

进入 1986 年，为压制日元升值，维持经济增长，日本银行将贴现率下调至前所未有的超低水平，同时在外汇市场进行抛日元买美元的操作。这一过程导致日本的外汇储备和基础货币供应量大幅增加（张弘林，2005），同时货币增长率在 1987—1990 年基本保持在 10%以上，远远超过名义 GDP 的增长幅度。

德国央行增加本币汇率弹性，以稳定物价为目标设定每年的货币供应量目标增长率。从表 3-13 可见，1985 年之前货币增长速度基本上在联邦银行计划的目标范围之内；1986 年至 1988 年三年没有实现计划目标，这是当时采取扩张性货币政策的结果。与日本相反，德国外汇储备从 1988 年起开始下降，其货币供应量增长控制在适度的范围内，较低的货币供应量和物价水平使德国不容易产生资产价格泡沫。

表 3-12 1980—1995 年日本基础货币和货币供应量平均余额增长率（单位:%）

	基础货币	基础货币			M2+CD
		流通中的纸币	流通中的硬币	外汇占款（current account balances）	
1980	6.9	3.3	4.9		9.2
1981	3.7	6.8	4.1		8.9
1982	7	6.2	13	11.9	9.2
1983	4.5	3.8	12.9	6.4	7.3
1984	4.7	5.5	8.8	−3.7	7.8
1985	6.7	5.3	10.5	16.9	8.4
1986	8.7	6.7	74.7	−9.5	8.7
1987	10.4	10	0.6	24.2	10.4
1988	9.2	9.7	4.5	8.9	11.2
1989	12.6	11.6	5.9	26.2	9.9
1990	6.6	6	6.4	11.9	11.7
1991	−2.8	1.4	6.6	−38.6	3.64
1992	1.4	2	1.5	−5.3	0.6
1993	3.7	3.8	4.9	1.1	1
1994	4	4.2	2.6	2.4	2
1995	6.1	6.5	1.9	5.1	3

来源：日本银行网站。

表 3-13 德国联邦银行货币供应量的目标增长率及实际增长率

年份	目标增长率	实际增长率	是否达到目标
1981	4~7	4	是
1982	4~7	6	是
1983	4~7	7	是
1984	4~6	5	是
1985	3~5	5	是
1986	3.5~5.5	8	否
1987	3~6	8	否
1988	3~6	7	否
1989	5	5	是

（续表）

年份	目标增长率	实际增长率	是否达到目标
1990	4~6	6	是
1991	3~5	5	是

注：1988 年以前货币供应量增长率为联邦银行货币供应量增长率，1988 年后为 M3 增长率。

来源：转引自《德国联邦银行流动性管理研究及借鉴》，黄余送，经济社会体制比较，2009 年第 1 期。

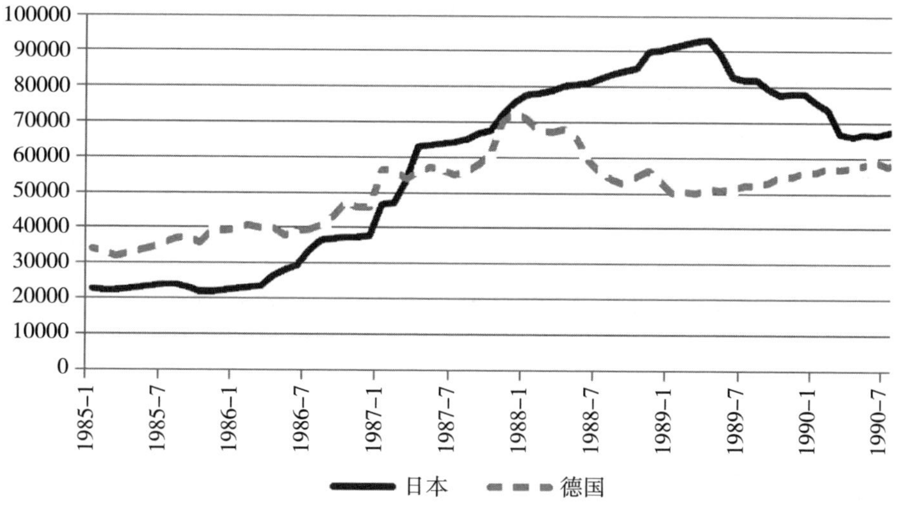

图 3-21　日本、德国外汇储备（1985—1990 年）（单位：百万美元）

资料来源：CEIC。

3. 德国、日本货币政策目标的差异

“广场协议”后，为抵消日元升值的影响，日本银行 5 次以“遏制日元升值，刺激国内经济”的理由下调贴现率。至 1987 年年中开始，日本经济出现了过热迹象，包括股票和房地产价格在内的资产价格急剧攀升。1987 年美国股市崩盘，美国担心日本提高利率，会吸引资金流入日本而不向国际市场回流，引起全球金融市场再次动荡，因此对日本政府施加压力。日本政府自身也担心提高利率会吸引更多资金的流入，带来日元的新一轮升值。在国内外双重压力的作用下，日本银行放弃了原本的紧缩打算，继续维持宽松的货币政策，贴现率仍然保持在 2.5%的超低水平上，直到 1989 年 5 月才实施紧缩措施。

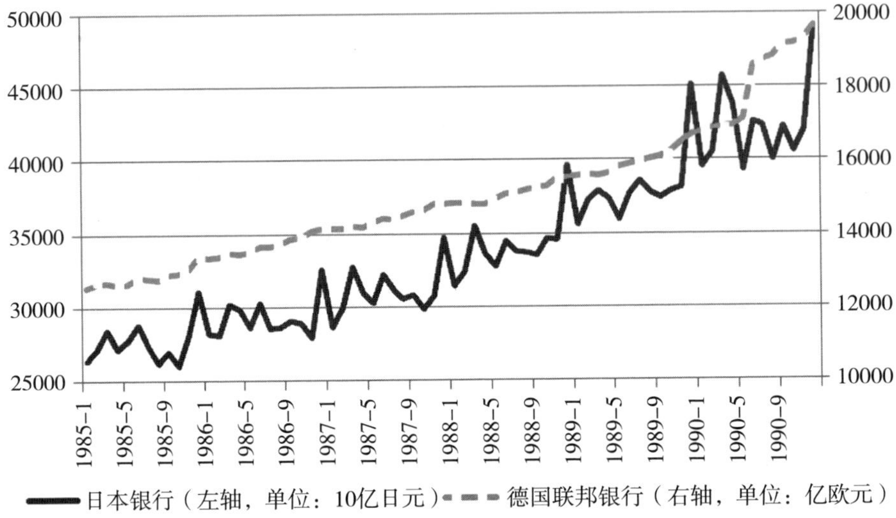

图 3-22　日本、德国央行资产负债表规模（1985—1990 年）

资料来源：CEIC。

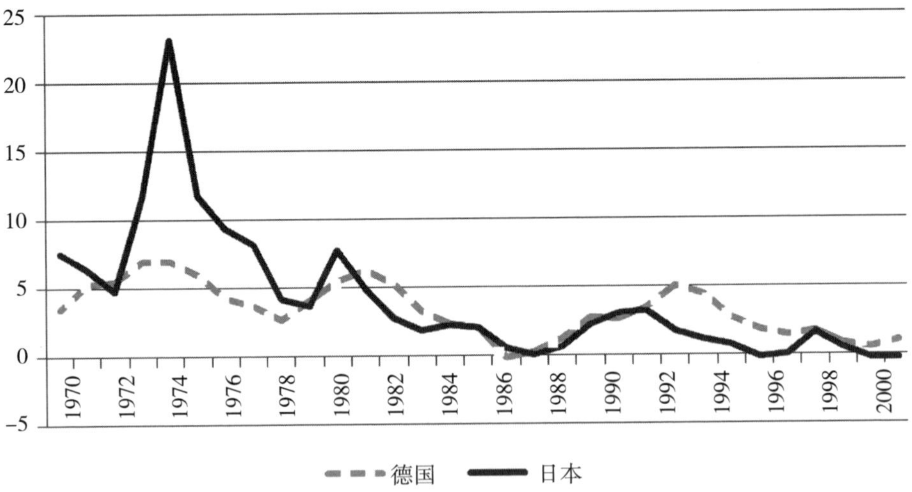

图 3-23　德国、日本通货膨胀率（1970—2000 单位:%）

资料来源：IMF WEO Database。

德国的情况与日本相反，独立稳健的货币政策是德国成功应对汇率升值的基础。德国联邦银行法规定德国联邦银行以稳定币值为目标。经历两次世界大战恶性的通货膨胀，战后的德国始终将保持国内物价稳定作为其货币政策的最终目标。1950 年至 1989 年，德国年均 GDP 增长率为 4.5%，同期内 CPI 增长率仅为 3%（黄余送，2009）。在应对升值压力下，德国联邦银行并没有放松对货币量控制，其 M3 增长率一直稳定在 6%~8% 之间，1989 年甚至低至 5%。1988 年至 1990 年，由于 CPI 指数开始出现温和回升势头，德国联邦银行逐渐上调了贴现率水平，从而防止了资产价格膨胀，没有出现类似于日本的泡沫经济。

4. 德国、日本货币政策中间目标的不同

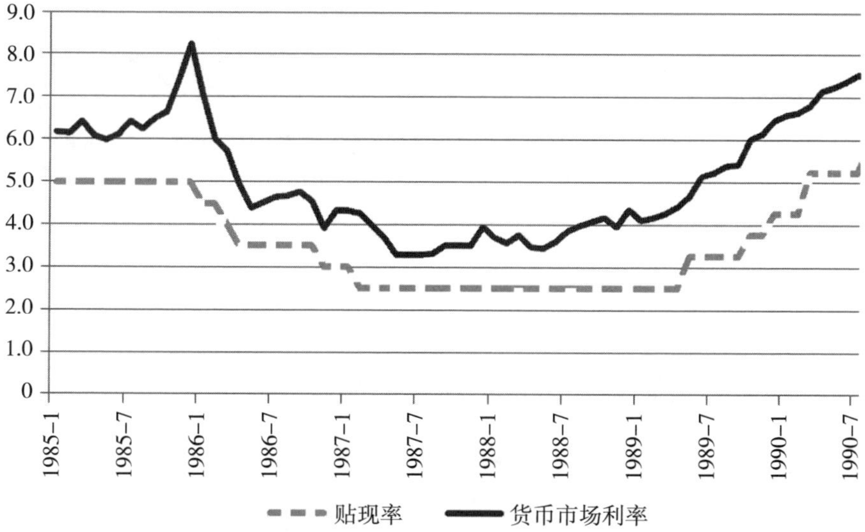

图 3–24 日本法定贴现率和货币市场利率变化（1985—1990）

资料来源：CEIC。

日本 20 世纪 80 年代中后期的货币政策以物价稳定为中心目标，从货币政策的中介目标来看，则是以利息率水平为中介目标（陈作章，2005），即公定贴现率。20 世纪 80 年代初，日本银行主要依赖贴现机制管理基础货币进而调节商业银行的信贷状况，许多利率都与贴现率挂钩，而贴现率一般要低于市场利率，导致商业银行对贴现借款的需求旺盛。

德国联邦银行主要以货币供应量作为中间目标。1986 年以前，联邦银行以中央银行货币增长率为目标区域，其定义为“非银行机构持有的流通中货币+银行法定准备金存款”。1986 年以后，由于联邦银行实施扩张性货币政策以应对马克升值，货币增长率目标区间被连续突破，迫使德国联邦银行进一步改变货币政策中间目标。1988 年，德国联邦银行宣布放弃中央银行货币增长率，改以 M3 增长率作为货币政策中间目标。中间目标政策改变以后，德国货币供给基本上又回到了政策目标范围以内。

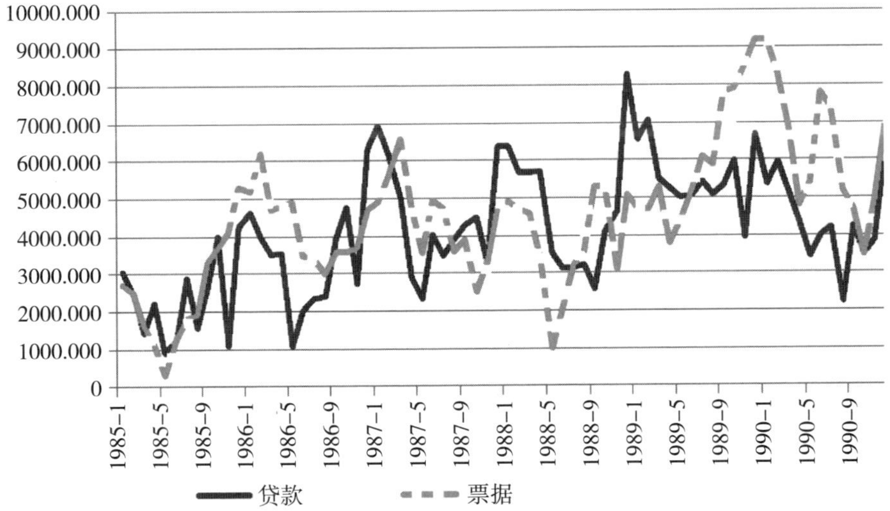

图 3-25　日本银行资产中贷款和票据（1985—1990）

资料来源：CEIC。

（二）中央银行资产负债表的国际比较

在人民币升值背景下，人民银行的资产负债大幅扩张，但步伐明显放缓，在全球央行中显示出领先退出。从 2011 年开始，在其他主要中央银行资产负债表继续扩张的背景下，中国人民银行总资产占 GDP 比重开始下降。

对比美国、日本和欧盟等国家或区域中央银行资产负债表，人民银行资产负债表的特点是：（1）资产方的外汇资产占比过高，超过 80%。而美国、日本货币当局最重要的资产科目为政府债权，占比为88%和63%；欧盟货币当局的政府债权占比为21%。(2) 负债方的通货占比过低。通货为美国、日本和欧盟货币当局最重要的负债科目，占比分别为85%、73%和45%，货币当局各项政策工具最终都会落实到货币发行量的调整。而人民银行负债方的货币发行较低，低于20%。

表 3-14 代表性发展中国家中央银行的资产结构（%）

	外汇资产		国内资产							
			对政府债权		对私人部门债权		对银行的债券		其他	
	2001	2010	2001	2010	2001	2010	2001	2010	2001	2010
中国	46.5	85.6	6.6	6.1	0.5	0	26.5	3.8	20	4.5
印度尼西亚	48.5	74.4	42.9	24	5.8	1.1	2.8	0.4		
印度	56.1	77.6	37.5	22			1.7	0.3	4.7	0.1
韩国	86.7	93.4	6.3	4.5			7.1	2.1		
马来西亚	78.4	84.3	1	0.6	18.4	2.7	2.3	12.4		
菲律宾	74.1	87.5	18.1	8.7	2.8	2.7	5.1	1.1		
新加坡	95.7	97.5	4.3	2.5						
泰国	73.2	94.3	6.2	5.4	18.4	0	2.2	0.2		

资料来源：IMF，International Financial Statistics。

表 3-15 代表性发展中国家中央银行的负债结构

	准备金		国内资产							
			金融机构存款		中央银行债券		政府存款		其他	
	2001	2010	2001	2010	2001	2010	2001	2010	2001	2010
中国	56.5	55.9		0.3		16.1	6.7	9.6	-2.0	-0.3
印度尼西亚	14.3	17.8	8.9	32.3		5.4	14.9	7.9	8.5	1.3
印度	20.5	22.5					0	5.7	20.3	17.4
韩国	8.7	10.4	0	0	57.4	47.9	4.5	1.7	0.6	26.1
马来西亚	9.8	1.4	38.1	60.1			16.9	3.7	1.1	0.8

（续表）

	准备金		国内资产							
			金融机构存款		中央银行债券		政府存款		其他	
	2001	2010	2001	2010	2001	2010	2001	2010	2001	2010
菲律宾	7.2	16.6	10.2	50.3			7.9	3.5	1.5	0.4
新加坡	5.6	6.1					58.2	44	27.1	41
泰国	2.6	1.6	10.9	41.7	5.5	21.3	1.4	7.3	-20.8	0

资料来源：IMF，International Financial Statistics。

资产负债表的结构反映了人民银行与其他央行在货币政策操作中的差异。在实施货币政策调控中，美联储主要通过公开市场业务开展，日本央行和欧洲央行主要通过对商业银行等金融机构的再贷款来开展。由央行主动调整货币发行量，改变资产结构和规模，某种程度而言，货币政策是资产管理。

（三）升值末期货币政策国际实践对中国的启示

从中央银行的角度，将日德两国在汇率大幅升值后采取的不同货币政策与中国现状进行对比，可以得出若干启示。

1. 日德货币政策目标取向差异导致不同的货币政策操作以及不同的经济金融后果。日本以经济稳定增长为目标而干预日元升值，并采取扩张性政策以抵消日元升值对经济的紧缩作用；而德国关注国内价格稳定，不以经济稳定增长为目标，放任对外币值变化。目前，我国货币政策具有多重目标，但从实际运行来看，我国更关注经济增长，同时也对人民币汇率进行了较强的干预，这与当时日本的情形极为相似。借鉴德国的成功经验，我们应将政策目标更多地转向关注国内价格稳定，逐步放松对经济增长的追求，增强人民币汇率弹性，增强中央银行的独立性，将货币政策目标切实转移到《中国人民银行法》所规定的目标上来。

2. 德国在关注国内价格稳定的同时也关注金融稳定，始终坚持货币供应量增速与经济增长相匹配，而日本则仅关注消费者价格指数的稳定而放任货币供应量快速增长。在本币大幅升值时，由于进口商品价格下跌和本币升值对经济的紧缩作用而导致价格指数稳定甚至下降，但货币供应则可能因外汇干预以及外贸大幅顺差而快速增长。因此，央行在关注价格稳定的同时也要关注货币信贷等影响金融稳定的指标。我国以货币供应量和信贷规模为中介目标，对基础货币的被动发放进行了大规模对冲，较好地控制了国内流动性水平。

3. 德国以货币供应量为货币政策中介目标，而日本以法定贴现率为中介目标。在“广场协议”后，日本的超低贴现率持续时间过长，并且没有根据货币供应量来判断金融形势，导致货币供应量增长超速。可以说，日本在货币政策中介目标选取上轻视货币供给的失误是造成资产价格泡沫的重要原因。我国应继续重视货币信贷数量的中介作用，坚持以货币信贷量为政策中介目标。

4. 在操作工具的选取上，德国动用最低准备金率等效率较强的工具来对冲外汇资金流动而引起国内流动性过剩，而日本则没有相应的操作。为了对冲持续增加的外汇占款，我国一直以来都在采用提高存款准备金率和发行央行债券等手段以抑制流动性过剩，取得了不错的效果。在汇率趋近均衡区间的情况下，基础货币的投放渠道将发生变化，将由外汇占款方式转变为公开市场操作、降低准备金率等方式。

七、汇率趋近均衡条件下的货币政策操作与金融改革发展

本章分析表明，中央银行干预外汇市场能够保持汇率水平稳定、减少汇率波动、抑制投机操作，这都有助于外贸增长和金融稳定。因此，在货币面临升值压力时，汇率稳定能够为本国经济结构调整赢得时间，同时也能积累外汇储备。亚洲金融危机期间，很多国家发现，积累较大规模的外汇储备有助于抵御金融危机，维护金融稳定，减少对条件苛刻的国际援助的依赖（Aizenman and Lee，2007）。与此同时，本章证明，外汇干预也有成本，会带来通胀压力、资产价格泡沫、金融市场波动、经济过热等风险。就中央银行来说更直接的是，各种对冲手段都伴随着相应的成本，持续对冲会损害央行资产负债表的稳健性，影响货币政策可信度。

政策面应充分把握人民币汇率趋近均衡的有利条件，改变货币政策框架，改善人民银行资产负债表状况，降低存款准备金率等传统政策工具的使用。同时，借鉴国外经验，并结合中国实际，探索以抵质押为主的再贷款操作体系，协调汇率市场化和利率市场化，引导金融机构转变经营模式，促进直接融资更快发展。

（一）保持较少干预外汇市场，增加货币政策有效性

在汇率趋近均衡背景下，央行有条件减少汇市干预、允许人民币汇率更多由市场供求决定，有助于增加国内金融市场环境的相对稳定性和宏观政策的独立操作空间。人民币汇率趋近均衡条件下，人民银行可以对“三元悖论”政策组合框架重新选择，从注重“汇率稳定性”转向于更注重增强货币政策的独立性。过去十余年来货币被动投放为主的机制，将转为主动提供为主的机制，也就是央行主要通过公开市场操作，吞吐债券（质押债券）—投放基础货币—货币信用扩张，满足实体经济需求，达成货币政策最终目标。

（二）逐步降低存款准备金率，完善市场化货币政策组合

维持银行间市场流动性“紧平衡”环境，继续主要运用公开市场逆回购作为主要操作工具，加大打造和培育新的市场基准利率等工具。我们认为，这一人民币汇率和利率政策操作思路的调整，将对人民币外汇市场和国内金融市场的组织形式、市场结构和交易群体等各个方面带来系统性改变，本外币和境内外市场将有望迎来更快发展。

货币政策操作要稳步借鉴国际主要央行操作经验，从调控基础货币向调控银行体系准备金缺口的操作思想转变，以增强货币政策操作的实际效果。整体准备金、法定准备金与超额准备金之间的变化机制简单直接，三者比率关系稳定，也很容易受央行公开市场操作等货币政策调控影响，进而有效传导货币政策意图。

具体从市场利率这一核心指标看，人民银行 2012 年 6 月启用公开市场逆回购操作，主要通过七天期逆回购等期限品种操作，来调节银行体系流动性（超额准备金或法定准备金）缺口，已经显示出对银行间市场资金价格水平有

更强的稳定作用。可以看到，银行间七天期质押式回购加权利率全月度均值相较于央行七天期逆回购中标利率，其利差仅在正/负 20 个基点（bp）内，远远低于与央行当时操作时段 28 天期正回购中标利率在负 11bp 到正 335bp 之间利差的波动。

对比欧美央行公开市场操作实践，人民银行当前公开市场操作正在向其靠拢，尤其是更接近于欧洲中央银行。人民银行自 2012 年 6 月以来启用逆回购，并维持金融市场的流动性格局，使得银行间市场资金价格维持在央行逆回购利率附近，公开市场逆回购操作利率逐渐成为金融市场中最主要的利率指引工具。

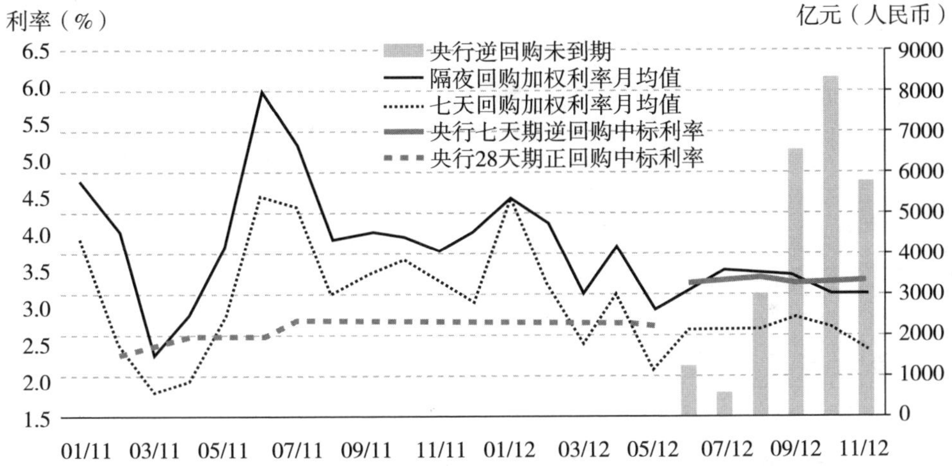

图 3-26 人民银行公开市场操作利率引导银行间市场回购利率更加平稳

（三）借鉴西方央行经验，建立抵押质押再贷款操作框架

国外的基础货币投放主要通过公开市场操作方式。许多国家在利率市场化的过程中同时进行货币政策中介目标和操作目标的转换，在改革完成之后，对利率调控从直接转为间接，并更重视通过公开市场操作的方式，使“量”能够迅速传导至“价”。从国际情况来看，美国和日本都是使用银行间隔夜拆借利率作为货币政策调控的基准利率，而欧元区则是主要使用再融资操作利率作为基准利率。基准利率的不同，与各国使用的常规货币政策工具的不同

也有关系。美国和日本的央行在公开市场的货币吞吐主要是通过国债买卖实现，而欧央行的公开市场操作则主要是通过再融资操作。

国外经验表明，利率市场化以后更多国家通过公开市场操作来投放基础货币，其中，美、日以买卖国债为主，欧洲通过再融资的方式操作。目前我国现券市场的存量、期限结构和银行间市场流动性可以为现券买卖提供支持，央行可通过买卖国债、金融债，甚至政策支持债券等来投放基础货币。

表 3-16　美、日、欧基准利率与货币政策工具

	基准利率	货币政策主要操作手段
美国	联邦基金利率	公开市场操作，主要以买卖国债、MBS；非常规政策工具
日本	同业拆借利率	主要包括公开市场操作、差别存款准备金率、再贷款、存贷款利率、窗口指导等
英国	再融资利率	包括公开市场操作、利率政策、特别存款、存款准备金制度、道义劝说等。1996 年以前官方利率主要是英格兰银行的贴现率；1996 年以后期限为两周的回购利率是主要货币政策操作手段
欧元区	再融资操作利率	公开市场操作、“常设信贷”工具、最低存款准备金

资料来源：根据公开资料整理。

人民银行实行现券买卖也面临一些约束。与美国、日本相比，我国央行持有现券的规模在总资产中的占比仍较低，央行需要有足够的资金支持来吞吐有价证券。因此，央行可以借鉴欧洲中央银行的贷款便利工具，将我国中央银行对商业银行的贷款由信用贷款方式改为证券抵押贷款，逐步扩大可用作贷款抵押证券的范围，增加再贷款和再贴现在中央银行资产中的比重，从而增加中央银行引导市场利率的能力。这其中，特别是欧央行的货币政策操作体系值得借鉴。

（四）引导金融模式转变，加快直接融资发展

随着人民币汇率趋近均衡条件，中国民间机构和个人趋于更多地持有外汇资产；此外，中国香港、新加坡和伦敦等人民币离岸市场将继续发展，人民币对更多货币的挂牌交易、远期、期货、期权及其他衍生品不断创新，交

易规模不断增大，长期来看，可能使离岸与国内银行间的人民币外汇市场趋于统一。就国内金融市场而言，随着人民币汇率趋近均衡条件，银行间市场流动性“紧平衡”格局以及央行新市场基准利率建设和调控机制的变化，将首先使银行更加注重资产负债管理，并推动市场主体从间接融资转向直接融资，从现货交易转向衍生品交易，并推动各个市场迅速发展。

将公开市场逆回购中标利率或培育成与市场基准利率挂钩的央行操作利率，对中国金融体系进一步演进有着重要的意义。就央行逆回购操作而言，央行公开市场七天期逆回购中标利率维持在3.35%的水平，有利于商业银行活期储蓄存款利率、银行资金来源成本、一年期存款基准利率、公开市场逆回购利率、利率债收益率（理财产品收益率）、信用债收益率、贷款基准利率和金融机构贷款加权利率，以及信托产品收益率和民间借贷利率等各个层次利率之间能保持一定正利差关系。这一市场利率体系将有助于市场参与主体能找到自己合理的资产配置类别和收益区间，并推动直接融资、表外业务、衍生品交易等各个市场金融创新产生和市场交易规模迅速发展。

（五）密切监测跨境资金，理解资金双向流动

人民银行减少外汇干预，增强货币政策独立性，培养市场基准利率，非常有赖于国际金融环境的相对稳定。如果未来资本流动出现大幅波动，比如大幅流入，央行将不得不调整当前的不干预政策。与此同时，需要对跨境资本流动有合理的理解，并与公众沟通。我们注意到：经常项目差额+资本项目差额=储备资产变动。若储备资产变动=0，则资本项目差额=-经常项目差额。在汇率基本由市场供求决定，外汇储备变动趋于零的情况下，经常项目顺差必然对应着资本项目逆差。也就是说，我国通过贸易等交易获得的顺差，不再对应于央行外汇储备的增加，而转为境内机构和个人分散持有的对外资产增加，经常项目顺差越大则资本净流出规模越高。同时，也只要有热钱流入，就会有（也必须有）其他渠道更大规模的资本流出相抵消。按此口径，过去四个季度，我国资本项下净流出（含误差与遗漏）要远远小于市场上所认为的热钱规模。事实上，一定规模的资本项目逆差是我们期望的，也是能

够承受的，不必过分渲染。

（六）淡化贷存比指标考核，合理评估市场流动性

在监管指标上，贷存比指标应该淡化。在原理上，贷存比（贷款/存款）下降实际上来源于非贷款的那些资产扩张行为，买债、买外汇等都会降低贷存比。即使贷存比很低，也不意味着商业银行闲置资金多或者流动性充足。这些因素之间不存在必然的联系。因此贷存比并不是衡量资金运用程度或者流动性水平的一个合适指标。具体而言，前些年外汇流入多，由外汇占款派生的存款就多，银行体系整体的贷存比自然就会降低。或者说，外汇占款越多，贷存比就会越低。2011 年四季度以来，我国国际收支形势发生了较大变化，外汇流入明显减少，外汇占款同比少增了很多，这是造成银行贷存比约束增强的一个重要原因。在汇率趋近均衡区间的背景下，这类监管指标应该淡化。

评估市场流动性：一是更多依赖货币市场价格变动和交易量，通过人民银行的公开市场操作窗口加强与市场沟通，及时了解流动性变化；二是参考备付金率和资本充足率；三是应更全面地考虑金融机构资产负债和重要表外业务的变动，将金融创新对货币供应和市场流动性的影响考虑在内。

附：顺差的根由及其合理性

国际收支平衡虽然一直位列四大宏观经济目标之一，但实际上并没有受到同等重视，在理论上和实践中均是如此。在现代经济学产生之前，重商主义的终极目标是扩大国际收支顺差：重商主义者认为，只有在当时充当货币的贵金属才是财富，顺差就是别国的财富流入到本国，这也是一国财富增加的唯一来源。现代经济学的兴起在一定程度上就是要清算重商主义这种学说。但长期以来，对顺差而不是收支平衡的追求，还是被或多或少地保留了下来。特别是亚洲金融危机之后，逆差和外债被认为是经济风险来源之一，缺少外

汇也是一些国家被迫接受附加很多条件的国际援助的原因之一，此后以出口和顺差为导向的政策更是大行其道。2008 年金融爆发危机以来，国际收支不平衡成为众矢之的，要求盈余国家放弃追求顺差的呼声很多。但全球失衡在危机后的经济复苏中并没有得到有效缓解，总的来说，大多数人还是认为顺差是好事。

其实，长期以来，我们并没有一个解释顺差的理论框架，这也使得对顺差的争论难以避免。贸易经济学家一直在解释国际分工和交换的好处及其依据，但一国是顺差还是逆差，以及顺差或逆差的规模则是在讨论之外的。在标准的宏观经济学中，顺差或逆差也不是重点所在。不过，归纳起来，宏观经济学还是提供了两种看待顺差的视角。

一种是结构说。结构说来自宏观经济恒等式，在这个等式中，贸易顺差等于私人部门储蓄超过投资的盈余，加上政府收入超过政府购买的盈余。这个恒等式告诉我们，外部失衡（顺差）源于国内经济的不平衡（盈余），主要是国内储蓄超过投资的结果。因而，要减少顺差，根本之计在于减少内部失衡，因而扩大消费的药方被广泛接受。类似地，这类观点认为，顺差大是因为国内的消费落后于生产扩张，只要消费上来了，就不必要再依赖国际市场，顺差也就会减少。从恒等式看，扩大投资也能够缓解内部失衡，但这个建议不太容易被人接受，因为看上去中国的投资率已经够高的了。最近也有经济学家指出，中国之所以通过顺差积累起这么多的外汇储备，并通过购买债券等形式借给别的国家使用，就是因为这些钱在国内使用不了，因为我们的金融体系是偏向国有部门的，而国有部门所占比重是逐渐缩小的，结果导致银行的钱在国内花不了。这个看法是说，中国的内部失衡不仅限于商品供给的相对过剩，还在于资金供给的相对过剩。

另一种看待顺差的视角可概括为汇率说。一般来说，出口决定于汇率水平和国外经济增长，而进口决定于汇率和国内经济增长。不考虑短期情况（也就是 J 曲线效应），本币升值能够降低出口，增加进口；本国经济增长会增加进口需求，国外经济增长会增加对本国商品的需求。通货膨胀、用工成本以及劳动生产率等因素当然也有影响，但这些因素在一定程度上包含在汇率中，因为它们都会在实际有效汇率中得到反映。这个视角当然非常看重汇率对顺差的作用。如果一国持续出现顺差，那么很可能说明汇率被低估了，即便很难证明汇率被人为压低了，但汇率也会是一个有效的工具，即只要让汇率升值到足够的程度，顺差总会掉下来的。

这两个看法都有其道理，都能找到排他性证据，因而也都难以说服对方。结构论者会说，升值解决不了顺差问题，因为只要内部失衡这个原因存在，就一定会有顺差这个结果。但汇率论者认为，如果升值无助于减少顺差，那为什么出口部门还这么反对升值呢？反对就表示升值有作用。有关汇率的争论有点像宏观经济学家对货币的看法——印多少钞票理论上不会改变老百姓的实际财富，但货币供应是多是少的确能够产生很大的影响。

应该注意，过于强调两者的对立是有失偏颇的，这两个看法其实并不矛盾。一方面，经济结构的调整，特别是国内消费的增加会让一部分出口转为内销，同时也会增加进口需求。经济结构的调整，通常还伴随着劳动力成本的上升、产权保护的加强、资源环境成本的增加等。这些变化都会削减出口部门的国际竞争力，并且在这个过程中，有效汇率也是上升的。另一方面，汇率的上升也会引导经济结构调整，企业由出口低附加值的产品转而生产高附加值的产品，一些企业会迁移到成本较低的内地国外，甚至关门。此外，出口下降，进口增加，会减少国内企业在银行的存款，国内储蓄投资的缺口也会缩小。

更重要的是，上面两个理解顺差的视角，都在某种程度上把争论引向了歧途，因为从中我们难以分辨顺差是否具有合理性。这里，我们可以想象两个实施相同政策的国家，并且两国的汇率也都是浮动的。在这种情况下，这两个国家都不存在出口导向的政策，以及对汇率的干预。但是，这两国还是可能产生顺差或者逆差。这一点是两国的文化、人口结构、资源禀赋等外生因素决定了的。这就像两个手艺都一样的木匠，一个木匠勤俭节约，年富力强，而且碰巧继承了一大片树林；另一个木匠大鱼大肉，暮气见长，而且木材都需要从别人那买，结果第一个木匠会存下很多钱，而第二个木匠可能入不敷出。笔者认为，在不存在政策扭曲的情况下，仍可能会有顺差的产生，这时的顺差是合理的顺差，是符合效率的顺差。在上面的例子中，让两个木匠攒下一样多的钱是不合理的。

在这些背景下，该如何认识中国的贸易顺差呢？显然，中国贸易顺差以及由此积累起来的高额外汇储备与上面提及的多种因素有关，一方面与文化资源禀赋以及经济正处在快速增长时期有关，另一方面与我们鼓励出口创汇的政策导向有关。这两方面都可以归结为内部结构失衡，同时由于顺差的存在也会有人说汇率是被低估的。尽管如此，对这两方面做出区分对政策分析来说，还是至关重要的。前一方面的顺差原因有其合理性，但后一方面的顺差原因则是扭曲性的。消除后一方面的这些扭曲有助于外贸顺差的缩减，并且这些顺差的积累并不是最优的选择。这些扭曲所带来的顺差，是以压低资源环境成本、压低资金成本和劳动力成本，同时增加人民银行对冲成本等方式实现的，它们成为中国商品竞争力的部分来源，这些成本的存在其实也就是在补贴外国消费者。

中国已经积累起了规模庞大的外汇储备，改变鼓励顺差的扭曲性政策有着很强的必要性和可行性。而在消除这些政策之后，中国还有可能会有一定量的顺差，但此时的顺差才是真正意义上的内部结构决定的，因而是合理的顺差。

第二篇

资产泡沫与政策应对

第四章

中国高房价的决定：基本面与泡沫分解[①]

——基于面板数据的实证研究（1999—2009）

一、引　　言

近年来，随着中国住房价格的持续上涨，房价泡沫问题引起了公众、政策制定者和金融监管部门的高度关注。一方面，不少观点认为，中国房地产市场存在大量泡沫（如 Wu et al.，2010；吕江林，2010）[②]；与此相对应，中国人民银行针对全国 50 个城市的 2 万户城镇储户问卷调查显示，认为房价“过高，难以承受”的居民比重长期维持在 70%以上。另一方面，也有研究认为房价的高涨可以由供求基本面很好地解释（邹至庄等，2010）；一项基于亚洲新兴经济体范围的研究也发现，在全国范围内，中国房价至少在 2006 年前甚至还存在低估（Glindro et al.，2008）；IMF 的研究者认为，中国没有出现普遍性的房地产泡沫，并认为房价有可能会继续上涨（Ahuja et al.，2010）。此外，不少研究认为，尽管中国未出现全国性的房地产泡沫，但存在结构性的泡沫。梁云芳、高铁梅和贺书平（2006）研究发现，中国房地产市场价

① 本章与陈晨合作。感谢上海财经大学刘莉亚教授、侯克强助教授，浙江工商大学陈宇峰教授的有益评论。

② 例如，Wu 等（2010）的计算显示，北京等大城市的房价租金比 2007—2009 年上涨了 30%～70%，一些大城市 2009 年年底的房价租金比达到了 2%～3%的低位，这意味着购房者预期将来房价仍有较大幅度的上涨。此外，大城市的房价收入比也处在历史高位，土地价格大幅攀升。这些都被认为是房价存在泡沫的证据。

格的偏离只是受部分地区的影响，存在“局部泡沫”。总体来看，房价持续上涨给民生带来的压力，以及其中可能包含的系统性金融风险已成为普遍担忧。为此，国家多次出台抑制房价上涨的组合措施，特别是要压制投机性购房。

在研究中国房价泡沫的文献中，有代表性的文献和方法主要有：况伟大（2008）通过构建消费者—开发商模型和投机者—投机者模型说明了住房泡沫的大小以及泡沫破灭的条件，并利用1996—2006年中国31个省份数据，采用系统GMM模型对本章的理论模型进行了经验检验，认为降低东部地区房价泡沫主要是要降低预期、抑制投机。吕江林（2010）在详细考察了租售比、空置率、投资购房与自住购房之比、房地产贷款占比和房地产业利润率等指标后，认为房价收入比是我国当前度量住房市场泡沫水平的准确指标，并发现房价总体存在泡沫。沈悦和刘洪玉（2004）运用混合样本回归以及添加城市、年度哑变量等分析方法，对住宅价格与经济基本面的关系进行实证研究，发现1998年后各城市住宅价格的增长已经无法很好地用经济基本面和住宅价格的历史信息来解释。梁云芳、高铁梅（2007）运用基于误差修正模型形式的Panel Data模型讨论了房价的区域波动差异，并分析了造成各地区房价波动差异的原因，发现东部地区房地产升值的潜力较大，成为房地产商和投机者的投资热点，导致信贷规模对房价产生较大影响，近年来有出现房地产泡沫的潜在风险；相反，中西部地区，不易出现房地产投机和泡沫。况伟大（2010）对中国35个大中城市1996—2007年数据的实证结果表明，适应性预期作用大于理性预期，且预期及其投机对中国城市房价波动都具有较强的解释力。王艺明（2008）采用时变风险贴水房价模型发现，北京和上海两地房地产市场存在显著的投机泡沫，而广州则相对不显著。梁云芳、高铁梅（2006）分别对影响价格的需求、供给和资本的可获得性等因素进行了分析，并基于MTV模型发现，资本的可获得性和需求的变化对住宅价格的波动有较强的影响，而供给因素对本轮住宅价格的上涨影响较弱。刘莉亚、苏毅（2005）采用协整方法测算了1996—2004年上海市房价的合理水平，以此分析上海房价呈现出的失衡程度及出现失调的原因所在，发现2002年以来，上海房价不断偏离均衡水平，有存在泡沫的可能。

对中国住房价格的不同判断主要源自所用方法的不同。从真实房价变动中区分出基本面驱动的变化以及泡沫部分，无论是对理论研究还是政策评估，都是一项核心工作。目前，对房价基本面和泡沫的研究主要有三种方法：第一种方法是考察房价收入比、房价租金比、空置率和房地产贷款比等指标，如果某些（个）指标高于历史平均水平或国际正常水平，便认为房价中存在泡沫（Himmelberg et al.，2005；Wu et al.，2010；吕江林，2010；刘民权和孙波，2009）。第二种方法是检验住房价格是否存在理性预期泡沫（Mikhed 和 Zemcik，2009；Montrucchio 和 Privileggi，2001；袁志刚和樊潇彦，2003）①。第三种方法是综合考虑收入提高、成本上升等宏观经济变量的影响，如果实际住房价格高于这些宏观经济变量所能解释的基本面价值，即存在泡沫（Ahuja et al.，2010；McQuinn 和 O'Reilly，2008）。第一种方法旨在计算一组可用以国际比较的指标，其困难在于随着经济基本面经常发生变化（如收入增长、租金上升等），均衡水平的房价租金比和房价收入比等指标也会随之变化，很难找到一个动态的合理参照系。此外，由于中国可能存在规模较大的灰色收入（王小鲁，2010），以及较强的代际转移动机，中国的房价收入比和房价租金比等指标在20世纪90年代末住房市场化以来就明显偏高，使用这些指标进行的国际比较均显示中国住房价格一直存在大量泡沫，难以给出合理的政策建议。第二种方法测算的住房价格均衡价值完全依赖于对未来租金的估算，由于租金会随着一些经济基本面因素的变化而变化，因而对租金的估算带有较大的主观性（Ren et al.，2010）。第三种方法考虑了经济基本面变化对房价的影响，且容易利用面板数据控制一些制度性因素，在住房价格的研究中得到了较好的实践。如 Mikhed 和 Zemcik（2009）的研究就表明，1997—2007年美国房价的快速上涨已经超过了其基本面变化可以解释

① 理性预期泡沫最早由 Blanchard 和 Watson（1983）提出，是指有效市场中，资产价格持续上升，且资产价格的收益明显超过资本平均回报率。

的幅度，从而佐证了次贷危机前美国房地产市场的泡沫化。本章在第三种方法的基础上，进一步将房价泡沫区分为短期波动的泡沫和其他因素导致的泡沫。

本章的研究思路是：首先，假定房地产市场是有效的，那么由住房基本面决定的房价就能够保证市场随时出清；其次，现实中房地产市场的不完善和惯性波动会导致房价在短期内偏离均衡价格，产生短期波动泡沫；最后，房价高估中剔除短期波动因素即为其他因素引发的泡沫。由此，住房价格变化可分三个部分：一是均衡价格的变化，二是房价短期波动引发的泡沫（或低估），三是其他因素引发的泡沫（或低估）。其中，后两类共同构成了房价的高估（低估）部分。第一部分由住房供求基本面因素决定。确定房价的基本面价值并非易事，但有关房价基本面的大量研究表明，实际可支配收入、人口规模、土地价格、建筑成本变化以及实际贷款利率等因素在长期中决定着房价的均衡水平（Case 和 Shiller，1990；Clapp 和 Giaccotto，1994；Poterba，1991，1996；Jud 和 Winkler，2002；Himmelberg et al.，2005），这使得我们有可能在此基础上开展泡沫研究。此外，我们还考虑了人口结构因素。理论和国际经验显示，随着人口抚养比例上升，住房需求会下降。并且，中国存在着较为普遍的购置婚房的需求，男女性别比例的上升也有可能带来竞争性购房，并推升房价。第二部分充分考虑了住房作为一种资产有其内生性的短期波动特征，并引入收入增长率、建筑造价、用地成本变化率等指标解释了住房价格波动参数的跨时和跨区差异。第三部分在房价高估（低估）的部分中扣除短期波动因素，对泡沫做了进一步分解。

本章有助于从几方面完善这一领域的研究。一是本章尝试对中国房价的高估部分进一步分解，从而为更有针对性地探讨中国的房价泡沫问题提供可能。二是将研究时间延展到最新，以评估国际金融危机后的房价新一轮上涨是否孕育了新的泡沫和金融风险。三是有助于改进政策评估。推动房价上升的不同因素指向不同的政策含义。如果房价上升主要由基本面推动，那么改善住房市场的中长期供给以满足需求增长就十分必要；如果房价高估主要是短期波动引起，那么就应该注重减小房价波动幅度，加快房价向均值回归的速度；如果存在明显其他因素引发的泡沫成分，相关政策应着力抑制炒房、投机、“羊群效应”等非理性行为。

文章第二部分给出一个分解房价波动的理论模型，第三部分说明具体的指标数据和计量模型，第四部分深入讨论实证结果并进行稳健性检验，最后是本章的结论和政策含义。

二、理论模型

本章的建模思路可分为四个步骤。前三步按照 Capozza et al.（2002）对房价波动的研究框架，探索房价的基本面价值和短期波动特征，第四步在前三步的研究基础上，把房价泡沫进一步分解为短期波动引发的泡沫和其他因素引发的泡沫。具体步骤如下：第一步，估算住房的基本面价值；第二步，确定由序列相关和均值回归过程决定的住房价格短期波动；第三步，引入交互项允许住房价格的短期波动参数跨时间跨地区变化，探索经济属性变量对房价短期波动的影响；第四步，当房价高于均衡价格时，区分出房价短期波动引发的泡沫和其他因素引发的泡沫。

（一）住房的基本面价值

从长期来看，住房的均衡价格由其基本面价值决定，本章假设住房的基本面由一系列经济变量构成，且每一地区在每一期都对应存在一个反映这些经济变量的住房基本面价值。具体来说，我们将住房基本面价值定义为：

$$LnP_{it}^{*}=f(X_{it}) \tag{1}$$

其中，P_{it}^{*} 是 i 地区 t 时期的住房基本面价值，$f(\ )$ 是一个函数，X_{it} 是一组决定房价基本面价值的经济变量。

基于基本理论和前期实证文献，我们选取三组变量构成 X_{it}。第一组变量考虑住房市场需求面因素对住房价格的影响，选取实际收入、人口和实际抵押贷款利率三个指标。根据 Capozza et al.（2002）、Tsatsaronis 和 Zhu（2004）、况伟大（2008）等学者的前期研究结果，我们预期，更高的收入和更多的人口会增加对住房的需求，从而推高房价；实际抵押贷款利率上升则会提高购房成本，从而会对房价上涨起到抑制作用。第二组变量考虑住房供给面因素对住房价格的影响，选取住房竣工造价和单位面积土地购置费用两个指标。住房建筑造价和土地购置费用是最主要的住房供给成本，更高的建筑成本和地价自然会被买者分担，我们预期，房价基本面价值与这两项成本之间存在正相关关系。第三组变量考虑人口结构变化对住房价格的影响，选取人口抚养比例和未婚人口中的男性比重两个指标。适龄劳动人口是家庭收入的主要创造者和购房的主力军，在发达经济体，人口抚养比例与住房价格之间呈负相关关系（徐建炜、徐奇渊和何帆，2011），但中国显著的代际转移倾向可能会削弱两者的负相关性，因而最终关系有待进一步检验①。一般认为，随着未婚人口中男性比重上升，男方家庭将会增加对住房的需求，以提升其在择偶竞争中的“议价”能力。魏尚进和张晓波（Wei 和 Zhang，2011）发现，中国男女比例的上升所带来的“竞争性储蓄动机（Competitive Saving Motive）”可以解释60%左右的中国储蓄率的上升，并且他们还发现，这种效应还会溢出到住房市场，导致大户型住房需求的增加和住房总价的上升。②

（二）住房价格的短期波动特征

在现实中，由于房地产市场存在各种不完善，住房价格对于经济环境的变化很难迅速做出反应，住房价格在短期内会与其基本面价值有所差异，市场因此难以随时出清，存在短期波动特征。沿用 Abraham 和 Hendershott（1996）、Capozza et al.（2002）等人的研究方法，本章认为住房价格的短期波

① 徐建炜、徐奇渊和何帆（2011）通过对 OECD19 个国家的面板数据研究发现，人口抚养比例的下降显著提高了住房价格水平，人口抚养比例大概能够解释房屋价格指数变化的 30%～40%，但他们提供的中国分省的经验研究与上述结论不完全一致。

② 此外，社会上也流传着一种“丈母娘推高房价”说法，即不少女方家庭会要求男方提供婚房，男女比例的上升会增加男方的购房压力。

动是由与上期变化的序列相关过程和到基本面价值的均值回复过程所决定，房价波动具体形式可表示为：

$$\Delta LnP_{it}=\alpha\Delta LnP_{i,t-1}+\beta\ (LnP^{*}_{i,t-1}-LnP_{i,t-1})\ +\gamma\Delta LnP^{*}_{it} \tag{2}$$

其中，P_{it} 是 i 地区在 t 时期的实际住房价格，P^{*}_{it} 表示其基本面价值，Δ 表示差分。（2）式右边第一项是序列相关项，第二项是到基本面价值的均值回复项，第三项是基本面价值变化的同步调整项。如果住房市场是完全有效的，那么住房价格应该完全根据基本面价值的变化而同步调整，这时 $\gamma=1$，$\alpha=\beta=0$。但是在现实中，本期房价变化很难与基本面价值变化完全同步。因此，假设本期房价变化是由上期房价变化、与基本面价值的偏离程度和基本面价值变化的同步调整过程所决定更为合理。这时，$\alpha>0$，$0<\beta<1$，$0<\gamma<1$。在此假设下，房价的短期波动将主要由 α 和 β 系数决定。为了更好地理解房价短期波动过程，我们把（2）式改写成如下形式：

$$LnP_{it}-\ (1+\alpha-\beta)\ LnP_{i,t-1}+\alpha LnP_{i,t-2}=\gamma LnP^{*}_{it}+\ (\beta-\gamma)\ LnP^{*}_{i,t-1} \tag{3}$$

（3）式中，房价的短期波动特征可通过 $b^{n}=P_{n}$ 转换，以及（3）式对应的特征方程 $b^{2}-(1+\alpha-\beta)b+\alpha=0$ 来确定。图 4-1 概括了房价波动的动态特征。图 4-1 中的曲线由等式 $(1+\alpha-\beta)^{2}-4\alpha=0$ 确定。总体上看，房价运行平稳的充要条件是 $\alpha<1$ 且 $\beta>0$。在此条件下，房价波动主要有两种可能的运行轨迹：(1) 如果 $(1+\alpha-\beta)^{2}-4\alpha\geqslant0$（即图 4-1 的区域 I），房价将会“单调收敛”到均衡水平。在此情况下，收敛路径本身不会产生房价波动，房价波动只反映基本面价值的运行特征。(2) 如果 $(1+\alpha-\beta)^{2}-4\alpha<0$（即图 4-1 的区域 II），对应于均衡房价变化的收敛路径将呈现出围绕均衡水平波动的特征，但波幅会逐渐缩小，进入“收敛周期”。在两种情况下，系数 α 和 β 都将决定房价波动的性质，α 越大则房价的波动幅度越大，β 越大则房价以更快的速度收敛到均衡水平。此外，如果 $\alpha\geqslant1$ 或 $\beta\leqslant0$（见图 4-1 区域 III 和区域 IV），这时房价运行是不平稳的，房价将以“波幅加剧”或“发散”的方式远离均衡水平，房价的运行将出现不可持续的特征。一般来说，这种情况不应该长期存在于任何房地产市场中。

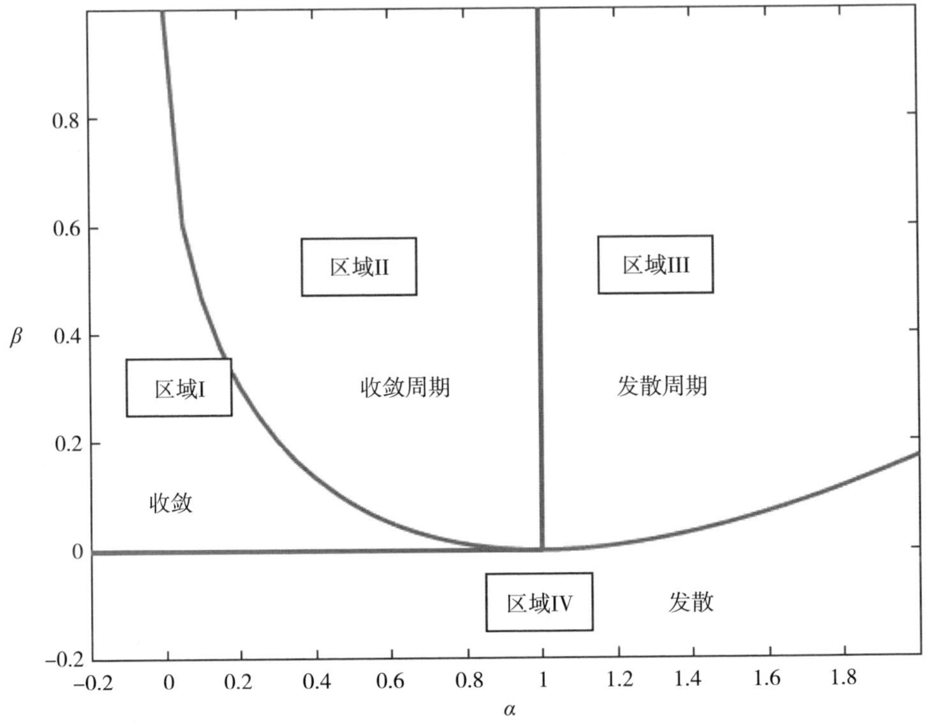

图 4-1 住房价格短期波动特征

(三) 经济属性变量对房价短期波动的影响

由于各地区经济发展差异等原因，不同地区的房价波动参数 α 和 β 可能存在差异。Abraham 和 Hendershott（1996）研究发现，美国的海岸城市（波士顿、纽约、洛杉矶等）比中西部城市（芝加哥、底特律等）有着更高的序列相关系数 α 和更低的均值回复系数 β。此外，在不同历史发展阶段，同一地区的房价波动参数也可能有所不同。经济繁荣时期的房地产市场会比经济萧条时期有着更高的房价上涨预期，因此序列相关系数也会更高。在经济繁荣时期，住房的投资品属性更为明显，而在经济萧条时期，住房将主要体现其作为消费品的价值。基于以上考虑，按照 Capozza et al.（2002）的研究方法，本章在（2）式原有变量的基础上引入了各地区经济属性变量与上期房价变化、与上期基本面价值的偏离值的交互项，使序列相关和均值回复系数可跨地区跨时间变化，使不同地区不同时期的房价波动参数体现出差异性。更为重要的是，通过把经济属性变量引入到短期波动模型中，可以探究各地区房价短期波动参数差异的原因，分析各经济属性变量对短期波动参数的影响，为进一步调控房价波动提供重要的参考依据。引入交互项后，房价波动具体形式表示如下：

$$\Delta LnP_{it} = (\alpha_0 + \sum_j \alpha_j Y_{ijt})\Delta LnP_{i,\ t-1} + (\beta_0 + \sum_j \beta_j Y_{ijt})(LnP^*_{i,\ t-1} - LnP_{i,\ t-1}) + \gamma\Delta LnP^*_{it} \quad (4)$$

其中，Y_{ijt} 是一组反映各地区经济属性的变量。例如，（4）式中 i 地区 t 时期的序列相关系数为 $\alpha_{it} = \alpha_0 + \sum_j \alpha_j Y_{ijt}$。经济属性变量 Y_{ijt} 跨地区跨时间的变化特征，使得房价短期波动的序列相关系数可跨地区跨时间变化。而且，通过对一系列 α_j 进行估计，可以清楚地看出各经济属性变量对房价波动的影响。本章在具体分析时选用收入增长率、建筑成本变化率、地价变化率、实际抵押利率变化等指标①。一般情况下，经济繁荣会伴随着更高的收入增长和成本增长，因此本章把收入增长率、建筑成本变化率、用地成本变化率作为经济运行周期的状态指标，引入其交互项来测量不同经济状态对房价波动参数的影响。同时，更高的成本增长也会抑制房地产市场的短期供给能力，当房价出现高估时会加剧其上涨预期。我们预期，收入和成本增长更快的房地产市场，其房价上涨预期也会更为强烈，序列相关系数会更高。此外，我们还引入了实际利率变化的交互项，我们预期实际利率涨幅大的房地产市场，其房价收敛到均衡值的速度也会更快，均值回复系数会更高。

（四）分解房价泡沫

在本章中，如果实际住房价格 P_{it} 高于其均衡价值 P^*_{it}，我们便认为房价存在泡沫，泡沫大小用 $LnP_{it}-LnP^*_{it}$ 测度，本章的贡献在于利用上述模型对房

① 经后文实证估算，引入收入增长率、建筑成本变化率、地价变化率、实际抵押利率变化等指标交互项后计算得出的短期波动参数 α 和 β 与利用公式（2）计算得出的结果基本一致。例如，在表4-4模型3中，在收入增长率和地价增长率均为10%的情况下，利用公式（4）估计的序列相关系数为0.31，与后文表4-3中利用公式（2）估计的序列相关系数0.3基本一致。

价泡沫进一步分解。Wheaton（1999）、Davis 和 Zhu（2004）等人研究发现，房地产市场中的摩擦会引发内生性的房价波动，导致房价短期内偏离其基本面价值。因此，本章认为房价泡沫可分解为两个部分：一部分是由内生性的房价短期波动所引起，这部分被定义为短期波动部分，将利用房价短期波动模型反映。另一部分是短期波动因素所不能解释的部分，这部分泡沫的产生很可能与炒房、投机、“羊群效应”等行为相关，被定义为其他因素所引发的泡沫。例如，i 地区在 t 时期基于短期波动模型预测的房价为 $LnP_{i,t-1}+E(\Delta LnP_{it})$，其中 $E(\Delta LnP_{it})$ 来自短期波动模型［(4) 式］的预测值，其与基本面价值的偏离可归因于房价短期波动所引发的泡沫［$LnP_{i,t-1}+E(\Delta LnP_{it})-LnP_{it}^*$］。房价泡沫（$LnP_{it}-LnP_{it}^*$）与短期波动所产生的泡沫［$LnP_{i,t-1}+E(\Delta LnP_{it})-LnP_{it}^*$］的差值，被定义为其他因素所引发的泡沫，其大小为 $LnP_{it}-LnP_{i,t-1}-E(\Delta LnP_{it})$。此外，(2) 式和 (4) 式中的计量结果也为房价波动的性质提供了辅助的参照标准。如果 $\alpha \geqslant 1$ 或者 $\beta \leqslant 0$，房价处于发散路径上，房价的运行将是不可持续的。当房价处于这种路径下，虽与上文中所涉及的泡沫分析并不直接相关，但也能说明房地产市场处于非理性发展的路径中。

三、数据与计量模型

（一）指标与数据说明

本章使用的是除西藏外中国 30 个省份 1999—2009 年的住房市场数据。选择 1999 年以后的数据，一是考虑房改在 1998 年正式启动，1999 年才在全国范围内铺开，在此之前属于非市场化的福利分房时代，由于房地产市场体制发生较大变化，早期的房价数据对计量结果可能产生干扰；二是各省地价数据最早始于 1999 年，便于分析地价变动对房价的影响。中国的房价面板数据主要有城市和省际两个系列。本章采用后者，主要是考虑到分省房价数据可比性相对较强。如国家统计局公布的《2009 年国民经济和社会发展统计公报》中，2009 年中国 70 个大中城市房屋销售价格上涨 1.5%，与公众实际感受存在明显偏离，引起不少争议。相比之下，我们使用的房价数据显示，2009 年全国房价上涨 25%。

各省住房销售价格、房屋竣工造价、城镇居民人均可支配收入、居民消费价格指数、年末人口来自《中国统计年鉴（2000—2010）》，各省人口抚养比例、未婚人口中的男性比重来自《中国统计年鉴（2000—2010）》《中国 2000 年人口普查资料》和《中国人口统计年鉴 2002》。其中，人口抚养比例，指 15 岁以下和 64 岁以上人口占 15~64 岁人口（工作人口）的比重；未婚人口中的男性比重，指 15 岁及以上未婚人口中的男性占比。土地购置费用、土地购置面积①来自《中国房地产统计年鉴（2000—2010）》。抵押贷款利率来自中国人民银行五年期贷款基准利率②（http://www.pbc.gov.cn）。本章以 1997 年为基年，经各省居民消费价格指数将模型中所有价值型变量转化为实际变量。同时，名义抵押贷款利率也经各省居民消费价格指数转化为实际抵押贷款利率。

（二）基本计量模型与实证思路

由（1）式和上文讨论，可建立以下模型确定住房的基本面价值：

$$LnP_{it}^{*} = \beta_0 + \beta_1 LnInc_{it} + \beta_2 LnC_{it} + \beta_3 LnLand_{it} + \beta_4 LnPop_{it} + \beta_5 R_{it} + \beta_6 Age_{it} + \beta_7 Sex_{it} + \varepsilon_{it} \tag{5}$$

其中，$P_{it}{}^{*}$ 表示 i 地区 t 期的住房基本面价值；Inc_{it} 表示 i 地区 t 期城镇居民人均可支配收入；C_{it} 表示 i 地区 t 期房屋建筑造价；$Land_{it}$ 表示 i 地区 t 期单位面积土地购置费用；Pop_{it} 表示 i 地区 t 期人口数；R_{it} 表示 i 地区 t 期实际抵押贷款利率；Age_{it} 表示 i 地区 t 期人口抚养比例；Sex_{it} 表示 i 地区 t 期未婚人口中的男性比重。此外，P_{it} 表示 i 地区在 t 时期的实际住房价格，上述变量的描述性统计结果见表 4-1。

---

① 单位面积土地购置费用=土地购置费用/土地购置面积。

② 对于利率调整年份，以天数加权计算每年抵押贷款利率。

表 4-1　变量描述性统计结果

变量	观测值	平均值	标准误	最小值	最大值
LnP_{it}	330	7.5789	0.4883	6.5957	9.3209
$LnInc_{it}$	330	9.0748	0.3589	8.3944	10.0980
LnC_{it}	330	7.0618	0.3203	6.4191	7.9583
$LnLand_{it}$	330	6.2708	0.7634	4.1276	9.1846
$LnPop_{it}$	330	8.1155	0.7780	6.2340	9.1816
R_{it}	330	0.0472	0.0222	-0.0250	0.1000
Age_{it}	330	0.3991	0.0718	0.2472	0.5758
Sex_{it}	330	0.5878	0.2721	0.5103	0.6754

为尽可能减小住房基本面价值估计中的误差，本章采用了以下方法。第一，在估计住房基本面价值时采用从一般到特殊的方法，我们首先研究上述所有解释变量和住房价格间的长期关系，但在最终确定住房基本面价值时只选择在10%的检验水平上显著的变量。第二，由于房价与地价存在互相影响，同时房价变化也可能影响人口抚养比例和未婚人口中的男性比重。为避免伪回归，本章将滞后一期变量作为工具变量解决内生性问题。第三，对面板数据进行分析，既可使用固定效应模型，也可使用随机效应模型。本章通过Hausman检验来确定模型形式，以揭示住房基本面价值与宏观经济变量间的一般关系。

在实证分析中，我们首先估计了住房的基本面价值（见表4-2），然后把序列相关和均值回复变量加入模型，估计房价的短期波动特征（见表4-3），随后引入交互项允许序列相关和均值回复系数跨时间跨地区变化（见表4-4），最后把各地区房价泡沫分解成两个部分：即短期波动影响部分和其他因素影响部分（见表4-5）。

表 4-2　1999—2009 年中国 30 个省份房价回归结果

	模型 1	模型 2
Ln *Inc*	0.46*** (6.39)	0.45*** (3.22)
Ln *C*	0.19** (2.42)	0.25** (2.55)

（续表）

	模型 1	模型 2
Ln *Land*	0.21*** （6.50）	0.22*** （5.60）
Ln *Pop*	0.56*** （3.51）	0.73*** （4.26）
R		−1.60（−0.49）
Age		−2.05（−0.70）
Sex		−0.49（−0.76）
常数	−3.79*** （−3.16）	−3.79*** （−2.63）
Adjusted R^2	0.95	0.95
Hausman 值（P 值）	54.32（0.00）	491.93（0.00）
模型	固定效应	固定效应

注：(1) ***、** 和 * 分别表示在 1%、5%和 10%水平上显著。(2) 括号内为 T 值。

表 4-3　住房价格短期波动回归结果

	全国	东部	中部	西部
序列相关系数 α	0.30*** （4.54）	0.46*** （4.03）	0.21** （2.00）	0.14 （1.16）
均值回复系数 β	0.61*** （10.64）	0.63*** （6.30）	0.65*** （6.71）	0.54*** （5.28）
基本面同步调整系数 γ	0.58*** （8.44）	0.42*** （3.55）	0.69*** （6.09）	0.71*** （5.67）
Adjusted R^2	0.52	0.53	0.57	0.45
模型	OLS	OLS	OLS	OLS
观测值	270	90	90	90

注：(1) ***、** 和 * 分别表示在 1%、5%和 10%水平上显著。(2) 括号内为 T 值。(3) 东中西部按照中国惯用原则划分。其中，东部省份包括北京、天津、辽宁、上海、江苏、浙江、福建、山东、广东和海南；中部省份包括河北、山西、内蒙古、吉林、黑龙江、安徽、江西、河南、湖北和湖南；西部省份包括广西、重庆、四川、贵州、云南、陕西、甘肃、青海、宁夏和新疆。(4) 为控制地区差异，最初也选用了固定效应模型，但由于没有通过显著性检验，最终结果中略去。

表 4-4 短期波动参数跨时间跨地区变化的回归结果

	模型 1	模型 2	模型 3	模型 4
α_0	0.16** (2.34)	0.10 (1.36)	−0.46*** (−2.96)	−0.47*** (−3.03)
β_0	0.58*** (10.78)	0.58*** (10.84)	0.59*** (11.32)	0.59*** (11.33)
γ	0.60*** (9.06)	0.61*** (9.28)	0.58*** (9.18)	0.60*** (9.28)
α（收入增长率）			7.08*** (4.38)	6.76*** (4.15)
α（建筑造价变化率）		0.68* (1.87)		0.46 (1.29)
α（地价变化率）	0.67*** (5.53)	0.71*** (5.80)	0.61*** (5.24)	0.64*** (5.40)
β（实际贷款利率变化）	7.09*** (3.88)	7.52*** (4.10)	7.59*** (4.29)	7.85*** (4.41)
Adjusted R^2	0.58	0.58	0.61	0.61

注：(1) ***、** 和 * 分别表示在 1%、5% 和 10% 水平上显著。(2) 括号内为 T 值。

表 4-5 2009 年各地区住房价格泡沫构成情况

地区	住房价格	房价泡沫	短期波动	其他因素	地区	住房价格	房价泡沫	短期波动	其他因素
北京	13224	9.0%	1.1%	7.9%	河南	2501	−8.6%	−3.3%	−5.3%
天津	6605	−4.0%	−2.5%	−1.5%	湖北	3413	1.8%	0.6%	1.2%
河北	3210	5.8%	1.8%	4.0%	湖南	2532	10.8%	0.1%	10.7%
山西	2552	−4.4%	−0.3%	−4.1%	广东	6360	−1.9%	−1.8%	−0.1%
内蒙古	2649	7.6%	2.3%	5.3%	广西	3133	1.8%	−0.4%	2.2%
辽宁	3872	−12.8%	−6.7%	−6.1%	海南	6291	41.3%	23.8%	17.5%
吉林	2788	−2.2%	−0.6%	−1.6%	重庆	3266	10.5%	4.5%	6.0%
黑龙江	3067	3.9%	1.7%	2.2%	四川	3434	11.2%	3.5%	7.7%

（续表）

地区	住房价格	房价泡沫	短期波动	其他因素	地区	住房价格	房价泡沫	短期波动	其他因素
上海	12364	20.9%	1.8%	19.1%	贵州	2642	17.6%	3.1%	14.6%
江苏	4805	-1.9%	-2.6%	0.7%	云南	2723	-14.5%	-4.8%	-9.7%
浙江	7890	31.4%	1.3%	30.1%	陕西	3113	-7.9%	-4.5%	-3.4%
安徽	3235	4.9%	0.8%	4.1%	甘肃	2396	2.3%	0.9%	1.4%
福建	5366	12.2%	-0.8%	13.0%	青海	2442	-2.3%	-1.6%	-0.7%
江西	2517	0.9%	-1.6%	2.5%	宁夏	2824	-2.2%	-3.1%	0.8%
山东	3390	-8.5%	-8.2%	-0.3%	新疆	2466	0.4%	-0.8%	1.2%

四、实证结果

（一）住房基本面价值及其变动

表4-2显示，解释变量的系数符号与本章理论模型的预期基本一致。(1) 住房价格与收入、建筑造价、地价和人口显著正相关，显示出中国的住房价格上涨有其基本面支撑，但住房价格的上涨无法全部由基本面改善得以解释。总体上看（模型1），人口对房价的影响最大，人口每增长1%，房价将上涨0.56个百分点，收入增长（0.46）与总成本上升（0.4=建筑造价0.19+地价0.21）对房价变动也有着等量齐观的显著影响。由此我们认为，中国经济和居民收入快速上升、人口规模膨胀带来的需求扩张，以及建筑造价和地价上升所带来的供给成本上升，成为房价持续快速上涨的根本性动力。以北京市为例，2008—2009年间，消除价格因素影响后，北京住房价格上涨15.3%，其中收入、人口、地价增长分别拉动房价上涨4.5个、2个和4.9个百分点，建筑造价下降拉低房价1.3个百分点，这些基本面因素可解释房价变化的66%，即2/3。(2) 住房价格与实际抵押利率负相关，但系数并不显著。这一发现与理论预期和许多国家的实证研究不一致（如Himmelberg et al.，2005；

Jacobsen 和 Bjorn，2005），但与其他针对中国的经验研究结论是一致的，如 Deng、Ma 和 Chiang（2009）发现利率对中国房价基本面没有影响。究其原因，我们认为，一方面，中国的利率调整与房价存在明显的顺周期性。赵进文和高辉（2009）基于 1994—2006 年中国季度数据研究发现，房价是我国货币政策利率反应函数的重要内生影响变量，房地产价格每上涨 1 个百分点，相应的货币政策提升利率 2.2 个百分点。另一方面，与利率自由化国家相比，中国的实际利率明显偏低，且与房价持续明显上涨带来的收益相比，利息支出成本较小，这些因素严重削弱了利率对房价的抑制作用。(3) 住房价格和人口抚养比例之间不存在显著的关联。这个发现与国际经验不一致，可能与我国特有国情有关。随着房价不断上涨，父母（甚至祖父母）帮助子女购房的现象在我国较为普遍。徐建炜等（2011）针对中国的研究显示，虽然少年人口比重上升对房价有抑制作用，但老年人口抚养比例上升，反而推动了房价上涨。此外，尽管中国的人口抚养比例已经出现拐点①，但人口老龄化的影响可能还没有真正显现。这表明，人口结构转变在近期还不会对中国的高房价产生抑制作用。(4) 在全国范围内，未发现竞争性购房的证据。表 4-2 显示，未婚人口中男性比重的系数为负，且不显著，这与 Wei 和 Zhang（2011）发现的竞争性储蓄和购房动机不一致。我们认为当男方家庭出于结婚考虑而购房时，女方家庭的购房需求会减弱，从而产生抵消作用，而且中国存在大量的跨地区购房行为也可能削弱两者的关联。需要指出的是，本章与 Wei 和 Zhang 所使用的数据不同，Wei 和 Zhang 使用的样本来自于 2002 年中国居民收入项目调查（包括 122 个乡村和 70 个城市），由于样本中缺乏各地区每年未婚男女比例的数据，这一数据是根据 2000 年人口普查数据中不同年龄组的男女比例推断得到，可能存在推断误差；本章直接使用国家统计局公布的数据。

（二）房价的短期波动和区域特征

表 4-3 显示了住房价格的短期波动和区域特征。(1) 中国住房市场存在

① 按照世界银行《2007 年世界发展报告》的估算，中国 15 岁至 65 岁的人口比重在 2010 年达到 72%的顶点后就开始快速下降，至 2050 年将降至 61%左右。

明显的短期波动特征。与大多数房地产文献的研究结果相一致，住房价格只能部分反映当期经济基本面变化。例如，从全国看，当期房价变化只能反映当期住房基本面价值变化的58%，表明中国的住房市场存在明显的摩擦和不完善，限制了市场的及时调整。(2) 住房市场存在较强的惯性特征，表明适应性预期较为普遍。中国住房价格序列相关系数为0.3，这一估计与美国的情况（0.33）较为接近，但房价回归到它的长期均衡值的速度（0.61）要明显快于美国（0.25）（Capozza et al.，2002）。(3) 东部地区住房价格波动幅度大于中西部地区。正如我们所预料的那样，各地区住房价格波动存在较大差异。东部地区的序列相关系数为0.46，是中部地区（0.21）的2倍、西部地区（0.14）的3倍；东部地区住房价格与基本面变化的同步调整系数为0.42，也明显低于中部（0.69）和西部地区（0.71）。从均值回复系数看，各地区相差不大。

为进一步分析各地区住房价格波动差异的原因，根据（4）式，我们引入了收入增长率、建筑造价变化率、地价变化率、实际利率变化等指标，以考察哪些因素决定了上述地区间序列相关系数和均值回复系数的不同①。由表4-4可知，(1) 收入增长率变化对于序列相关系数有着非常显著的影响。收入增长率每提高1个百分点，会使自相关系数上升7%左右。更高的地价和建筑造价也会导致更高的自相关，地价上升10%，将会导致序列相关系数上升6%~7%。(2) 具体来看，在这三个因素中，收入增长快和地价涨幅大是东部地区序列相关系数高的主要原因。2009年，东部地区城镇居民人均每年可支配收入平均值②为20610元，消除价格因素影响后，比1999年上涨146%；中部和西部地区平均值分别为14334元和13968元，比1999年分别上涨137%和110%。2009年东部、中部、西部地区单位面积土地购置费用的平均值为3013元、1098元和1322元，消除价格因素影响后，比1999年分别上涨357%、293%和299%。相比之下，建筑造价在各地区变化差异不大，东部地区建筑

---

① 实际计算过程中，也考虑了收入增长率、建筑造价变化率、地价变化率对均值回复系数的影响，以及实际利率变化对序列相关系数的影响，因影响不显著在表4-4中略去。

② 收入以各省人口为权数加权计算，下文中地价以各省土地购置面积为权数加权计算。

造价涨幅甚至要略低于中西部地区。(3) 实际利率变化对于均值回复系数有着非常显著的影响。实际贷款利率每提高 1 个百分点，会使均值回复系数上升 7%以上。虽然利率对住房基本面价值的影响并不显著，但利率变化对住房价格的短期波动却有显著影响，利率上升有助于房价回归其基本面价值，并且利率在各地区的调控效果是相当一致的。这也表明，相机抉择的货币政策不仅有助于熨平宏观经济周期，也有助于减少住房市场的波动，从而支持了货币政策应该将住房价格等资产价格考虑在内的政策建议。

(三) 住房价格泡沫

最后，本章检验了各地区的房价是否存在泡沫，并对泡沫做了进一步的分解。住房基本面价值基于表 4-2 中的模型 1，房价短期波动基于表 4-4 中的模型 3。考虑篇幅限制，表 4-5 只报告了各地区 2009 年的房价泡沫构成情况，其他各年情况见图 4-2。从 2009 年情况看，首先，我国大部分地区房价上涨仍可用宏观经济基本面的变化来解释，不存在全国范围内的房价泡沫。以房价泡沫达到 10%为临界点，有超过 2/3（22 个）的省份房价没有出现明显泡沫。其次，我们发现在个别地区，住房价格与基本面价值确实存在较大偏离，而且房价泡沫中短期波动的影响有限，其他因素的影响较大。如海南、浙江、上海房价泡沫分别达 41.3%、31.4%和 20.9%，剔除房价短期波动的影响后，其他因素引发的泡沫分别达 17.5%、30.1%和 19.1%。具体来看，海南、浙江和上海的房价泡沫形成有其各自的特点。海南房价自 2006 年开始出现泡沫，2006 年和 2007 年房价泡沫中的大部分仍可用房价短期波动来解释，但 2008 年以后其他因素的影响占据了主要地位。浙江 2005 年房价开始出现泡沫，2009 年在住房价格同比上涨 28.4%的推动下，泡沫明显变大，且泡沫中的大部分来自于其他因素的影响。上海在 2009 年以前并没有明显的房价泡沫，2008 年的房价甚至还处于明显低估状态，但 2009 年上海房价突涨态势明显，住房价格由 2008 年的 8115 元上涨至 12364 元，突然形成房价泡沫。

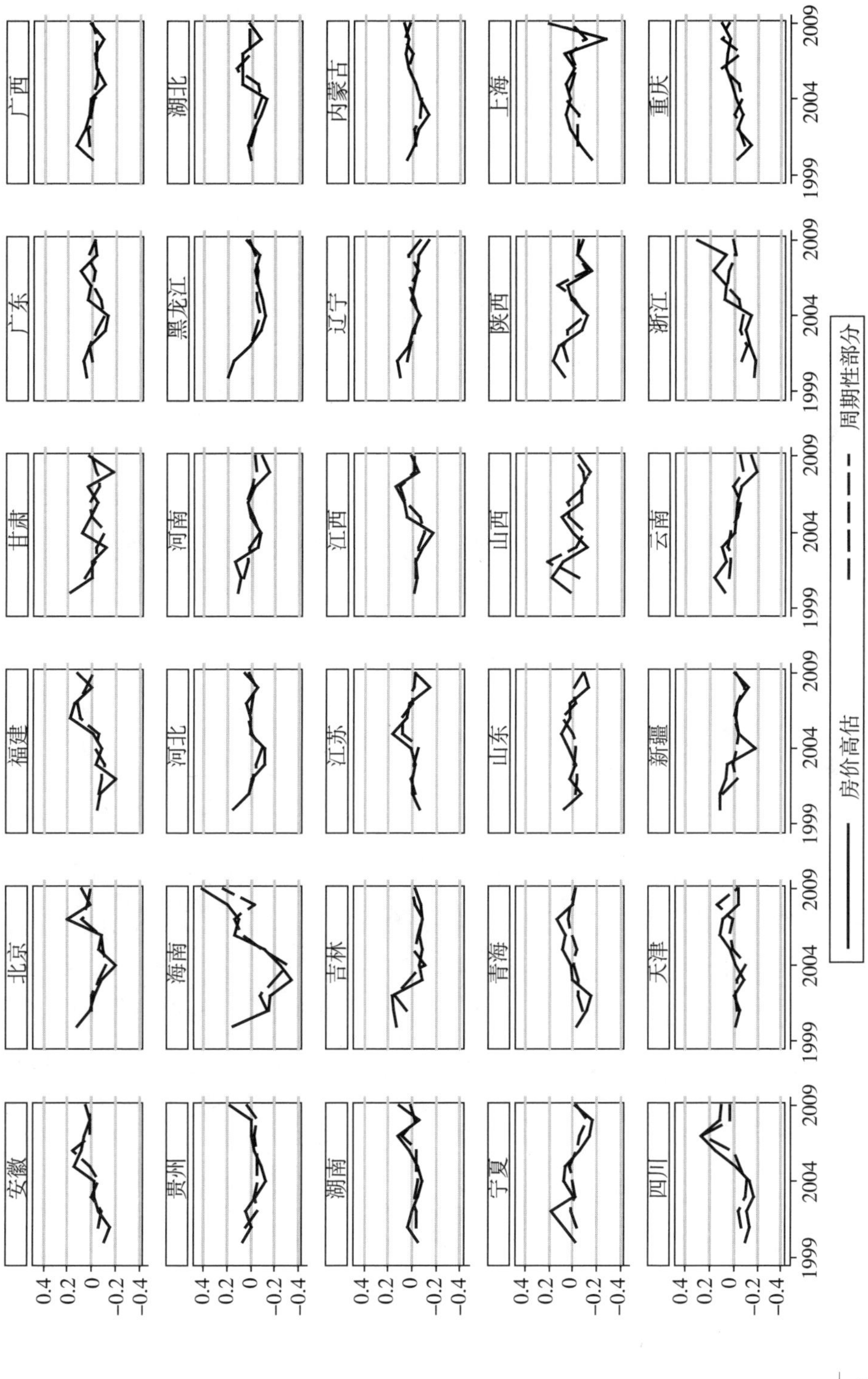

图4-2 1999—2009年中国各地区房价泡沫分解图

中国不存在全国范围内的房价泡沫，这一发现与 Ahuja et al.（2010）、况伟大（2008）等人的结论基本一致，但由于我们对房价泡沫做了进一步分解，从而得出以下几点进一步的发现。首先，在中国的房价泡沫构成中，由房价短期波动所引起的泡沫占比有所下降。从房价历史走势看，我国大部分地区过去也曾出现过房价泡沫，如北京（2007 年）、福建（2006 年）、四川（2007 年）房价泡沫都在 20%左右，但与 2009 年的情况有所不同，房价短期波动部分在房价泡沫中占较大比例。也就是说，在 2009 年以前我国大部分地区房价泡沫的产生与房地产短期波动密切相关，房价短期波动可以解释房价泡沫中的较大部分，其他因素引起的泡沫在房价泡沫中只占较小比例。这时政策应主要针对减小房价短期波动幅度，保持建筑成本和地价稳定，应是重点。但 2009 年房价泡沫比较严重的地区，却不是由于房价短期波动所导致，这时政策应着力抑制炒房、投机、“羊群效应”等非理性行为。其次，从地区特征看，房价有明显泡沫的不仅是上海、海南、浙江等沿海地区，贵州、湖南、四川、重庆等中西部地区的房价泡沫也较为明显，需引起高度关注。

（四）稳健性检验

本章的实证结果依赖于对住房价格基本面指标的选择，但代表基本面的相关指标并不唯一，指标的变换可能对房价短期波动参数（α 和 β）产生影响，从而影响本章的实证结果。同时，为解决内生性问题引入工具变量也可能对实证结果产生影响。为了使本章的结论更加合理稳健，针对上述两个方面的可能影响本章分别进行了检验。针对第一方面，本章选用另一个被学者们（如梁云芳和高铁梅，2007）用于衡量收入的指标各省人均 GDP 替换城镇居民人均可支配收入，以检验基本面指标变换对房价短期波动参数（α 和 β）的影响，计量结果见表 4-6、表 4-7 和表 4-8 中的模型 2。针对第二方面，本章报告了未使用工具变量的计量结果，详见表 4-6、表 4-7 和表 4-8 中的模型 3。此外，为便于比较分析，原实证分析结果显示在表 4-6、表 4-7 和表 4-8 中的模型 1 中。

表 4-6 显示，人均 GDP 作为收入指标替换城镇居民人均可支配收入后，

与原模型相比收入的系数变小（由模型 1 中的 0.46 降至模型 2 中的 0.28），其他解释变量的系数略有变大。这一结果与我国收入分配的实际情况相一致，模型相关系数变化是合理的。收入指标变换为人均 GDP 后，收入增长对房价增长的影响作用减弱，这是因为近十年来我国人均可支配收入在人均 GDP 中的比重呈明显的下降趋势。例如，北京城镇居民人均可支配收入占人均 GDP 的比重由 1999 年的 42.9% 降至 2009 年的 38%，天津由 1999 年的 49.7%降至 34.2%。由于人均 GDP 的增长快于人均可支配收入的增长，而人均可支配收入更能体现居民的实际购买力，所以在估算基本面价值时收入的系数相应变小是合理的结果。使用工具变量与否对住房基本面价值估算的影响并不大，未使用工具变量的模型 3 与模型 1 相比，各解释变量的系数只发生了微小的变动。表 4-7 显示，模型 2、模型 3 中各解释变量的系数，与模型 1 相比只发生了微小的变化。表 4-8 显示，即使考虑短期波动参数跨时间跨地区的变化特征，各解释变量的系数也只发生了较微小的变动（收入增长率交互项前的系数 α 由模型 1 中的 7.08 下降为模型 2 中的 4.68，下降的原因与上述分析一致，与我国收入分配体制有关）。通过上述分析可以看出，即使我们改变了解释变量和计算方法，本章的分析结果并没有因此而发生改变。因此，本章的结论是稳健的。

表 4-6　住房基本面回归结果的稳健性检验

	模型 1	模型 2	模型 3
Ln *Inc*	0.46*** (6.39)		0.48*** (10.58)
Ln *GDP*		0.28*** (6.85)	
Ln *C*	0.19** (2.42)	0.25*** (4.26)	0.20*** (5.71)
Ln *Land*	0.21*** (6.50)	0.22*** (8.08)	0.17*** (9.12)
Ln *Pop*	0.56*** (3.51)	0.60*** (4.68)	0.57*** (3.53)
常数	-3.79*** (-3.16)	-3.89*** (-3.30)	-3.75*** (-3.61)
Adjusted R^2	0.95	0.96	0.96
模型	固定效应	固定效应	固定效应

注：(1) ***、** 和 * 分别表示在 1%、5%和 10%水平上显著。(2) 括号内为 T 值。(3) GDP 表示各省人均 GDP，数据来自中经网统计数据库，在数据处理时已转化为实际变量。

表 4-7　住房价格短期波动回归结果的稳健性检验

	模型 1	模型 2	模型 3
序列相关系数 α	0.30*** (4.54)	0.32*** (3.52)	0.27*** (3.76)
均值回复系数 β	0.61*** (10.64)	0.57*** (9.67)	0.56*** (9.28)
基本面同步调整系数 γ	0.58*** (8.44)	0.64*** (10.63)	0.64*** (14.13)
Adjusted R^2	0.52	0.61	0.61
模型	OLS	OLS	OLS
观测值	270	270	270

注：(1) ***、** 和 * 分别表示在 1%、5% 和 10% 水平上显著。(2) 括号内为 T 值。(3) 为控制地区差异，最初也选用了固定效应模型，但由于没有通过显著性检验，最终结果中略去。

表 4-8　短期波动参数跨时间跨地区变化回归结果的稳健性检验

	模型 1	模型 2	模型 3
α_0	-0.46*** (-2.96)	-0.40** (-2.41)	-0.52** (-2.10)
β_0	0.59*** (11.32)	0.51*** (9.09)	0.50*** (9.17)
γ	0.58*** (9.18)	0.64*** (11.82)	0.65*** (12.36)
α（收入增长率）	7.08*** (4.38)	4.68*** (3.54)	7.23** (2.57)
α（地价变化率）	0.61*** (5.24)	0.69*** (5.85)	0.58*** (4.27)
β（实际贷款利率变化）	7.59*** (4.29)	6.89*** (3.16)	6.82** (2.22)
Adjusted R^2	0.61	0.63	0.61

注：(1) ***、** 和 * 分别表示在 1%、5% 和 10% 水平上显著。(2) 括号内为 T 值。

五、结论与政策含义

金融危机史反复表明，房地产领域的泡沫是各经济体系统性金融风险的主要来源（Reinhart 和 Rogoff，2009），特别是直接诱发了日本 20 世纪 90 年代以来的经济疲软以及当前仍在持续的这轮国际金融危机。在像中国这样的快速发展国家，房地产泡沫风险尤为值得关注。本章通过引入一个四步骤的住房价格决定模型，运用 1999—2009 年的面板数据实证研究了中国房价的泡沫问题。主要发现是：

1. 金融危机后，中国出现了结构性的住房价格泡沫。收入增长、人口增加作为需求面因素，以及建筑成本、用地成本作为供给面因素，对中国住房价格的持续快速上涨构成了基本面支撑，我们没有发现普遍性的住房价格泡沫；但伴随着经济快速发展，中国住房价格经常出现超过基本面价值的高估现象，在金融危机之前，高估的部分主要由房价短期波动解释，但 2009 年的房价高估中，其他因素引发的泡沫所占的比重明显增加，需引起重视。

2. 中国住房价格存在明显的短期波动和区域特征。在 1999—2009 年间，中国住房价格有着较强的序列相关特征，这或许验证了适应性预期的存在。均值回复速度较快，表明中国房地产波动周期相对较短。此外，东部地区的住房短期波动更加剧烈，我们特别发现，收入和用地成本增长快是东部地区房价波动大的主要原因。

3. 中国特定的发展阶段和一些制度性因素，使得实际利率、人口抚养比等因素并未出现理论和国际经验显示的有抑制房价的作用；就全国数据来看，我们也没有发现，适婚男性比例的上升有推高房价的作用。这从一个侧面反映了偏低的实际利率对住房市场的供求双方还没有构成有效约束。并且，虽然中国的人口结构已经出现转变，但人口抚养比的上升在近期还不会成为抑制房价上涨的力量。

总体来看，在经济快速发展期，房价较快上涨有一定合理性。就基本面因素而言，与经济发展和收入增加带来的购房需求增加相比，供给面的用地成本是一个有一定可控性的变量。如果土地供应能够适当增加并稳定市场对土地供应的预期，将有助于控制基本面推动的住房价格上升，也有利于减小房价短期波动的幅度。[①] 中国的住房市场存在着显著的短期波动，并构成了考察期房价高估的主要来源。研究显示，逆周期的利率调控会减小住房市场的短期波动，这也为货币政策应关注房价等资产价格提供了证据。

在抑制房价泡沫方面，近年来的多轮调控尽管存在争议，但总体上避免了住房市场的普遍泡沫化。在1999—2008年的十年间，住房价格泡沫虽在部分地区时有显现，随之而来的调控还是在较短时间里消化了泡沫。然而，值得引起警惕的是，随着应对危机的一揽子刺激政策的出台，住房市场的正常调整周期受到一定影响，2009年在一些地区出现了新一轮住房价格泡沫。这意味着，2010年4月以来住房领域刺激政策的退出是十分必要的。同时，我们也要注意到，近期住房市场的泡沫还只是区域性的。从政策层面看，这意味着有必要出台更有地方色彩的房市调控措施。鉴于一些省份甚至存在房价的潜在低估，全国性的调控政策有可能抑制这些地方住房市场的合理发展。

---

① 合理增加住房用地供给在理论上是可行的。许成钢（2011）就指出："18亿亩耕地，即120万平方公里耕地，只占中国国土面积约八分之一。中国还有绝大部分不可耕地完全可以用于城市建设。如果这些不可耕地可允许被用于城市建设，中国的房地产价格不会这么高。"

第五章

日本房地产市场泡沫分析

一、日本的房地产市场泡沫

日本房地产市场在 20 世纪 80 年代经历了一个急剧膨胀期，其泡沫特征显而易见。以 1990 年 3 月的日本城市土地价格指数为基期 100，这一指数在 1980 年 3 月仅为 52. 8，十年的升幅达 89. 4%。跨国比较显示，高峰期的日本房地产市场膨胀程度惊人。美国土地面积是 937 万平方公里，日本土地面积 37 万平方公里，恰是美国的一个零头，两者相差 24 倍多。据统计，1990 年日本土地总值达到 15 万亿美元，比美国土地资产总值多 4 倍，相当于日本当年国内生产总值的 5 倍多。如果仅按工资收入计，工薪阶层倾其一生也难以在大城市中买下一套住宅。

日本东京、大阪、名古屋等六大城市的土地价格上升势头更为迅猛。1980 年 3 月，六大城市土地价格指数仅为 24. 5，在 1990 年 3 月即达到了 100，上升幅度为 308. 16%。以东京为例，1986—1989 年，东京市中心地价四年间提高了 2. 7 倍。以 1983 年的土地价格为参照，1984 年和 1985 年住宅用地的价格每年的增幅大约在 5%上下，商业用地价格增幅 10%左右。可是到了 1986 年，土地价格陡然上涨，1988 年，东京中心地区商业用地的价格为 1983 年的 350%，住宅用地价格增长为 300%。

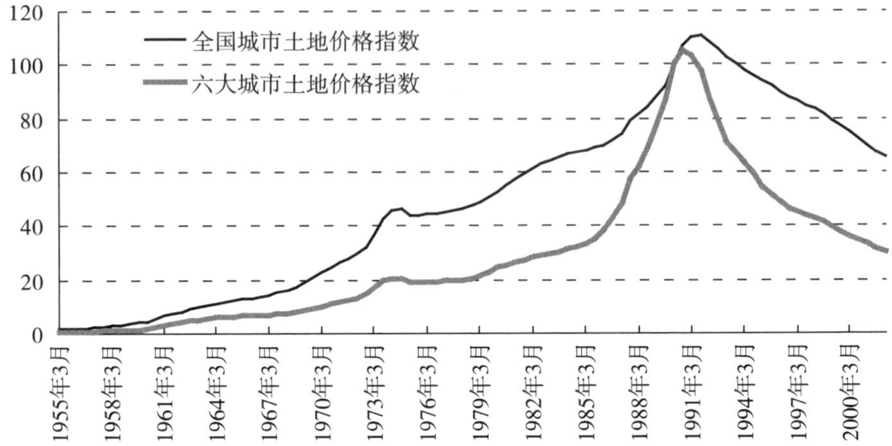

图 5-1　日本城市土地价格指数

资料来源：CEIC Database。

二、房地产市场泡沫的背景与原因

（一）日元升值迟缓

日元 20 世纪 80 年代明显偏离均衡汇率水平，升值幅度低于预期，由此带来的流动性过剩是造成房地产泡沫的重要背景和原因之一。

日元升值启动较晚、反复较大，错过了升值机遇期。日元的升值推迟到 1985 年“广场协议”才真正进行。二战之后，在布雷顿森林体系下，一直维持 1 美元兑 360 日元的固定汇率。1971 年 8 月 15 日，美国宣布停止美元和黄金的兑换，日元汇率由此转向浮动。1973 年 3 月，日元兑美元升到 261. 90 日元，而其后两年又回贬至 300 日元。从 1975 年年底第一次石油危机结束到 1978 年年底卡特总统支持美元计划出台之前，日元虽经历了第一个升值周期，从 1 美元兑 298 日元升到 176 日元，但到“广场协议”前，日元又回升到 259 日元。错过时机的日元不得不加速升值。从 1985 年的“广场协议”到 1989 年，日元汇率攀升至 1 美元兑 125 日元，升值幅度达 1 倍以上，这是日元的第二个升值期。经过短暂的盘整后，20 世纪 90 年代前半期日元又经历了第三次升值，1990—1995 年，从 1 美元兑 160 日元升值到 87 日元左右。

（二）过于宽松的货币政策

汇率史显示，升值本身并不一定会造成资产价格膨胀。与本币升值相伴随的货币政策或许是升值期房地产市场健康与否的重要原因和背景之一。为继续维持出口导向的经济模式，在日元升值期，日本国内实行了宽松的货币政策，希望利用低利率来维持出口企业的竞争力，以抵消本币升值的负面影响。

1986 年，日本共四次降低利率，利率水平从 1986 年年初的 4.5%下调至 1986 年年末的 3.0%。1987 年 2 月，日本利率再次下调，降至 2.5%的极低水平，并容忍持续超过 10%的 M2 增长速度。从绝对量上看，M2 增量惊人。1985 年，M2 为 306.8 万亿日元，到 1988 年已经突破 400 万亿日元，达 409.38 万亿日元，而 1991 年 M2 升至 507.53 万亿日元。货币供应量的扩张导致大量流动性不断流入到金融机构和房市中。但一般物价水平并没有大的升幅，出现了所谓的“货币消失”，实际上流动性的大量增加最终转为资产价格的上涨。

金融宽松政策是房地产价格膨胀的主要推手。过于宽松的货币环境，鼓励日本金融机构积极向房地产经营者提供贷款。日本在 1985 年到 1987 年期间银行贷款增加了 10%，其中对房地产的贷款增加了 20%以上。

（三）金融体制弊病

日本主银行制度缺乏透明度和必要的监督机制，贷款审查制度不健全。在主银行制度下，如果大银行出了问题，将会危及国家稳定。因此，中央银行会尽力维护。在这种制度下，许多危机的预警信号被掩盖了起来。通常银行在提供贷款之前必须要审查贷款的用途、使用效益、偿还能力等，但是日本商业银行在房地产市场膨胀时期只要见到申请贷款的客户以土地、股票、房产作抵押，就放心大胆地提供贷款。银行在房地产泡沫时期给许多非银行金融机构大量融资。这些公司直接参与房地产投机，管理更为混乱。一旦房价掉头向下，诸多风险便立即爆发。

央行的独立性不足，难以执行稳健的货币政策。日本中央银行没有独立制定货币政策的权力，在很多情况下都要受到日本政府的牵制。从房地产泡沫形成到崩溃，日本银行迟迟没有紧缩银根，实际上纵容了泡沫化的升级。另外，重要的是，日本央行在判断物价时主要依靠零售物价而没有考虑资产价格的变化。当时一般物价运行平稳，尽管股价和房价飙升，但日本央行却未能给予应有的重视。

（四）国内充斥乐观情绪

对于房地产市场的问题，日本国内部分学者也有所认识，但理性的声音被淹没在盲目乐观情绪之中。所有的泡沫都和过度乐观自信的社会氛围有关。日本当时的高顺差让公众以为钱越多越好，同时也助长了人们对未来预期的膨胀。自 20 世纪 80 年代中后期以来，日本国内陶醉在经济繁荣之中，这无疑延误了调控时机。

三、房地产市场泡沫的破灭及其影响

房地产市场的高度繁荣期维持了不到三年，终于在 1990 年年底崩溃了。东京、大阪等大城市的地价急转直下。1991 年至 1992 年，东京地区住宅土地价格的下降幅度为 22%，大阪地区为 36%，名古屋地区为 12%。普通地价的跌落尤为严重。

房地产市场泡沫的崩溃对经济增长、就业、物价稳定和金融系统产生了深远的影响。日本战后高速增长的态势没能得以持续。一方面，经济增长波动剧烈；另一方面，日本经济一落千丈，GDP 增长率从 1989 年的 8.21%骤跌至 1994 年的 0.19%。在随后的几年中，经济甚至出现了负增长的情况。

就业形势也不容乐观，从升值前接近全面就业下降到 1996 年之后的 96%以下。与经济增速和就业率下降相伴随的是，日本经济自房地产泡沫崩溃以后进入通货紧缩期。大多数年份的 CPI 增长率在 2%以下，许多年份甚至为负。

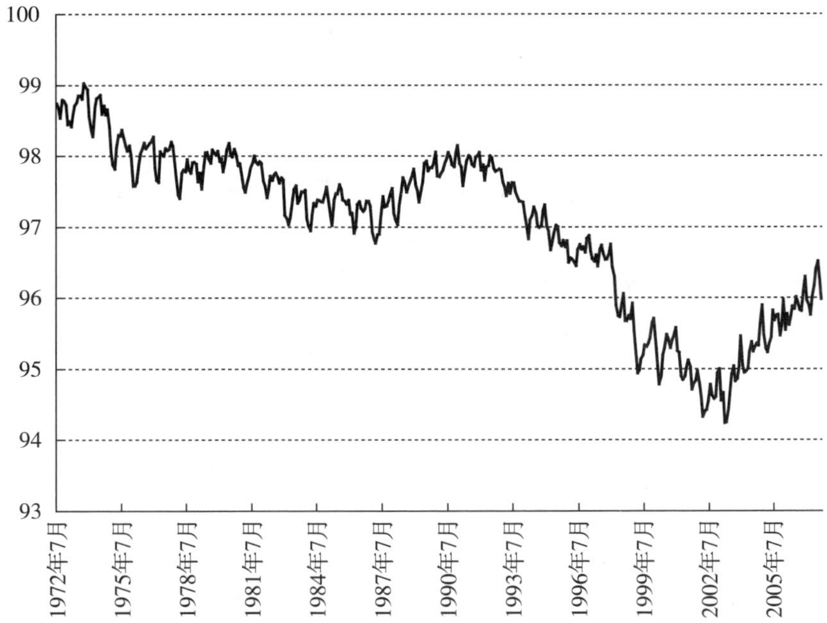

图 5-2　日本的就业率（%）

资料来源：CEIC Database。

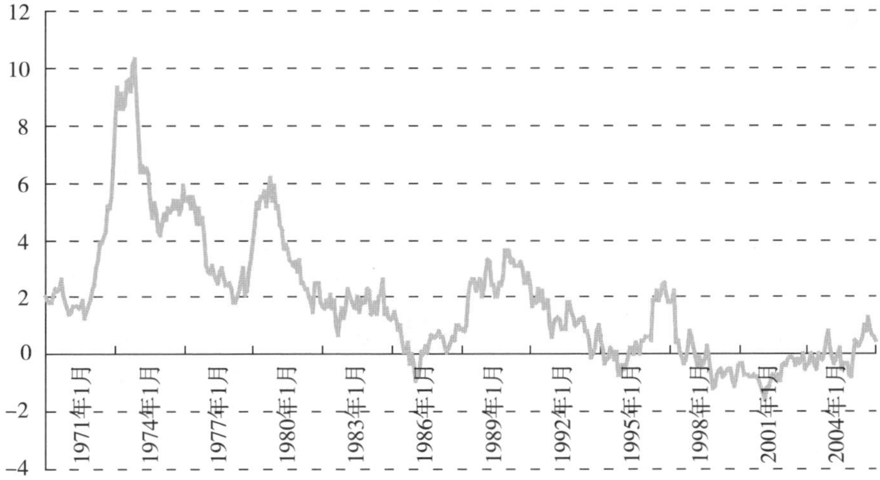

图 5-3　日本的通货膨胀（%）

资料来源：CEIC Database。

日本银行业成为房地产市场泡沫的最大受害者。随着泡沫经济的破裂，房地产市场的价格下滑造成了银行资产负债表的巨额坏账损失。据估计，在1997年银行有87万亿~140万亿日元的坏账是由于土地价格下跌造成的。1995年住友银行宣布，在50年内第一次由于坏账亏损8亿日元。随后许多日本银行宣布亏损。东京三菱银行在1997年亏损了5240亿日元。日本的主要银行在房地产市场泡沫破裂后几乎全面亏损。在房价下跌的打击下，到1998年，日本全国八家住宅金融专业公司中，有七家宣告倒闭，留下6.41万亿日元的坏账。房地产市场泡沫的这些“金融遗产”直到现在也尚未消化完毕。

第六章

关注资产价格与经济周期的背离

——高科技泡沫破灭与“9·11事件”前后的货币政策及其启示

一、货币政策在泡沫开始破灭一年内继续收紧

在新经济和高科技创新浪潮的推动下，美国股市在20世纪90年代出现大牛市，纳斯达克市场尤为火爆。新千年伊始，纳斯达克指数（下称纳指）终于开始下跌。2000年1月4日，纳指突降229点。道琼斯等指数也在1月出现7%左右的下跌。

美联储并未立即实施救助，相反，货币政策仍在始于1999年下半年的升息周期中继续收紧。联邦公开市场委员会（下称FOMC）在2000年2月一致同意加息0.25个百分点，并在声明中解释说，“是为了使总需求的增长与可持续的总供给扩张更加匹配，以避免通货膨胀压力不断上升”。在3月份美联储又加息0.25个百分点，并维持了上述判断。此外，在2—3月间，格林斯潘在国会和其他场合发表措辞强硬的讲话，暗示美国经济已经持续过热，并危及长期经济繁荣。

3月10日，纳指冲到了最高点5048点，是格林斯潘首次提出“非理性繁荣”时的4倍。此后，纳指出现数日较大幅度下跌，但随后又回升至4900点。不久，纳指又开始急剧下跌。4月3日，大跌约350点，4月14日收于3321点，累计下跌近35%。

2000年5月，在注意到股市大幅下挫的情况下，美联储对通胀膨胀尤其

是核心通货膨胀压力的担忧继续上升，并决定再次加息 0.5 个百分点，会后声明保留了此前的判断，即风险仍然向通货膨胀上升的一端倾斜。6 月以后的几个月，美国经济增长出现放缓迹象，同时通货膨胀有所上升。鉴于此，美联储将联邦基金利率在 6.5%左右的高位保持了长达半年之久；而在此期间，股市继续下跌。

这段时期的货币政策存有较多争议。在股市泡沫开始破灭的 2000 年上半年，美联储持续加息超过 1 个百分点；在泡沫加速破灭的下半年，美联储将利率维持在高位。这加速了泡沫破灭，最终致使增长明显放缓，造成了美联储并不期望出现的着陆方式。究其原因，美联储当时认为，股市调整并不意味着市场的逆转和衰退的开始，经济风险主要在于，就业市场的持续繁荣所带来的通胀压力。

首先，在股市泡沫破灭的初期，经济仍在高速增长，失业率走低，通胀压力高企。到 2000 年 2 月，经济扩张创下 107 个月的历史纪录，超过了 1961 年至 1969 年的繁荣期。[①] 所以，尽管年初股票市场出现了小幅下跌，但美联储所担心的不是经济放缓，而是经济过热的“迫在眉睫”。的确，经济在 2000 年上半年继续强劲增长。从 1999 年第四季度到 2000 年第二季度，实际 GDP 增长 4.9%，是 20 世纪 90 年代后半期来的最高增长纪录。与此同时，2001 年以前，失业率偏离非加速通货膨胀失业率（NAIRU）的幅度仍在加大，核心通胀率也明显上升。这些关键变量为紧缩政策提供了切实依据。

其次，股市先于经济出现调整有助于经济降温，难以成为货币政策逆转的依据。股市泡沫没有以突然、集中破灭的方式显示出来，而是时而急降，时而又有反复，下跌过程长达两年半之久。并且，与纳指大幅下挫不同，2000 年更能代表经济基本面的道指自 1 月摸高以后仅有较小幅度下降。这增加了货币政策操作的复杂性，使得整个 2000 年的情况看上去不像是股票泡沫的破灭，而更像是在利率处于上升阶段时的正常现象。因而，股市下跌被看作是按美联储希望的方向发展，也有助于让经济活动适度降温。

① 2000 年 2 月公布的数据令人惊叹，1999 年下半年的生产率数据为年增长率 5%，1999 年第四季度的经济增长率高达 5.8%。这迫使联邦公开市场委员会在 2 月继续加息。

二、货币政策转向的及时性和力度受质疑

美联储意识到需要做出干预是在 2001 年年初。1 月 3 日，联邦公开市场委员会提前召开议息会议，将利率下调 0.5 个百分点，市场表达了热烈欢迎。次日，纳指狂升 325 点，升幅达 14%，创历史纪录；道指也上升 300 点。1 月 30 日公布的数据显示，2000 年第四季度经济增长率下降到 1.4%，这是 1995 年来的最低增长率。在 1 月 31 日的会议上，联邦公开市场委员会再次下调利率 0.5 个百分点，并宣布经济中的风险已经转为增长乏力，且下滑速度超过预期。

2001 年 3 月，纳指比一年前下跌了 58%，综合股票市场指数下跌了 23%。市场期待并相信美联储将采取更加激进的措施，普遍预期在 3 月 20 日的会议上降息 75 个基点，但美联储只下调了 50 个基点。市场立即表现出了失望，道指下跌 2.4%，纳指急挫 4.8%。美联储当时认为降息 50 个基点是合适的，同时也不愿意被市场意见所左右。① 作为平衡，美联储也在声明中表示，“在经济形势可能迅速发生变化的情况下，联储有必要密切关注事态的发展”。美联储这样表示，通常暗示在两次常规会议之间很可能会采取行动。4 月 18 日，联邦公开市场委员会召开计划外会议，再次将利率下调 50 个基点。这次行动大大提振了市场信心，道指飞升 399 点，纳指上扬 156 点。

5 月 15 日，美联储又降息 50 个基点，并开始认为这一阶段的降息行动足以使经济步入健康轨道。在 6 月 27 日的公开市场委员会的会议上，美联储降息 25 个基点。在经历了 5 次迅速而有力的减息之后，美联储认为这是一次战略撤退。但是在 8 月的会议上，经济并没有出现加速扩张的迹象。因此，美联储又将利率下调 25 个基点。夏末，股票市场继续下跌，投资继续下滑，高科技公司的利润大幅缩水。

尽管美联储在 2001 年的前四个月里将利率史无前例地下调了整整 2 个百分点，但反思此轮货币政策的声音不断增大。一些学者指责美联储在 2000 年

---

① 参见梅耶：《联储岁月——我所了解的美联储》，中国金融出版社。

升息过度，而2001年又降息力度不足。首先，2001年年初货币政策的逆转，得到了全体官员的支持，说明此前至少一部分人对政策的滞后反应心怀不满。其次，在降息周期的初期，美联储的很多工作人员仍然相信，经济放缓到潜在水平之下，有助于减轻通胀压力，并对经济前景保持乐观。当时包括格林斯潘在内的美联储高级官员从未提及“衰退”。纽联储行长麦克唐纳在2月15日表示，“美国经济将在下半年恢复强劲增长”。这些认识导致了政策放松姗姗来迟，且力度节奏过于谨慎，引发市场不满。

三、“9·11事件”与全方位的应急救助

突发的恐怖袭击对金融系统造成了一系列影响。短期而直接的影响包括：航班的延误或取消导致支票清算中断；居民因担心再次遭袭，纷纷到银行提取现金；公司将流动性较差的资产转换为活期账户等流动性更高的资产；金融资产价格跳水，纽约股票交易所等金融市场关闭。中期影响或风险包括：消费信心受挫；企业投资积极性下降；金融市场低迷；国防开支增加；交通和通信成本上升；增长下降、失业增加。

为缓冲短期影响，美联储立即采取行动，向市场提供充足流动性，增强企业和个人的支付能力，维护支付系统正常运转。(1) 美联储的纽约交易室买入大量国库券。9月12日，美联储通过回购交易买入的国库券总额达到610亿美元，大大超过正常规模。(2) 通过再贴现窗口向银行提供贷款。9月12日，美联储再贴现贷款的余额为450亿美元；而此前10个周三（9月12日为周三），再贴现的平均余额只有0.59亿美元。(3) 要求银行为陷于暂时性流动性问题的借款者提供重建贷款（Restructure Loans），为保证顺利进行，美联储还为这种贷款设立了特别基金。(4) 主动延长清算过程中对金融机构的贷款期限，并更好地履行支票清算职能。在支票清算过程中，美联储向支票收到行提供临时性的贷款，以加快支票的清算速度。(5) 美联储迅速与欧央行、英央行等建立了互换联盟，以备不时之需。

为缓冲中期影响，美联储连续大幅降息。联邦公开市场委员会在恐怖袭击后的三个月内连续四次降息。9 月 17 日，联邦公开市场委员会在股市开盘前召开临时会议，降息 50 个基点，并在声明中暗示将继续降息。10 月 2 日和 11 月 6 日，联邦公开市场委员会又分别降息 50 个基点，12 月 11 日再降 25 个基点，联邦基金利率最终降到了 1.75%。就降息的频率和幅度而言，"9・11 事件"后的货币放松力度远大于此前的高科技泡沫破灭时期。

美联储的救市行动被认为"完美地"展示了"格林斯潘对策"①。"9・11 事件"后，金融市场很快恢复了正常运行。一度消沉的消费者信心，在 10 月也开始好转。国民经济研究所（NBER）后来将经济衰退的结束日期定为 2001 年 11 月份。这比市场在"9・11"前预计的衰退结束时间还要早。2001 年第四季度，经济增长了 2.7%；各项指标在 12 月，均显示经济将出现强劲增长。

"9・11 事件"之后，美联储在相当长时间里将低利率维持在低位，刺激了房地产市场的繁荣，客观上是通过刺激房市泡沫的方式来减轻股市泡沫破灭的痛苦。此外，"格林斯潘对策"蕴含着偏袒投机者的道德风险。这些都为次贷危机的爆发埋下了伏笔。

四、几点启示

一是应注意减轻因货币政策时滞而产生的超调。事后来看，美国货币政策在 2000 年紧缩过度，2001 年上半年放松不够，2002 年以后又持续过度放松。导致美联储决策出现偏颇的主要原因在于，美联储主要盯住的是非加速通货膨胀失业率、（劳动以及全要素）生产率、（核心）通胀率以及产出缺口等。将这些指标与 2000—2001 年间的货币政策对照来看，美国货币政策的方向、节奏和力度均契合经济周期。问题在于，这些指标对于货币政策来说具有明显的滞后性。最新公布的指标反映的是若干个月之前的经济状况，而货

① 指格林斯潘针对市场大幅下跌，倾向于采取果断激进的救市行动。

币政策效力通常要在两个季度以后的一年时间内才能释放。这使得紧盯实体经济周期的货币政策极容易产生超调。

二是应更加关注资产价格。货币政策是否应需要考虑资产价格，一直存有很大争议。从美联储等央行的实践来看，正统观点倾向于认为，货币政策不应考虑资产价格。主要理由有，央行很难提前识别泡沫；即便识别到泡沫，可能已为时过晚，人为刺破泡沫不一定比市场调整更好；资产价格有时也与实体经济变动方向不一致，会增加货币政策操作难度。[①] 但越来越多的证据显示，资产价格的大起大落，日益成为经济周期的重要诱因，并会危及金融稳定。此外，资产价格的大幅调整在多数时候是经济周期的领先指标。从某种程度上讲，货币政策的问题不是要不要考虑资产价格，而是要如何应对资产价格波动的问题。[②]

三是应须处理好资产价格与一般物价明显背离的局面。当资产价格高涨而一般物价平稳时，央行通常会保持宽松政策。基于这种理念，虽然格林斯潘在 1996 年年底就首次指出资本市场存在“非理性繁荣”，但在物价平稳的情况下，货币政策一直是宽松的。日本央行在 1990 年房产价格泡沫破灭之前，亦是如此。与此相对，在股市持续下跌而通胀压力高企的 2000 年，美联储的货币政策发力紧缩。货币政策在这两种情形下都可能起到放大经济周期而不是熨平经济周期的作用。当资产价格与一般物价相背离时，央行面临相互冲突的两个目标，因而至少需要两种手段。次贷危机之后，美联储有望成为系统性风险的监管者，从而有能力对资产价格做出更有针对性的调控。我国央行不仅应更多关注资产价格，还需要开发对资产价格有针对性的调控手段，加强与其他监管部门的沟通合作。

---

① 在格林斯潘发表“非理性繁荣”讲话的次日，股市开盘明显下跌，但在当天的晚些时侯就开始反弹。这对央行官员讲话能够控制股市走向的观点提出了质疑。此后，格林斯潘倾向于认为，市场价格是成千上万的投机者决定的，其中很多人对构成股票价格指数的公司前景了如指掌。就美国市场的研究发现，央行官员关于经济前景和货币政策前景的讲话会对市场利率产生极大影响，但关于股票市场的评价对股市的影响很小。投资者认为联储虽然在预测货币政策上有明显优势，但在了解股票市场上没有特别之处。此外，央行对资本市场泼冷水还被认为是在破坏财富，从而面临舆论压力。

② 关于货币政策与资产价格关系的最近讨论，请参见张晓慧：《关于资产价格与货币政策问题的一些思考》，《金融研究》，2009 年第 7 期。

第七章

资金流量表视角下的货币政策分析框架：国际实践及在中国的潜在应用[①]

一、引　言

金融危机无疑在全球范围内提升了密切关注资金流转的必要性。经济金融体系中的资金总量、分布结构及其在各部门间的流动，对全球和单个国家的金融稳定有着重要意义。而在金融危机救助中，价格型政策工具被用到极致，数量手段发挥着不可替代的作用。就分析这些数量关系而言，资金流量表分析框架有着明显优势，在各国中央银行层面，资金流量表分析方法更是有着长期而广泛运用（Copeland，1949、1952；Goldsmith，1965；Dawson，1996），并且，危机爆发以来正受到越来越多的重视（ECB，2009）。中国经济存在诸多结构性问题，同成熟经济体相比，宏观调控也更多倚重数量型调控，运用资金流量表开展宏观金融分析具有更大必要性和更大空间。国内外一批学者利用资金流量表信息，对中国的一些宏观经济金融问题开展了卓有成效的研究，这些研究与其他视角的研究形成了互补（如贝多广、骆峰，2006；李扬、殷剑峰，2007；白重恩、钱震杰，2009a、2009b；徐忠、张雪春、丁志杰和唐开，2010）。但总体而言，国内对资金流量表分析方法的应用

① 本章与中国人民银行金融消费权益保护局余文建博士合作。感谢中国社会科学院金融研究所王国刚研究员、曾刚研究员等人的建设性评论。感谢匿名审稿专家和编辑部的修改意见，这些意见对我们完善论文帮助很大。文责自负。

还有待拓展，对资金流量表的金融交易部分利用尤为不足。随着相关数据的逐步充实，资金流量表分析方法可以得到更全面运用。

本章利用资金流量表分析方法对中国一些重要的宏观金融问题做出重新研究，特别探讨了基于资金流量表的货币政策分析和宏观审慎性管理框架的建立。在这些领域，国家统计局和中国人民银行按年编发的资金流量表、人民银行按季公布的社会融资规模数据①以及《中国人民银行统计季报》等经济金融数据提供了较长的时序数据可供利用。资金流量表作为一个标准格式，比其他数据更适合做国际比较研究。这中间，美国是一个很好的参照系，尤其是危机前后的资金流量表特征有待研究。此外，1998 年金融危机前后的东南亚国家以及日本 20 世纪 80 年代也值得进行比较分析。最近德国经验受到较多推崇，可以从资金流量表的层面做出分析。

二、资金流量表的分析框架与国际实践

（一）资金流量表框架与主要原则

资金流量表的主要缔造者 Morris Copeland（1949，1952）指出，资金流量表作为一个平衡账户，记录了资金的来源与流向②。资金流转伴随一个经济体所发生的交易产生，这些交易包括商品和服务的买卖，以及资产和负债的交换。资金流量账户采用复式账户或矩阵账户，从实物资金运动和货币资金运动两个层面，记录核算期内国民经济政府、金融机构、非金融机构、住户之间以及国内与国外这五个部门之间的收入分配过程和发生的各种金融交易。实物交易部分按照国民收入核算关系编制，核心是反映国民收入分配关系和储蓄—投资关系。金融交易部分按照部门的资产负债变动编制，核心是反映金融体系各层次对各部门资金余缺的调剂关系。资金流量表编制原则主要包括复式记账原则、权责发生制、市场价格原则、取净值原则以及合并原则等。

① 中国人民银行已从 2012 年开始按月公布社会融资规模数据。

② Morris Copeland 当时将资金流量表（Flow of Funds）称为资金流转（Money Follows）。

（二）资金流量表分析方法及其国际实践

资金流量表分析方法，就是利用核算提供的数据，直接分析收入、储蓄、消费和投资之间的关系，各机构部门资金余缺状况，以及金融市场变化情况和债务变动情况，从而发现问题，提出解决问题的方法，并对未来金融市场进行预测。美、欧、日等主要经济体的中央银行较早开始编制资金流量表，内容较为详尽，数据质量较高，频率大都为每季度公布。中央银行一般是资金流量表的编制和发布者。

表 7-1　主要央行的资金流量表编制和使用

	编制情况	频率	使用范围
美联储	美联储从 1948 年开始率先研究资金流量核算及其账户编制方法；1955 年正式发布《1939—1953 年美国资金流量表》。从 1959 年开始按季度公布资金流量表	季度	全面用于对国民经济、各部门和对外交往的资金分析，对货币政策制定和操作发挥着基础性作用
欧央行	2001 年开始编制，详细完备的季度数据从 2007 年开始发布，随后倒编了 1980 年以来的资金流量表数据	季度	重点关注金融创新等变化对资金流动的影响，以及货币政策在金融系统的传导
日本央行	1959 年开始编制发布。资金流量表开始时间为 1954 年	季度。初步数据滞后 3 个月，最终数据滞后 6 个月，每年 3 月调整前期数据	应用于对货币政策、金融市场的各方面分析
中国人民银行	1992 年开始编制资金流量表的金融交易部分	年度。滞后两年	对国民经济分析、金融市场分析起辅助性作用

资料来源：作者根据各国央行相关资料整理。

资金流量表分析与一般的经济金融分析相比有明显优势，在国际上应用广泛。通过资金流量表，能够很好地分析金融体系和实体经济之间的关系（Dawson，1996）。资金流量表提供了一个系统的、综合的、一致的描绘和分析事实的框架，它在经济中各种金融行为彼此之间，以及产生收入和支出的非金融行为的数据之间，引入了详细的统计关系（Goldsmith，1965）。这些分析对理解各个部门的宏观金融信息，以及各部门间的联系至关重要，能够为制定和调整货币政策服务，为实现宏观经济调控提供依据。

按照欧央行（ECB，2009）划分，主流的资金流量表分析包括：部门层面上的金融失衡，财富效应，公共债务的增长，以及金融机构资产负债表的变化等（具体述评参见后文各专题介绍）。

三、中国资金流量表的数据可得性与现有研究

（一）中国的资金流量表

从 1992 年开始，国家统计局负责编制中国资金流量表实物交易部分，① 中国人民银行负责编制中国资金流量表的金融交易部分。目前，中国现已基本按照国际统一标准，公布了 1992—2008 年的资金流量表（包括实物交易和金融交易两部分），以及相应的说明材料《中国经济普查年度资金流量表编制方法》（2007 年）等。

相比主要经济体，目前我国的资金流量表还比较简约，部门和金融产品的划分都是粗线条的，缺少各部门的资金流量表；以年度为单位进行编制降低了其实用性；数据公布存在着较长的时滞；尚未编制资金流量表的存量部分；实物交易表和金融交易表未很好协调，遗漏和统计误差项规模较大；由于地下融资规模巨大，现有的资金流量表难以全面反映资金流动的情况（贝多广、骆峰，2006）。最近两年，与资金流量表相关的数据有所完善。人民银行已经从 2011 年起，按季度公布社会融资规模和结构，并尝试编制更加详细的资金流量表。应该指出，社会融资总量主要根据资金流量表信息编制，但两者的编制目的和口径存在明显差异。②

① 国家统计局在 1986 年试编了资金流量简表。

② 发达国家央行较少强调社会融资规模，但其完善的资金流量表实际上充分反映了社会融资规模及其结构。

（二）基于中国资金流量表的现有研究

中国经济的快速发展，伴随着高储蓄、高投资、低消费等突出特征。现有研究主要从实物交易部分围绕着这些失衡展开。

1. 利用数据调整和分解研究国民收入分配关系。

包括国民收入在政府、企业、住户三个部门的初次分配、再次分配，以及国民收入的要素分配。白重恩、钱震杰（2009a）以资金流量表为基础，利用省际收入法 GDP 数据和财政收入统计数据调整了资金流量表中的要素分配结构，分析了 20 世纪 90 年代中期以来国民收入在企业、政府和住户部门间的分配格局的变化及其原因。他们发现，在初次分配中，劳动者报酬和财产收入占比下降是住户部门收入占比大幅度下降的主要原因。通过再分配，企业部门占比有所下降，而居民部门收入占比进一步下降了 2 个百分点，政府部门则上升 3.2 个百分点。许宪春（2002）也分析国民收入的初次分配和再分配。徐忠、张春雪和张颖（2011）通过对资金流量表进行利息、土地出让金和国有企业收入的三次数据调整，强调了初始财富分配格局对居民可支配收入比重的拉低效应。徐忠、张春雪、丁志杰和唐开（2010）认为，国有企业赢利能力增强之后，政府的赢利性动机使其扩大对国有企业的直接投资，从而使得公共部门储蓄率上升；而这种直接投资又对政府公共财政职能的执行产生挤出效应，进而使得私人部门储蓄率也上升。

关于国民收入的要素分配，白重恩、钱震杰（2009b）分析了劳动收入在国民收入比重问题，发现在 1995—2004 年间，劳动收入份额降低了 10.73 个百分点，其中 2003 年到 2004 年统计核算方法的改变使劳动收入份额被低估了 6.29 个百分点。

2. 投资—储蓄分析。

投资—储蓄分析就是利用资金流量核算提供的有关实际资料，分析我国的储蓄、非金融投资、金融投资等方面的基本情况。李扬、殷剑峰（2007），Yang、Zhang 和 Zhou（2011）等都从资金流量表详细分析了中国的高储蓄率，Kuijs（2005，2006）特别分析中国的储蓄—投资失衡，此外，家庭、企业和政府部门的储蓄率问题也都得到了分别研究（Chamon and Prasad，2010；Hofman and Kujis，2006；杨涛，2001）。这些研究中不少对资金流量表数据进行的调整或印证，并运用分解方法分析了决定总储蓄率或各部门储蓄率水平和变动的原因。潘春阳等（2010）运用资金流量表分析了中国消费率的持续下降。

3. 针对金融交易的分析。

关于开放背景下的资金流动。李杨（1998）主要利用国外部门的资金流量信息分析解释了我国国内储蓄过剩、国外资金流入并存的现象。张南（2009）对我国对外资金循环做了长期历史性的统计分析及计量分析，指出对外资金循环失衡的起因在于国内需求不足，消费边际效用递减，导致净储蓄过大，进而形成出口压力。在有巨额净储蓄及经常收支持续顺差的情况下，仍有资本收支顺差的存在，对外资金循环失衡所导致的结果只能是被动的外汇储备的急剧扩大。

关于货币化进程。尹小兵（2010）从增量视角解释 M2/GDP，将 M2/GDP 比例的研究融入主流的资金流量分析框架之中，建立了 M2/GDP 比例增量恒等式，指出在中国银行体系主导的金融体制中，除了通常的货币流通速度变动外，国民收入分配、住户部门储蓄率、住户部门直接投资比例、住户部门和企业部门内部通过银行体系的融资水平和名义 GDP 增长率，都是影响该比例的原因。

其他相关研究。各部门的金融投资及资金保证程度，分析融资方式和金融工具在金融市场的作用变化情况。这方面的研究散见于许宪春（2002）、人行各年的资金流量表分析报告（1992—2008 年）、甘寿国（2002）等。

（三）还需要研究什么

综上所述，资金流量表在我国的宏观分析和决策中也已发挥了重要作用。但总体来说，限于数据可得性等原因，针对资金流量表实物交易部分的研究较多，针对金融交易部分以及将两张表对照起来的研究较少。

本章拟从资金流量表的视角，对一些重要宏观金融问题重新提出研究框架。包括货币超发争议、金融深化（压抑）、金融结构与储蓄—投资失衡的问题，通胀背景下家庭部门的资产选择、财富效应与杠杆化问题，货币政策的传导和有效性问题，社会融资总量的货币政策含义问题，利率市场化的影响问题，宏观审慎性框架的内涵问题等。我们特别关注了资金流量表在分析货币政策和宏观审慎性管理框架的建立等领域的运用。此外，资金流量表作为一个标准格式，比其他数据更适合做国际比较研究。

四、金融压抑、金融结构与经济失衡：资金流量表视角的分析

从经济的高速增长、人口年龄结构、性别失衡、收入分配等方面，中国的高储蓄率是可以理解的（Modigliani 和 Cao，2004；Wei 和 Zhang，2009；Ge、Yang 和 Zhang，2010；Ma 和 Wang，2010）。但经济失衡的关键在于储蓄和投资的失衡，而不仅仅是高储蓄（率）或者高投资（率）本身，国内失衡表现为储蓄（率）大于投资（率），国外失衡表现为相应的双顺差。从资金流量表看，金融部门是储蓄转化为投资的关键，因而中国的经济失衡同金融体制有着密切的关系。

金融压抑是中国经济失衡的关键因素之一。中国的一系列宏观经济现象均可以从两个结构性因素得到解释。一是民营经济的效率高于国有经济，且发展更为迅速。二是中国的金融体制明显偏向于国有部门。第一个因素带来了劳动力等要素向民营部门流动，并由此推动经济高速增长和高积累。由于民营部门的效率较高，这使得整体国民经济的效率不断提升，投资的收益率也保持在高位。与此同时，劳动力等生产要素向民营部门的重新配置，提高了资源的配置效率，在要素投入不变的情况下，产出明显增加，通胀率因此得以保持在低位。伴随经济的快速发展，企业和家庭收入也不断提高，而长期以来，银行储蓄一直是企业和居民储蓄的主要途径，这导致了银行储蓄存款出现持续的大幅增加。银行体系使用资金的来源大致有两个途径：用于国内贷款或购买国外资产。在第二个因素的制约下，金融机构放贷对象偏好国有部门，但国有部门不断萎缩，使得贷款规模增长远远落后于存款规模的增

长。到2007年年底，中国银行业存贷差总额已接近GDP的一半。银行部门将这些过剩的资金用于购买国外资产，由此带来了中国外汇储备的高速增长。从宏观数据中可以看出，银行存贷差与外汇储备不仅同步增长，而且两者在数量上也非常接近。(Song et al.，2011)

金融压抑在资金流量表中有着重要表现。资金流量表可以很好地用于讨论发展中国家的金融压抑问题（Gemech 和 Struthers，2003；Struthers，2010）。通过资金流量表，麦金农—肖类型的金融压抑可以得到研究。金融压抑可以表现在很多方面，信贷配给，利率管制，货币政策对数量型政策的依赖等等。由此，通过资金流量表，可以估算出金融部门筹集用于发展的基金的总规模，并进一步估算这些发展基金的部门分配，特别是在政府和国有企业以及民营企业之间的分配，由此考察金融发展的情况（Aziz 和 Duenwald，2002；张军、金煜，2005）。

金融压抑对经济失衡有着重要影响。一是从实物交易部分看，Ma 和 Wang（2010）发现1992—2007年间，非金融企业部门的利息支出占GDP的比重下降了50%。特别是，国有企业以远低于市场水平的较低利率获取贷款。如果国有企业按照市场利率支付利息的话，那么其利润水平进而其储蓄率，将大幅下降（Ferri 和 Liu，2009）。二是从金融交易部分看，除了住房抵押贷款外，住户（包括个体户）部门所获消费或生产经营类贷款较少，导致该部门资金运用大幅超过资金来源。三是直接融资尤其是债券市场因管制较多，发展相对滞后，导致储蓄向投资的沟通不畅。四是利率管制和进入门槛抑制了银行业竞争，银行存贷差长期居高不下。五是金融抑制导致国内储蓄过剩和外资流入并存的局面，从资金流量表看，国际资本的流入正好弥补了储蓄超过投资的部分，金融压抑使得中国患上了“外资依赖症”[①]。

由此来看，利用资金流量表，我们可以深入分析中国金融压抑以及与之伴随的金融结构状况，并进一步解释中国结构失衡、国内储蓄过剩与对外资高度依赖等现象。

---

① 黄亚生（Huang，2002）指出，中国的FDI的大举进入和中国储蓄率的上升同时出现，并认为是中国的金融机构降低了国内企业尤其是私人部门的能力，从而让FDI做出了贡献。

五、金融危机的资产流量表特征与宏观审慎管理

20 世纪 80 年代，许多工业化国家都经历了债务的大幅上升，同时伴有资产市场泡沫和资产价格的飙升。从现金流量表的视角，我们可以分析金融资源如何，以及为何会流向某些资产市场。我们不仅需要关注资产价格和债务循环背后的微观变化，而且还要解释失衡会在哪些部门出现，资金是如何流向某些资产市场的，以及这个过程为何会一直持续到泡沫崩溃之前。

国际经验视角的研究提供了这方面的逻辑机制。Monica、Schinasi 和 Weisbrod（1993）指出，出现资产价格泡沫的国家都有一个重要特征，即一些传统的资金需求者需求的下降，如公司和政府。金融体系需要将资金配置给新的需求者，这同时伴有资金盈余部门对金融资产需求越来越向信托、养老基金和保险转移，金融部门也就需要为储蓄者主要是家庭创造新的金融工具。而在新的投资和金融工具创立并被投资合理定价之前，资金将在某些资产部门流转。

同时，在具体表现上，不同的国家有所不同。日本资金短缺部门和盈余部门行为的改变，导致了储蓄资金和传统的投资方向的巨大错配，结果日本在股票和房地产部门均出现了泡沫。英国的资产泡沫主要出现在房地产部门，因为银行部门主要将资金导向了曾经压抑已久的房地产部门。美国的特征是存款类金融机构在金融部门比重的明显下降，这主要是源于两大原因：一是政府部门资金的借贷，从而国债市场扩张；二是金融管制放松使得银行资产证券化发展，特别是抵押贷款的证券化。因而，企业部门的盈余资金被导向了庞大的债券市场，最终美国的资产部门在 20 世纪 80 年代未出现日本和英国那样的泡沫。

中国目前也出现类似的资金资产结构转换，这中间是否蕴含着类似的金融风险？中国资金流量表同样可以在中国提供类似分析。在这一方面，我们可以借鉴 Monica、Schinasi 和 Weisbrod（1993）的分析，以及 Dawson（2004）的分析。Dawson（2004）是对 1996—1997 年亚洲金融危机期间以泰国为例的资金流量分析方法的一个运用。文章以泰国为例，介绍了一种利用 IMF 出版

的金融统计数据目录中的国际收支平衡表，特别是银行业部门和政府部门账户信息等来估计季度资金流账户的方法，并使用泰国的数据对泰国危机进行资金流动分析。Dawson 着重指出东亚金融脆弱性的核心问题，在于短期外债缺乏相应的短期资产相匹配。文章还涉及了金融脆弱性的其他方面，即银行贷款质量问题（例如未偿还贷款）、风险融资（例如房地产和资产信贷）、摇摆不定的金融公司的作用以及银行监管的质量。

同样，我们可以开展基于资金流量表的宏观审慎评估。金融稳定并不取决于单个金融企业或部门，而是取决于整个金融体系，也就是要求定量和定性地从宏观审慎的视角评估整个金融体系稳健性。这方面 IMF 等国际金融组织已经发展起了评估体系。EBC（2009）也提供了较好的实践。宏观审慎指标大致可分为三组：银行部门的稳健程度指标、外部因素（如非金融部门的金融脆弱性）指标、传染性指标。这里我们介绍一下 EBC（2009）提供的各个部门的杠杆率计算指标：家庭部门杠杆率指标包括，债务/可支配收入、债务/金融资产、债务/总财富、利息支付/可支配收入；非金融企业的杠杆率指标包括，债务/金融资产、债务/资产净值（指金融资产加非金融资产减去负债）、债务/GDP、债务/所有者权益。

六、M2、M3、M4、社会融资总量与中国的金融深化进程

有关中国所谓货币超发（基于 M2 与 GDP 增长率的比较）、M2/GDP 比重奇高的关注越来越多。通过资金流量表，可以从增量的意义上，分解 M2 增长率以及 M2/GDP 奇高的原因。同时，从 M3、M4 以及社会融资总量与 GDP 的比例关系看，中国的金融深化程度并未过度。

ECB（2009）将从货币持有部门资产方进行的分析称之为货币分析。货币是各部门所持有金融资产的一部分，资金流量表按部门划分了资金资产的分布，因而可以用来考察货币和金融资产之间的转换。货币持有部门金融总资产的扩张的主要源头是银行信贷。货币持有部门金融总资产的变动可分为

以下几个部分：

MFI（货币金融机构）向 non-MFI 的信贷（包括银行贷款以及 MFI 购买 non-MFI 发行的证券）；

国外部门对 non-MFI 的信贷（包括 non-MFI 从国外获得的贷款以及国外部门购买 non-MFI 发行的证券）；

MFI 和国外部门对 non-MFI 的非金融交易，比如获得的利息和红利，以及货币持有部门向 MFI 和国外部门出售非金融资产收入。这些交易记录在货币持有部门总的净借出或借入项中。

MFI 向 non-MFI 部门的信贷构成了 non-MFI 私人部门所持有资产的主要来源，其次是国外部门的“信贷”，non-MFI 的净借入占很小部分。

欧央行的货币分析是基于 M3 的分析，主要是货币和非货币金融资产的比例及其变化，M≡（M/FA）FA，其中 M 为货币供应，FA 为总的金融资产。FA 代表了“信贷效应”（Credit Effect，指非货币金融部门金融资产的扩张主要源自货币金融机构的信贷），M/FA 代表了“资产转换效应”（Portfolio Shift Effect，指货币和非货币资产之间的比重变化）。

ECB 的分析显示，在 2000—2003 年，在地缘政治和金融市场动荡背景下，货币的强劲增长主要源于资产转换（即从持有证券转为持有货币），而 2003 年之后的流动性保持宽松状态，是因为市场仍然厌恶风险，以及在低利率背景下的信贷扩张。

我们可以开展基于中国资金流量表的类似分析。首先，对中国 M2/GDP 的高比重的分解。中国的 M2/GDP 很高可以分成两个部分，即（△M2/GDP）′=（△M2/△FA）′+（△FA/GDP）′，其中，′代表增长率，△代表流量，M2 代表广义货币供应，FA 代表非存款类金融机构的全部资产变动，△M2/△FA 代表资产转换效应，△FA/GDP 代表信贷效应。

其次，从 M3、M4、社会融资总量与 GDP 比重看，中国的货币化或者金融化比重并不算高。

七、财富效应、通货膨胀与货币政策：传导及其有效性

Christiano、Eichenbaum 和 Evans（1994）根据资金流量表的研究发现，货币政策收紧后的一年内，企业部门从金融市场中的净融资会上升，随后收紧的货币政策才开始真正起作用，企业的净融资才开始下降。这一特征与标准的经济周期模型不一致。原因可能是企业的支出行为短期内难以改变，而当紧缩政策限制了其企业现金流后，企业就需要增加外部融资。同样，家庭部门在货币政策从紧后，净融资也没有发生明显变化。

这种分析是从货币持有部门的负债方出发，分析非金融私人部门的融资来源，特别是融资是来自银行信贷扩张带来的货币创造过程，还是来自其他渠道。货币金融机构（MFI）的银行贷款和所持有的非银行部门发行的证券，由此创造的资金是实体经济中主要的资金来源，但还不是全部来源。非金融企业还可以向国外或其他非金融企业发行股票或债券来融资。

欧央行也对融资结构、财富效应和货币政策有效性之间的关系做了研究（ECB，2009）。欧央行特别关注银行中介比重（狭义的为银行贷款占非银行部门全部融资的比重，广义的为银行贷款加上银行持有的证券占非银行部门全部融资的比重）指标。ECB（2009）显示，MFI（货币金融机构）广义信贷占到 non-MFI（非货币金融机构）总融资的 39%（银行中介比重），在 non-MFI 获得的信贷中，来自 MFI 的占到 73%。银行中介比重有所上升，主要因为银行所持有的证券上升，银行信贷在 non-MFI 获得的总信贷的比重有所下降，这反映了金融创新对金融机构的影响。

资金流量表（金融交易部分）全面提供了各类金融资产在五大部门的分布及其变化，除了包括银行业概览数据外，还包括整个金融业概览的数据，这些数据能够被用以更全面地分析货币和物价之间的关系。对于中国这样的国家来说，货币供应量在货币政策中的地位依然举足轻重。比如，盛松成、吴培新（2008）运用 VAR 模型对我国 1998 年 1 月至 2006 年 6 月的经济金融月度数据进行了分析，发现广义货币供应量 M2 是货币政策的重要指标，M2 对工业增加值和 CPI 做出系统性反应；同时，银行贷款也是货币政策的传导

渠道，信贷规模是事实上的中介目标。另一方面，随着金融创新的加强，美联储等央行已不再将货币供应量作为货币政策的主要中间目标，发展中国家也存在类似问题。由于各类金融资产之间转换越来越容易，传统货币供应量和物价之间相对稳定的关系日益松散，金融调控中也存在“按下葫芦起了瓢”的问题。中国人民银行建立社会融资规模统计制度正是从更宽角度考察货币供应和通胀关系的尝试。我们认为，随着资金流量表的完善，我们能将金融创新和资产结构转换更好地纳入到货币供应和通胀关系的研究之中。

欧央行也注重家庭的财富效应对货币政策有效应的影响。财富效应是指，当实物或金融资产价值变化后，经济主体的消费或投资倾向的改变。通过资产负债表可以估量家庭部门的金融资产和房地产资产的变化。考察全部财富/可支配收入持续上升趋势，并进行国际比较。

$$E_{C/W} = [\Delta C/C] / [\Delta W/E] = MPC_{C/W} \times (W/C)$$

其中，C 为消费，W 为财富，$E_{C/W}$为消费的财富弹性，$MPC_{C/W}$为财富的边际消费倾向（有关 $MPC_{C/W}$的讨论可借鉴现有文献）。

国外情况是，家庭持有股票特别是互助基金的价值明显上升，同时家庭持有的存款、现金以及债券相对下降，相比之下，家庭投资于保险的资产相对稳定。ECB（2009）的研究显示，财富效应在增强。随着中国家庭金融资产的积累，财富效应对金融运行和货币政策传导的影响会越来越大。

八、结论性评注

资金流量表分析方法是一个有着较长实践时间的成熟框架，在宏观经济金融分析中发挥着重要作用。资金流量表反映了国民经济的主要部门以及对外资金流动的数量关系，能够从资金流的角度揭示财富分配关系、各部门的资金调配关系，以及各种数量结构的变化。通过更深入地研究中国的资金流量表，可以发现金融压抑对金额结构和收入分配的影响，进而对中国的结构失衡给出金融视角的分析。相应地，从资金流量表也能够更深入地分析中国的金融发展进程。金融危机表明，流动性总量相对于实体经济的比重，以及流动性在各部门之间的分布和流动，有重要的预测和解释作用。从各部门金融行为的变化，可以反映出中央银行货币政策传导及其最后的效果。这些分析对于货币政策操作有直接的帮助。

第八章

关于中国 M2 与 GDP 之比偏高的若干争议问题[①]

一

用什么评价宏观金融政策？近年来很多人用 M2 或 M2/GDP 或人民银行资产负债总额批评宏观政策，认为货币政策过于宽松或“放水”过度。但这些指标只是政策的中间变量。我们不能用中间变量来作为评判标准，而是应用最终目标给宏观政策打分。我们最主要的最终目标是通货膨胀和经济增长，此外还有就业和国际收支平衡。

用 M2 规模评价宏观政策，就像用饭量衡量一个人的体重。体重和饭量有关系，但它还和很多别的因素有关。不能说某人吃得多，就认为他肯定胖。

为何中国的 M2 居世界第一？一个重要原因是中国的高储蓄率。目前中国 97 万亿元的 M2 中，单位存款和居民储蓄存款超过 60 万亿元，其他存款和活期存款有 30 万多亿元，真正流通中的现金只有 5 万多亿元。因此中国畸高的 M2 根源于中国居民储蓄和企业储蓄（也包括政府）的高储蓄，是深层次经济结构问题的反映和表象。

为何说 M2 高与高储蓄有关？从国际比较看，与中国 M2 全球第一并存的事实是：中国是世界上储蓄率最高的大国，是储蓄额最多的国家。东亚、石

---

① 本章写于 2013 年年初。

油输出国家等储蓄过剩国家的 M2/GDP 也都偏高。高储蓄意味着货币需求大。因此，M2 高不仅仅是货币供给面的问题，还应看到货币需求面和经济结构层面的深层次问题。

M2 高低一定程度上取决于金融模式。M2 的构成主要是银行存款，因此一国间接融资的规模决定着 M2 的高低。中国的金融体系是银行业主导的间接融资模式，也就是说经济体中的流动性主要在银行体系周转，反映在指标上就是 M2 规模很大。国际上，日本、德国等主银行制国家的 M2/GDP 比重也明显偏高。

只关注 M2 是片面的。对实体经济而言，直接融资和间接融资存在替代关系。直接融资越发达，企业和家庭就越不需要通过商业银行融通资金，这时 M2 就相应越低。因此把直接融资和间接融资加一起（即社会融资规模）才能衡量金融体系向实体经济注入的流动性。从社会融资规模与 GDP 比重看，美国等国并不比中国低。

用 M2/GDP 做国际比较存在可比性问题。一是各国 M2 统计口径不一致，有宽有窄。二是 M2 是存量指标，GDP 是流量指标，两者的量纲不同。GDP 是增加值的概念，M2 除了和当年的国内生产总值有关外，还与很多存量指标所代表的经济金融活动有关。净出口/GDP 指标也存在量纲上的问题，用它衡量出口贡献度常会有误导。

二

关于中国 M2 或 M2/GDP 高的问题，是个参与性很强的话题，大家都很感兴趣。它也是个学术问题，这方面有海量的文献。大家可以有不同的角度、逻辑、观点，但按逻辑自洽的角度，更多讨论还是很有好处的。这里简单梳理了自己的观点和其他观点。

要讨论的问题：

这里主要是个跨国比较问题：与其他国家比，中国 M2 或 M2/GDP 为何畸高？

特征事实（有疑问者可参阅数据资料）：

中国是全球储蓄率最高的大国；中国是全球储蓄额最大的国家；中国的储蓄超过投资；近十几年来，中国的通货膨胀率（CPI）低于绝大多数新兴经济体，如其他金砖国家。

以上事实基于统计数据。对统计数据和感觉的不符、数据造假等问题不做讨论。我们没有别的或被广泛接受的替代数据。比如，很多人说 GDP 数据是不真实的，但陆挺博士说 GDP 低估了 15%。

大家对 CPI 是否真实的疑问最大。稍微解释一下。CPI 包括大量商品，有的价格涨（比如粮价），有的价格跌（比如手机），但 CPI 是综合起来的物价指数。此外，CPI 不包括房价或股价，CPI 只包括租金和维持房屋的费用。这是国际通行做法。从 CPI 看，中国通胀率比其他金砖国家偏低。

笔者的观点：

（1）中国储蓄规模大并超过投资，而且储蓄主要滞留在银行系统，反映为存款，而存款是 M2 的最主要组成部分，这是中国 M2 或 M2/GDP 畸高的重要原因。

可以概括为储蓄过剩+间接金融模式导致 M2/GDP 比重高。

对此主要有两个不同意见：一个是储蓄率和 M2 没关系，比如美国储蓄率低，但 M2 存量也很大。另一个观点是 M2 过多导致了高储蓄率，而不是相反。下面，通过对这两个意见给出回应，对笔者上述观点的逻辑稍做解释。

对第一个意见的回应：我们的问题是解释 M2/GDP 的跨国差异。用储蓄率和金融模式能够为 M2/GDP 跨国差别提供一种解释。与日本、德国等净储蓄和以银行为主的国家相比，美国 M2/GDP 是低的。同样，前述观点也可以解释为什么中国的 M2/GDP 高于日本和德国。此外，储蓄率为零，M2 增长不必然就为零。

对第二个意见的回应：笔者的观点是在货币供给和需求框架里得到的。M2 多是供求作用的结果，从供给的角度，M2 是从基础货币通过货币乘数放大而来的。但如果没有相应的货币需求，M2 的快速扩张是不可能做到的，必定会引发通货膨胀。那么为什么中国 M2 多而没有引发高通胀（这个问题早就存在，并被称为“麦金农之谜”）？是因为中国货币需求持续增加。货币需求增加有很多个原因，包括中国经济的高增长、经济活动的货币化进程（如商品房市场发展、土地市场发展）等带来了货币需求的增加，其中也包括重要一点是中国储蓄高且以存款形式存在，从而增加对 M2 的需求。

再总结一句，M2 高是货币供求都增加的结果，相比之下，货币需求的因素更重要，因为如果货币需求不增加，货币供给不可能快速增加而不导致高通胀。

那么，中国为什么高储蓄呢？这个问题本不在笔者的讨论范围内，但大家总是会讨论到。这个问题难免有点技术性。对中国高储蓄有很多解释，一个简单的解释是莫迪利安尼的一篇文章，中文版发表在《比较》杂志上。大意是：储蓄者不仅是像凯恩斯说的按当前绝对收入决定储蓄，而是更多地按预期收入和收入增长决定储蓄，由于中国经济增长率高，中国的预期收入和收入增长率都很高，从而增加了储蓄；同时中国有利的人口结构增加了储蓄率。莫迪利安尼凭借生命周期理论等贡献获得诺贝尔经济学奖。

我还想加上的一点是：中国不仅储蓄多，而且储蓄超过投资，突出表现在外汇储备的积累。外汇储备可以简单地看为国内储蓄超过投资的累积。这解释了中国 M2 高的相当部分，特别是 2003 年以来的 M2 较快增长。外汇储备是怎么来的？是企业出口赚来外汇后卖给商业银行，商业银行再卖给中央银行形成的。企业在把美元换成人民币时，就产生了很大货币需求，当银行把人民币给企业时，企业用来发工资或者作为企业利润存在银行，就变成了存款，也就变成了 M2。这部分存款通过存款准备金率相当大部分被冻结在银行系统，不能放贷再创造存款和 M2，但这块存款本身的量也是很大的。

如果大家更多地把存款投资到资本市场或货币市场，社会融资需求更多通过商业银行之外的渠道满足，在金融统计上表现为 M3、M4 等，这样银行存款就会下降，M2 也就会下来。这不难理解。

（2）评价政策效果应该用最终目标，而不是中间变量或手段。就金融宏观调控来说，CPI 是全球每家央行最重要的最终目标，此外经济增长、就业和国际收支平衡也是中国央行的目标。

M2 只是中间变量，央行的资产负债表更多的也是政策工具。美联储等央行已经放弃把 M2 作为货币政策中间变量，因为 M2 和最终目标（主要是通胀率）之间的关系已不再稳定。对信用货币来说，除非有汇率等制度安排，否则没有严格意义上的锚。而通货膨胀就是对货币扩张的最根本约束，如果货币供应超过货币需求，通货膨胀就会起来，必然要求控制货币供应；如果 M2 增长，但通货膨胀没起来，这说明货币供应和货币需求基本一致。

从 CPI 数据看，中国近年来比其他金砖国家表现得更好。或许 CPI 与感觉不符，但政策调控也不能仅仅跟着感觉走。

三

关于 M2/GDP 的一组数据。改革开放后，中国 M2/GDP 不断攀升，特别是：从 1990 年的 82%上升至 2001 年的 144%，2002 年又进一步升至 154%。此后，2003—2008 年 M2/GDP 稳中有降，从 163%降至 151%，这意味着：十年前中国 M2/GDP 比重就处在高位，且危机前几年经历了一段温和下降期。

在应对危机背景下，全球主要国家 M2/GDP 比重都有明显扩张；中国 M2/GDP 的扩张幅度与美国、日本大致相同。中国 M2/GDP 比重重拾升势，2012 年升至 188%，比 2008 年增长了 24.5%。美国 M2/GDP 从 2008 年的 53%，上升至 2012 年的 67%，4 年增长了 26.4%。日本从 2007 年的 142%上升至 2011 年 171%，4 年增长了 20.4%。

第九章

中国 M2/GDP 的事实、趋势及其含义：基于现有研究的分析

一、中国的 M2/GDP 问题

（一）特征事实与国际比较

改革开放以来，中国经济长期存在着一个引人瞩目的现象：广义货币供应量总是相对于名义产出超前增长，表现在统计指标上，便是 M2/GDP 比例的不断走高。1978 年，中国 M2/GDP 的比例仅为 24.7%，而到了 2009 年已经高达 181%，在 32 年的时间内增长了 7 倍，在变动过程中，这一比例除了在个别年份出现过轻微下降外，在大多数年份都保持了较高速度的增长，平均年增幅达到了 9%。

这一现象在其他国家是罕见的，表 9-1 显示，在过去的三十年中，拉美国家诸如阿根廷、巴西 M2/GDP 的比例虽然保持轻微的上升势头，但是始终处于较低的水平，一般不超过 30%；欧洲主要发达国家如英国、德国和法国一般则在 30% 以上，而且存在先降后升或先升后降的波动状况；美国 M2/GDP 的比例保持了较高的稳定性，在过去三十年中上下波动的幅度未超过 12 个百分点，基本保持在 50%～60% 的区间；而像韩国这样的新兴市场国家，M2/GDP 虽然一度保持了较快的增长速度，但是在达到 70% 以上的水平后也趋于平稳；俄罗斯作为一个转型国家，其 M2/GDP 的比例正在经历较快的增长，从低于 20% 的水平稳步上升至 40%，但是和中国高位相比显然还相差悬

殊；日本的情况和中国最为接近，在三十年内从80%的水平稳步上升至140%以上，但是无论从增幅还是绝对水平上，仍然与中国存有差距。上述比较表明，在过去的三十年中，中国M2/GDP比例之高、增长速度之快，既非西方主要发达国家也非主要发展中国家可以比拟。张杰（2006）还做了一个更长时期的考查，得出了与之相同的结论。

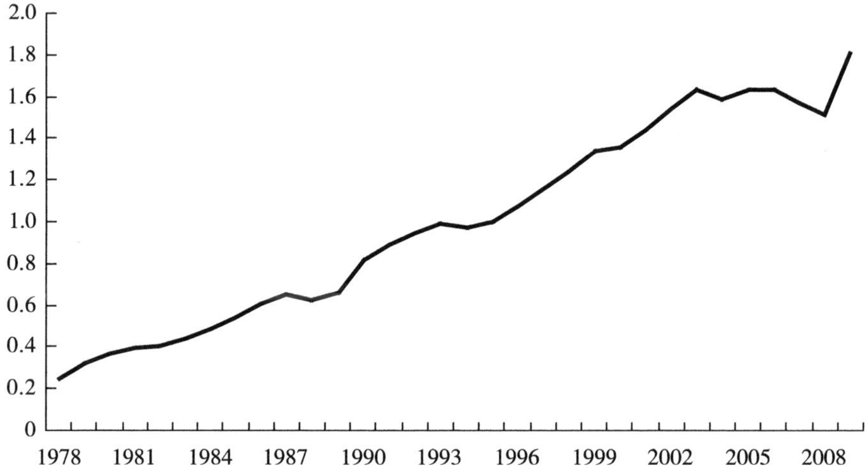

图 9-1 1978—2009 年中国 M2/GDP 的变动

数据来源：中国经济统计数据库。

表 9-1 世界主要国家 1978—2007 年 M2/GDP 的变动趋势

	阿根廷	巴西	德国	法国	日本	韩国	俄罗斯	英国	美国	中国
1978	n. a.	n. a.	26.0%	53.4%	87.4%	32.7%	n. a.	33.4%	59.7%	24.7%
1979	n. a.	n. a.	26.6%	53.1%	88.0%	31.8%	n. a.	32.0%	57.7%	32.4%
1980	n. a.	n. a.	27.5%	50.9%	85.9%	33.2%	n. a.	32.4%	57.5%	36.4%
1981	n. a.	n. a.	29.1%	51.3%	88.9%	33.1%	n. a.	37.0%	56.3%	39.5%
1982	n. a.	n. a.	30.0%	50.0%	91.4%	36.6%	n. a.	38.4%	58.9%	40.5%
1983	n. a.	n. a.	29.4%	50.7%	94.1%	35.9%	n. a.	38.7%	60.4%	43.6%
1984	n. a.	n. a.	29.0%	50.8%	95.0%	33.8%	n. a.	40.3%	59.0%	48.9%
1985	n. a.	n. a.	29.0%	50.1%	96.7%	35.1%	n. a.	41.0%	59.4%	53.7%
1986	n. a.	n. a.	29.5%	48.8%	100.9%	35.7%	n. a.	46.7%	61.5%	60.4%
1987	n. a.	n. a.	30.5%	48.5%	107.0%	36.2%	n. a.	80.4%	60.0%	64.8%

（续表）

	阿根廷	巴西	德国	法国	日本	韩国	俄罗斯	英国	美国	中国
1988	n. a.	n. a.	30. 8%	46. 6%	110. 0%	37. 0%	n. a.	84. 0%	58. 9%	62. 4%
1989	n. a.	60. 0%	31. 6%	45. 4%	114. 8%	39. 6%	n. a.	91. 9%	57. 8%	65. 8%
1990	n. a.	24. 4%	34. 4%	43. 6%	114. 7%	38. 4%	n. a.	93. 7%	56. 7%	75. 9%
1991	n. a.	32. 2%	33. 0%	40. 7%	110. 3%	38. 7%	n. a.	90. 6%	56. 6%	82. 4%
1992	n. a.	51. 9%	34. 4%	38. 7%	107. 3%	39. 2%	n. a.	62. 0%	54. 4%	88. 3%
1993	n. a.	72. 5%	36. 3%	39. 0%	108. 8%	38. 6%	n. a.	61. 8%	52. 6%	96. 6%
1994	n. a.	38. 0%	36. 7%	39. 6%	111. 3%	38. 6%	19. 3%	71. 2%	49. 5%	96. 1%
1995	n. a.	25. 3%	33. 4%	41. 4%	113. 2%	38. 6%	19. 3%	71. 2%	49. 5%	96. 1%
1996	n. a.	22. 4%	33. 4%	41. 8%	114. 1%	39. 7%	14. 4%	76. 6%	49. 1%	102. 6%
1997	n. a.	25. 5%	33. 8%	43. 6%	116. 0%	41. 4%	16. 0%	90. 6%	48. 8%	112. 0%
1998	16. 8%	26. 0%	34. 4%	43. 5%	123. 1%	53. 4%	17. 3%	90. 6%	50. 4%	112. 0%
1999	17. 1%	25. 8%	n. a.	n. a.	128. 2%	62. 2%	14. 8%	102. 4%	50. 3%	133. 1%
2000	12. 7%	24. 1%	n. a.	n. a.	129. 2%	71. 4%	15. 8%	108. 2%	50. 4%	137. 7%
2001	14. 3%	24. 7%	n. a.	n. a.	134. 9%	75. 2%	18. 0%	112. 3%	54. 0%	143. 5%
2002	13. 0%	26. 9%	n. a.	n. a.	139. 1%	75. 8%	19. 7%	112. 1%	55. 5%	153. 7%
2003	17. 4%	24. 3%	n. a.	n. a.	141. 7%	76. 4%	24. 3%	116. 2%	55. 7%	162. 2%
2004	20. 5%	25. 4%	n. a.	n. a.	142. 0%	70. 6%	25. 6	120. 8%	55. 2%	157. 9%
2005	21. 1%	27. 1%	n. a.	n. a.	144. 0%	69. 9%	28. 0%	131. 9%	54. 1%	158. 1%
2006	20. 4%	28. 4%	n. a.	n. a.	143. 4%	69. 8%	33. 5%	n. a.	53. 6%	156. 5%
2007	20. 7%	30. 5%	n. a.	n. a.	n. a.	n. a.	40. 2%	n. a.	54. 1%	165. 1%

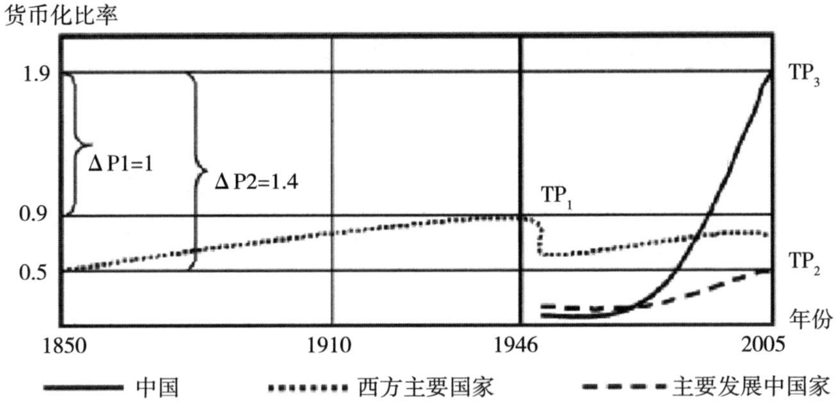

图 9-2　M2/GDP 变动情况的国际比较

（二）“高货币化之谜”与“中国之谜”

爱德华·肖和罗纳德·麦金农分别在《经济发展中的金融深化》和《经济发展中的货币与资本》两本专著中提出了金融抑制和金融深化理论，认为金融深化能够成为经济发展的推动力。麦金农在对金融深化理论的开拓性研究中，使用 M2/GDP 比率来衡量全部经济交易中以货币为媒介进行交易所占的比重。此后，该比率作为衡量金融深化程度的指标被广泛应用。

但此后人们发现中国作为一个发展中国家和转轨经济国家，改革开放后 M2/GDP 比率出现快速上升的现象固然在情理之中，但就金融深化水平而言，中国肯定不及欧美日本等发达国家，而比率却远高于这些国家，这说明影响该比率的因素不止金融深化一个。这被称为“中国的高货币化之谜”，而大量“超额”货币供应与较低物价水平并存的现象被麦金农等外国学者称之为“中国之谜”。

二、对中国 M2/GDP 畸高的解释

中国学者对 M2/GDP 问题的研究由来已久，并形成了各种各样的假说，诸如货币化假说、金融资产膨胀假说、强迫储蓄假说、货币流通速度降低假说、货币沉淀假说、货币空闲假说、不良资产假说、综合成因假说等。此外，还有大量的计量实证类文献，杂糅了上述各假说的观点。下文试分类述评。

（一）“货币化”理论

“货币化”理论盛行于 M2/GDP 问题研究的早期，以易纲（1996）的解释为代表。他在《中国的货币、银行和金融市场：1984—1993》一书中提出：在中国这样的欠发达国家，经济可以分解为两部分——货币化的部分和非货币化的部分，货币化的交易是在市场上实现的，而非货币化的部分则是与传统的、某种程度物物交换的自给自足经济相联系的。据此他将货币化指数引入传统交易方程式，用以解释超额货币现象。在随后的实证研究中，易纲认

为经济改革至少通过五个渠道导致了货币化：第一，通过增加居民和企业的交易需求。第二，通过在农村引入生产责任制，使成千上万的农民进入市场。他们需要现金进行交易。第三，通过改革中出现的大量乡镇企业。他们通常是不包含在中央计划之内的，拥有较多的自主经营权。现金成为这些新机构主要的交易媒介之一。第四，通过迅速发展的个体和私营经济。第五，通过迅速增长的自由市场。上述五个方面造成了一种所谓的“货币的体外循环”现象，即大量的现金被公众持有，许多应该通过银行进行的交易都被现金交易取代。所以他得出的结论是：超额货币供给的绝大部分都被新货币化的经济吸收了。

货币化假说部分解释了 M2/GDP 增长之谜，但是赞同此观点的谢平（1994）也意识到，货币化进程并不是永久存在的，当经济的货币化程度达到一定程度后（称之为货币化的拐点），由此引起的货币需求就会相对减少直至消失，对此，易纲、谢平、张杰等人专门估计了中国货币化拐点发生的时间，普遍认为中国的货币化程度在 1993 年之前就已经达到了顶点。这样看来，货币化假说对于中国 1993 年之后继续增长的 M2/GDP 的解释力已有所下降。

（二）“金融资产囤积”理论

“金融资产囤积”理论是解释中国 M2/GDP 现象的另一主流观点。其观点可以概括为：流通中的货币除了用于实体经济的交易外，还有一部分要用作证券交易，如果货币的大量发行被金融市场的产品所吸收，那么就不会产生对实体经济的影响，其结果必然是 M2/GDP 的上升。夏斌等（2001）较早提出：证券市场制度性缺陷的存在致使公众的预期结构具有非一致性特征，即对固定资产投资的收益预期与证券投资收益预期出现了偏离，在这种情况下，公众将资金源源不断地投向股市，最终导致货币供应量与名义产出的脱节。伍志文（2003）做了进一步的理论化工作，认为“传统货币数量论是建立在实体经济之上的，反映的是商品市场和货币市场的两部门均衡，是一个两部门收入货币流量模型。它忽视了作为资产存量的货币的存在，没有考虑证券交易量和货币供应量之间的关系，正是以资本市场为核心的虚拟经济部门的扩张打破了原有的均衡，在虚拟经济条件下货币供应量与物价之间的关系发生了变化”。由此，他建立了一个包括金融资产交易在内的广义货币数量模型，并证明：大量货币在资本市场的积聚是货币供应量与物价关系反常的直接原因。

大量的实证研究支持了这一观点。石建民（2001）的研究结果发现，中国股票市场市值和价格的膨胀、交易量扩张，将通过财富效应、交易效应等途径增加对货币的需求。裴平和熊鹏（2003）在对“1998年以来我国‘积极’货币政策效果为什么不尽如人意”的问题进行考察后发现：货币政策传导过程中有大量货币不是被传导并作用于生产、流通和消费等实体经济环节，而是“渗漏”到股票市场“漏斗”和银行体系“黑洞”。伍超明（2004）结合货币循环流动模型提出两分法，发现中国虚拟经济与实体经济协调性较差的原因在于进出虚拟经济的资金出现大幅波动。马明和、王宇伟（2005）也认为，我国货币资金迷失现象除了货币化的因素以外，实质上是货币资金从商品市场流向了诸如证券市场、房地产市场、地下金融等其他市场和领域，更进一步地说是从实体经济中游离出来进入了虚拟经济。

（三）“金融资产结构单一化”理论

流通中的货币没有完全用于交易，而是被公众贮藏起来。余永定（2002）就曾提到，广义货币中包含的数量巨大的居民储蓄存款缓解了货币增速高于GDP增速所形成的通货膨胀压力。秦朵（2002）利用分析时序数据的经济计量模型，推算出居民的储蓄潜力，并以此解释银行城乡储蓄总额以及广义货币中的准货币部分。结果表明，居民储蓄与准货币供给之间存在着相当稳定的关系，因而准货币的高速增长可由储蓄存款的高速增长来解释。

“金融资产结构单一化”理论以樊纲和张晓晶（2000）的研究为代表。他们认为M2/GDP的长期影响因素主要有两个：一个是经济的货币化过程，一个是金融结构的差异。他们认为，从纵向对比看，经济的货币化因素在发挥作用；从横向对比看，则是金融结构起作用。他们写道：“当一国的金融结构以银行为主，金融市场不发达，那么全社会的大部分金融资产就只能以银行储蓄的形式存在。这样准货币就处于一个非常高的水平，从而导致 M2 也很高。而一国的金融结构是以金融市场为主，居民在资产选择上就有更大的自由度，其资产形式也不会仅仅是银行储蓄，它可以是股票、债券以及其他形式的金融资产，这样，银行储蓄就可以转化为股票、债券，准货币的量就会下降，M2 会减少。”就中国而言，他们认为 M2/GDP 的比率高和我国的金融结构有很大的关系。中国金融市场的发展相对滞后，而且金融市场的规模还不能与银行同日而语。因此，居民的资产选择没有分散化，都聚集在银行，实际上将大量的金融风险都聚集在银行系统。易纲和吴有昌（1999）在其合著的《货币银行学》教材当中也持这种观点，认为 M2/GDP 比率高一方面是金融深化的结果，另一方面也反映了中国金融资产结构的问题，后者是由于我国资本市场发展滞后造成的。曾令华（2001）就认为我国总储蓄率高且银行储蓄存款又是居民储蓄的重要组成部分，因此导致我国 M2/GDP 比率较高。相反，储蓄率较低且资产形式很丰富的国家，如美国，该比率就较低。秦朵（2001）采用经济计量模型，用居民储蓄总额解释了广义货币中的准货币部分。文章得出的结论之一就是我国的 M2/GDP 比率持续超高速度增长主要是由准货币的高速增长造成的，而准货币的高速增长又可由储蓄存款的高速增长来解释。准货币较高可能的解释是居民储蓄形式的单一性。

该理论的推论就是如果居民资产选择多元化，中国银行体系的金融风险将会下降，同时又可以为中国资本市场（尤其是股票市场）的发展提供充足的资金来源，可谓一举两得。从上述角度进行的解释构成我国金融市场进一步发展的理论基础，然而这一解释没有涉及其与通货膨胀或者通货紧缩之间的关系；更重要的是，这一理论没有对货币供应量 M2 本身隐含的巨大风险予以分析，而是着重探讨货币供应量的内部结构及其变换。该理论和前面的经济虚拟化理论属主流观点，只是分析问题的切入点不同而已。前者从分子 M2 可能下降的角度入手，后者从分母 GDP 应该增加的角度出发，目的都是说明我国 M2/GDP 比率远高于世界其他国家水平的合理性。

（四）“银行不良资产”理论

“银行不良资产”理论大体可以分为两个方面：一个是不完全的银行不良

资产理论，另一个是完全的银行不良资产理论。

所谓不完全的银行不良资产理论，就是因为持这一论点的学者均认为银行不良资产问题仅仅是中国 M2/GDP 比率极高的因素之一，除此之外，还有其他的影响因素，因而在论证时又自觉不自觉地沿用了其他理论的分析思路，如金融资产结构单一化理论。以下是几位有代表性的分析：张曙光和张平（1998）认为我国 M2/GDP 比率提高，“既可能是金融深化的标志，也可能是金融风险增长的征兆。因为 M2 的过快增长，一方面意味着储蓄存款的过快增长，另一方面，意味着银行不良贷款的急剧增加。前者表示银行债务或负债的增加，后者显示银行债权或资产的减少”。文章还认为“在宏观上，降低银行不良贷款的比例应体现为 M2/GDP 比率的降低”。刘明志（2001）从五个方面对我国 M2/GDP 比率上升的经济成因进行了归纳，它们分别是货币化和居民储蓄存款的投资性质、银行等金融机构金融工具单一、金融市场不发达、银行不良资产比率过高和经济景气因素的影响。他认为，从 M2/GDP 的水平与银行不良资产比率的关系来看，银行不良资产比率高是 M2/GDP 水平高的原因，而不是倒过来。他同时提出，实行不良资产证券化是解决我国高比率 M2/GDP 的一个办法。余永定（2002）认为导致中国 M2/GDP 极高的原因包括：低通货膨胀率、高居民储蓄率、高不良债权率、企业留利水平低、资本市场不发达和企业资金利用水平低等。他通过构建动态宏观经济模型，得出结论之一是企业依靠银行贷款盲目扩大生产，过剩的产品（或过时的产品）因没有市场而不能售出。与此相应，银行无法收回贷款，从而形成不良债权。这构成我国 M2/GDP 极高的原因之一。此外，钟伟和黄涛（2002）也分析银行体系不良资产因素对 M2/GDP 比率畸高所造成的影响。同样，他们也分析其他因素对 M2/GDP 比率的影响，诸如通货比率的下降、金融资产结构等因素。

完全的银行不良资产理论是指基本从银行不良资产的角度来分析 M2/GDP 比率问题。易纲在武剑所著的《货币政策与经济增长》一书的序言当中，改变了他过去货币化的观点。他认为 M2/GDP 比率不断提高背后反映的是体制问题和蕴含的金融风险，其中一个原因是我国近年来银行业不良资产比率持续上升。他在文中写道：“货币供应量是以金融机构负债方计算的（各种存款等），而与之对应的金融机构的资产方的不良资产发展趋势真是叫人忧虑。”因此，笔者将此概括为完全的银行不良资产理论。汪洋（2001）则根据货币供应量的统计过程，从货币供应量所对应的资产出发，即从金融机构资产方的角度来分析我国金融机构对国内工商企业信贷资产中，特别是不良资产的形成乃至扩大对 M2/GDP 高增长的影响。谢平和张怀清（2007）也认为银行主导型的金融系统和银行类金融机构资产负债表上巨额不良资产的存在导致了内部货币量的虚增是中国 M2/GDP 偏高的最重要原因。

（五）金融发展和深化理论

应该注意的是，除了麦金农用 M2/GDP 表示金融发展指标外，戈德史密斯（1990）则采用金融相关比率，即一国全部金融资产价值与其 GNP（或 GDP）之比，来衡量一国金融深化和金融改革进程。

王毅（2002）强调不能将中国的 M2/GDP 比率与其他国家做简单的横向比较，是由于货币供应量的内涵和口径不一致。通过横向对比，他发现中国金融深化程度远低于金融市场发达国家和新兴金融中心国家的水平。也就是说不采用货币化指标，而是采用金融相关率指标，进而证明中国的金融还有待于进一步深化，这也是对中国的 M2/GDP 比率远远高于世界发达国家的水平的一种变通解释。

根据王毅的研究，在 1999 年中国的金融化比重为 206%，同期美国金融化比重为 402%，相当于中国的 2 倍。与这一思路大体相似的还有刘士余和王辰华（2005）提出的货币广化和货币深化背离理论。这一解释面临的问题是，美国的 GDP 总量以及人均 GDP 水平却远不止中国的 2 倍。这是否意味着在美国 GDP 与中国相同水平的时候，其金融化比率要远低于中国的水平呢？换言之，当中国达到美国 1999 年 GDP 或者人均 GDP 水平规模，中国的金融化程度是否会远大于美国同期的水平呢？到目前为止，金融深化理论依然无法解释中国的 M2/GDP 比率畸高且远高于世界发达国家的水平的原因。

（六）金融风险理论

金融风险理论又可以细分为支付风险理论、通胀风险理论。戴根有（2000）从横向对比的角度考察了中国、美国、韩国、日本和印度几个国家的M2/GDP比率后认为，M2由两部分构成，一是存款，二是现金，其中存款占90%，现金占10%。现金是中央银行对公众的负债，存款是商业银行对公众的负债。商业银行利用存款发放贷款，贷款资产质量不高，而负债又要按期偿还，所以这就隐藏了一个很大的支付风险。M2对GDP的比率越高，整体的支付风险就越大。

通胀风险理论主要体现在中国人民银行2002年公布的《稳健货币政策有关问题分析报告》中。该报告认为，M2主要是由银行贷款创造的，M2与GDP比率过高，说明多年来信用过分集中于银行，容易积累金融风险；同时，在货币供应量增长明显偏快的情况下，将增加中长期通货膨胀压力。

（七）政府控制理论

如果说前面几种理论主要是从货币层面来分析M2/GDP比率问题，如货币需求层面、货币供给层面、金融资产结构层面、金融风险层面等等，近来出现了从经济层面的分析思路，这主要以张杰（2006）、李斌（2006）等人政府控制理论的分析为代表。除此之外，吴建军（2004）还提出了M2/GDP比率问题的收入分配理论，这里重点对政府控制理论予以总结。

张杰（2006）从中外制度差异的角度提出了解释我国高货币化现象的政府控制理论。作者认为我国的货币化“高差”具有丰富而深刻的金融制度内涵，也就是中国政府通过对银行体系的显性补贴和隐性担保，借助内部货币的扩张在制度转轨过程中获得大量的金融剩余，并且还获得了福利增进。显然，以政府控制为切入点的分析为我国超高的M2/GDP比率提供了一个新的视角。然而，该理论尚有问题没有解决：比如，为什么在我国市场化改革不断推进，从整体上看政府对金融体系的控制在逐步放松的条件下，我国的M2/GDP比率还会逐年上升呢？换言之，政府控制理论基于横向对比的角度试图解释中国政府对金融体系的控制因素在M2/GDP比率上的变化，但是缺乏从纵向对比的角度的合理解释。

李斌（2006）也从政府控制的角度予以分析，他认为金融机构的存差扩大和 M2/GDP 比率过高是我国金融控制的不同侧面。近年来我国金融机构存差快速增长，外汇储备高速增加是原因之一，而这也使得基础货币快速增加，并导致 M2 的同步增加。政府的金融控制体现在发行央行票据上，由于商业银行持有的央行票据与 GDP 的创造没有关系，便形成 M2/GDP 的虚高，因此 M2/GDP 比率过高是我国政府金融控制的结果。

三、M2/GDP 的未来趋势

戈德史密斯（1969）提出，从总体上看，通货（包括硬币和银行券）与国民财富的比例先是上升，然后趋于平稳甚至下降，银行货币（支票存款）的比例也经历过相似的历程，即 M2/GDP 会随一国经济发展呈现一种“倒 U”关系。后来一些学者如弗里德曼和施瓦茨（1982）通过实证研究支持了这一假说。早期的研究表明，英美等国经历了这样一个过程，其货币化指数在 1946 年出现“折点”,“折点”处的值为 0.9，而后便趋缓下降。尽管此后一些国家（如意大利 1969—1979 年和日本 1972 年以后）的货币化比率有过接近甚至超越 0.9 或者 1 的记录，西方主要国家的货币化比率自 20 世纪 50 年代后期开始也经历了一个缓慢上升的过程，但平均来看，都未曾超过 1946 年的“折点”值。

从理论上讲，M2/GDP 会随一国经济发展呈现一种“倒 U”趋势是合乎逻辑的：货币的主要职能在于充当交易和支付的工具，当一个国家或地区的经济和市场化处于发展中时，货币化程度较低，M2/GDP 的比值相对较低；而当一个国家和地区的经济发达，尤其是金融市场和资本市场日趋完善时，各种金融票据和资产都极易变为流动性较好的支付工具，从而会减少货币需求量。所以，M2/GDP 的比值伴随着经济成长和金融市场的完善，会经历从低到高，然后从高点下降的过程；但是，世界大多数国家和地区的 M2/GDP

的比值实际状况与学理不符。

对我国 M2/GDP 比率极限值的研究和探索准确来说，对我国 M2/GDP 比率极限值的探讨并不是对该比率畸高的解释，然而面对该比率连续多年不断升高的局面，我国的经济学家们开始思考这样一个问题：我国 M2/GDP 比率涨到何时才会停下来呢？也就是其极限值会是多少呢？这主要以郭浩（2002）和韩平、李斌和崔永（2005）的研究为代表。前者从金融资产积累的角度探讨了我国“超额”货币需求问题，他从平方根公式出发，论证了我国 M2/GDP 比率的极限值在 2 左右，并分析了调整金融格局的必要性。后者的分析是在余永定研究的基础上，认为我国 M2/GDP 比率在 2011—2015 年出现拐点，此后增速下降，并收敛于增长上限（3.4 或者 2.6 左右）。不论极限值具体是多少，这一问题的讨论仍然需要从横向对比的角度予以解释，为什么中国 M2/GDP 比率的极限值会如此之高。

四、对 M2/GDP 的几点评论

一是导致比率高的原因是多方面的，单一角度分析会产生片面性。经济货币化程度的提高、高储蓄率、资产结构单一、巨额不良资产的存在、外汇占款持续上升等，都是造成 M2/GDP 高比率的原因。

二是从纵向比较看，推动 M2/GDP 比率不断上升的主因不断变化。改革开放之初是经济的货币化和资本的货币化，高储蓄问题，而随着外汇储备的积累，中国的 M2/GDP 又成为与国民经济内外部失衡的重要现象之一。

三是从横向比较看，中国过高的 M2/GDP 与中国的财政金融体制、经济增长模式、经济结构特征等密切相关。应该说，中国过高的 M2/GDP 不能简单地看作是中国金融深化程度较高的证据，它更可能是反映了中国金融深化程度的不够。发达经济体的 M2/GDP 虽然没有中国高，但整体金融资产/GDP 要远高于中国，这意味着，中国金融部门的发展主要还局限在 M2 范畴，甚至很多学者认为，M2 总量的扩张也是政府金融控制的结果。

四是从货币供应的角度，我国基础货币的供应具有较强的被动性质。1994 年以前，人民银行对银行系统贷款，构成基础货币供给最主要的来源，占人民银行资产负债表中总资产的 70%，1994 年以后，进入以外汇占款为主要渠道增加基础货币的阶段。货币需求的角度，中国处于经济转型阶段，随着经济货币化进程的深入，产品市场的货币化基本结束，但企业资产、土地、房地产和其他一些生产要素的货币化仍在进行之中，导致货币需求不断增长，在长期内引起 M2/GDP 的持续上升。

五是正确认识 M2/GDP 所蕴含的金融风险。谢平等曾指出，M2/GDP 的高低是由多种因素作用的结果，它和金融风险并不存在必然联系。的确，就通胀风险而言，正如“中国之谜”所反映的，M2/GDP 在大多数年份并未引发高速通胀。此外，中国较高的 M2/GDP 比重是推动中国高增长的重要因素。高货币化的一个好处是，国家获得了强大的铸币税和发展基金，不仅为财政部门提供了支撑，还为中国的金融改革提供了资金。然而，中国的高货币化有其制度不完善的背景。在一定程度上，M2/GDP 是中国金融结构失衡的结果，包含了不少低效率的成分。

五、政策建议

（一）高度重视不良资产问题

巨额不良资产造成了的 M2/GDP 虚增，产生了存款泡沫，因此从政策着力点上看，首先要解决银行不良资产问题。不良资产激增产生降低了银行系统的稳健性，这在我国以银行为主导的金融体系下，金融危机发生的风险有所放大。商业银行应改善管理体制，及时妥善处理不良资产，冲销呆账，以提高风险防范能力，防止风险在银行系统内的积聚。

（二）关注流动性整体状况及其在国民经济各部门的分布

M2/GDP 过高是否导致通货膨胀，很大程度上取决于商业银行聚集的流动性向商品市场及资产市场的流动速度，突发性资金流动极易诱发通货膨胀或资产价格泡沫。中国从20世纪末期开始，逐步将M2作为主要的中介目标，随着市场经济的发展，货币控制的范围也应当随之扩大。有必要综合考虑银行、商品市场、资本市场等多方面因素，严密监控，关注资产价格波动，及时预警通货膨胀乃至金融危机的发生。鉴于市场流动性变动和M2/M1比率变动存在着极大的关联，故应将反映货币供给流动性的M2/M1比率，列入监控范围，表明狭义货币供给与以定期存款为代表的准货币相互替代的活跃程度。

（三）完善金融市场，促进高储蓄合理分流

中国的高储蓄率是M2/GDP重要诱因之一，要加快完善我国社会保障制度，增强居民对社保的信心，以降低储蓄的预防性动机，建立合理的收入分配制度以保证收入分配合理化和有序化，缩小收入分配的差距。此外，还需要大力培育资本市场上机构投资者的规模，如基金，合理地分流集中在银行系统的储蓄，在防止大规模突发性地涌向货币流通领域形成通胀压力的同时，也要对资产价格严密地监控，以防止这种不平稳的流动带来的冲击。

（四）保持国际收支基本平衡，进一步完善汇率形成机制

在双顺差短时间内无法扭转的局面下，央行还将面临较长时间的被动进行对冲投放基础货币，这有可能导致商业银行流动性过剩，容易诱发通货膨胀和资产价格泡沫破灭带来的风险，不利于宏观经济环境的稳定。完善我国汇率形成机制，则是解决这一问题的关键。短时期内汇率完全浮动虽不现实，但可以通过逐步扩大汇率浮动的区间，利用市场机制调节外汇市场供求，央行可以逐渐地摆脱这种被动的局面，进而从根源上解除潜在的流动性和通胀风险的威胁。

第三篇

国别经验研究

第十章

外汇市场干预模式与货币政策：国际比较及经验启示[①]

一、引　　言

关于外汇市场的干预模式，教科书一般区分为冲销式干预和非冲销式干预两类，但实践中还存在另一种区分标准：根据干预主体不同可分为财政部门主导型干预与中央银行主导型干预。后一种区分在理论上可能并不那么重要，国际研究也相对不多，但在国内学界却是一个热点问题。

一些学者鉴于中国近年来货币增速较快，且外汇占款是货币投放的主渠道甚至是唯一渠道，从而主张改变中央银行直接购买外汇投放基础货币的现状，建议效仿一些国家由财政部门出资干预外汇市场的做法。在这些国家，当财政部门决定购买外汇对市场施加干预时，需要发行国债来筹集资金，而不是扩张中央银行的资产负债表。这样做被认为能使得中央银行更好地保持货币供应量合理的增长。在官方文件中，我们也能看到类似表述：大量购汇使得中央银行被动购汇，同时需要付出高额成本回收过多投放的流动性，这种行为从长期看是不可持续的。

撇开中国货币增速是否过快不论，外汇市场干预的不同模式对货币政策造成的影响值得研究。这里的问题是：是否有理论证据和国际经验表明，中

① 本章与工银国际李月合作。

央银行直接购买外汇存在较大弊端？相比之下，财政主导购汇是否更有优势？如果改由财政部门购汇，能否更好地履行中央银行职能，特别是控制货币增速？进一步的问题是，既然国际上存在不同的外汇市场干预模式，那么哪些因素决定了各国选择不同的模式？

关于主要国家的外汇市场干预模式，国内学者有过一些研究。管晓明（2011）、王晖（2010）、杨金梅（2007）分别对美国、日本和韩国的外汇市场干预机制进行了较为细致的研究，认为这三个国家都属于较为典型的财政部门主导的外汇市场干预模式。近年来，大量学者对中国中央银行购买外汇的影响给出了评议。戴计辉（2012）、王彦（2008）等对我国的外汇干预市场模式对货币政策的影响进行了较为细致的分析。彭兴韵（2008）对在外汇干预市场中加强我国财政政策和货币政策的协调进行了相关研究。

在2003年以来流动性较为宽松的背景下，有学者将中央银行购买外汇投放基础货币视为诱因，并建议改由财政发债购买外汇。例如胡海鸥等（2011）认为将中央银行发行央票购买外汇转变为财政发行国债购买是解决中国经济金融诸多问题的治本之策。李扬等（2007）认为，大经济体更倾向于由财政部或货币当局之外的专设部门持有外汇储备，并相应承当外汇市场干预和汇率稳定职能；而小经济体更多地选择由中央银行直接持有外汇储备，并相应承当外汇市场干预和汇率稳定职能。此外，周其仁（2012）认为，基础货币来购买外汇的代价太高，他建议央行应该专注于保持人民币币值的稳定，为达成汇率目标来购买外汇的资金应该逐步由财政资金或发债来解决。楼继伟（2011）也表示，中国应效仿其他国家，允许财政部通过发行债券来购买外汇储备，而非依赖央行购买。

本章主要从外汇干预主体的角度总结分析了美国等几个国家和地区的外汇市场干预模式，在此基础上讨论财政主导型干预和央行主导型干预的不同及其各自的适用条件。

我们的分析表明，无论是对发达国家还是对发展中国家而言，均不存在标准的外汇市场干预模式，中央银行与财政部门的分工界定存在明显差异。由财政部门或专设机构主导外汇管理体制的最大好处在于，可以切断外汇储备与基础货币供给之间的直接联动关系，阻隔汇率变动可能对货币政策产生的直接影响。同时，由于隔断了不稳定的外部冲击，货币政策的独立性得到加强。但国际经验显示，对于汇率灵活性不够、需要频发而大规模地干预、财政融资空间有限、财政央行政策协调成本较大的国家，中央银行主导外汇市场具有比较优势。更为重要的是，当中央银行除维持低通货膨胀外，还负有促进经济增长和就业等多元目标时，由财政部门主导外汇市场干预并不会有明显不同。

二、谁在干预外汇市场：代表性国家和地区的分析

我们选取美、日、欧元区、英国等发达国家和地区，以及俄罗斯等新兴经济体为例，主要从干预主体的角度，归纳分析当前国际上流行的外汇市场干预模式。

（一）美国外汇市场干预模式

美国国会授权财政部负责制定汇率政策。实践中，财政部应在与美联储协商一致的情况下制定汇率政策。当决定需要进行外汇市场干预时，由纽联储具体实施完成。干预所需外汇来自美联储独立持有的外汇储备和财政部掌控的外汇稳定基金（Exchange Stabilization Fund），两家各占干预规模的一半。两家持有的外汇由欧元和日元构成。

财政部外汇稳定基金的来源包括：存放在美联储的头寸，或通过美联储将特别提款权货币化。美联储买卖外汇的资金来源于自身的外汇资产组合或向国外央行或美国财政部买卖外汇形成的资金。为防止外汇干预对国内货币供应量的影响，美联储通常会同时在国内进行冲销。

财政部和美联储干预外汇市场的目的是减少市场扭曲，熨平市场短期过度波动或使美元汇率趋近货币当局认可的经济基本面。相比市场交易量，美国外汇干预的规模较小，只在边际上或引导预期上起作用。

近年来，美国外汇干预的次数明显减少，透明度增加。如 1995 年至 2006 年至少进行过两次干预。目前，纽联储在实施外汇干预后的 30 天内将详细公开所有干预细节。

除此之外，纽联储还代理其他国家中央银行或国际组织买卖外汇，但这不改变国内银行系统的资产负债表，也无须实施冲销。

（二）日本外汇市场干预模式

财务省是日本外汇政策的决策机构，也是外汇市场干预的主导者。具体而言，日本《外汇及对外贸易法》规定，财务大臣可以对外汇市场进行各种必要的干预以维持日元汇率的稳定。同时，财务省提供外汇干预所需要的全部资金，即存放于日本央行的外汇资产特别账户。财务省负责持有并管理外汇储备，其购买外汇的资金来自发行短期政府债券。

日本银行是外汇政策的执行与咨询机构。日本银行负责分析外汇市场，提出相关政策建议，上报给财务省；根据财务省（有财务大臣批准）的指示，日本银行从事实际的外汇干预操作。

维护日元汇率稳定是日本外汇干预最主要的目标，外汇市场干预相对于美、英等发达国家较为频繁。这与日本希望保持出口部门竞争力有关。

日本的外汇储备主要由政府持有，日本银行也持有少部分的外汇。

（三）韩国外汇市场干预模式

韩国财政经济部（相当于财政部）和韩国银行是韩国外汇市场干预的两个主要机构。财政经济部负责制定汇率和外汇储备管理的总体和原则性政策，韩国银行作为操作决策机构，在外汇储备管理中扮演重要角色，其最高决策机构货币政策委员会制定更为详细的政策，相关业务部门具体完成操作。

干预资金来自外汇平准基金（Foreign Exchange Equalization Fund），该基金由韩国银行和财政部共同持有，由韩国央行负责具体管理和操作。

韩国外汇市场的干预目标主要是通过减少短期内汇率过度波动来保持外汇市场的平稳运行，干预相对频繁，同时注意保持透明度。

（四）新加坡外汇市场干预模式

新加坡金融管理局独立决定和执行外汇干预操作，干预资金来自其持有的外汇储备。新加坡外汇干预的主要目标是将新加坡元的贸易权重汇率维持在目标区内。新加坡实行盯住一篮子的汇率制度，新加坡金融管理局负责监测并调整新加坡元的贸易权重，一旦汇率偏离该目标，新加坡金融管理局就会通过即期和远期外汇市场交易来进行干预。干预主要借助于新加坡元和美元之间的交易。新加坡的外汇干预相当频繁，且透明地较低。

除新加坡金融监管局外，新加坡政府投资公司（GIC）也持有大量外汇储备，但不参与外汇市场干预，其目的在于所管理储备的保障增值。

（五）英国外汇市场干预模式

英国财政部负责外汇政策，并决定是否对外汇市场进行干预，干预资金来自外汇平衡账户，该账户包含了除国际货币基金组织的储备头寸外的其他外汇储备资产。

英格兰银行在外汇市场干预中充当执行角色，负责具体的市场操作。此外，英格兰银行也独立拥有一部分外汇储备，可相机决策入市干预，以更好地发挥货币政策效力。

（六）欧元区外汇市场干预模式

欧元区外汇市场干预由欧洲中央银行系统负责，该系统包括欧洲中央银行和各成员国中央银行。欧洲中央银行负责制定外汇干预政策和目标，各成员国中央银行负责政策的执行。

欧央行的外汇储备来自于各成员国，各成员国中央银行转交的外汇储备规模由其在欧央行的资产份额决定。

《马斯特里赫特条约》规定欧洲中央银行具有实施外汇业务的全部权力。欧洲中央银行拥有外汇储备 500 亿欧元。根据欧洲中央银行体系的法令规定，欧洲中央银行可以自由支配上述外汇储备，在必要时还可以动用成员国中央银行的外汇储备。

欧元区各国央行与外汇储备有关的外汇操作要得到欧洲中央银行的批准，

以保障政策的一致性。同时，欧央行负责协调欧元区和未加入欧元区的其他欧盟成员国和世界各国央行的外汇市场干预操作。

（七）中国香港外汇市场干预模式

香港外汇市场的干预主体是财政司，外汇干预的资金来自于财政司持有的外汇基金，香港金融管理局负责具体的日常操作。外汇储备则是作为支持香港联系汇率制度的基础。因此，香港的外汇储备管理的主要目的，就是支持货币局制度，即保持汇率接近 1 美元=7.8 港币的联系汇率，同时努力维持储备的长期购买力。

（八）加拿大外汇市场干预模式

加拿大银行负责外汇干预决策和日常干预决策，但加拿大银行干预政策委员会的意见必须与财政部取得一致。

加拿大银行代理加拿大政府负责实施外汇市场干预。加拿大银行进行外汇市场干预的资金来源于外汇资金账户（Exchange Fund Account）中政府持有的外汇资金。加拿大银行进行外汇市场干预后，会在加拿大银行网站上发布公告。外汇市场干预的规模可通过加拿大政府每月有关国际储备的官方信息获取。

加拿大的外汇储备主要来自向国际市场借款，由加拿大银行来经营外汇储备，另外由加拿大银行和财政部共同组成一个独立的风险管理小组，独立对外汇储备的风险管理状况进行监控。

（九）澳大利亚外汇市场干预模式

澳大利亚外汇市场的干预主体是澳大利亚储备银行（澳大利亚央行），澳大利亚储备银行独立做出外汇干预决策和执行外汇干预操作。

目前澳大利亚储备银行外汇干预主要是防止汇率的长期“超调”（Overshooting），即防止汇率走势长期偏离经济和金融基本状况。因实行浮动汇率制度，维持特定水平的汇率和调整货币政策并不是澳大利亚储备银行外汇市场干预的目的。满足政府外汇储备的需要也是澳大利亚储备银行进行外汇市场日常操作的一个目的。

澳大利亚储备银行具体的外汇干预方式有三种：通过代理银行进入外汇市场干预、直接进入外汇市场干预和直接与其他银行交易。[①]

（十）俄罗斯外汇市场干预模式

俄罗斯外汇市场干预的主体是其中央银行。在俄罗斯，财政部和中央银行都持有外汇储备，但财政部持有的外汇储备主要是保持储备资产的保值增资。干预外汇市场的外汇储备则由央行管理。

俄罗斯银行会在《俄罗斯银行年报》中公布外汇政策的实施情况。每月会发布关于外汇储备的统计数据。

三、各国外汇市场干预模式的基本特征

表 10-1 归纳了主要发达国家和其他代表性新兴市场国家和地区在外汇市场干预上的主要特征。我们根据干预主体不同（同时参考资本来源情况）将各国的外汇市场干预模式分为三类：财政部门主导型干预（包括日本、英国），财政与央行共同干预型（包括美国、加拿大和韩国）及中央银行主导型干预（包括欧元区、中国香港、澳大利亚、新加坡和俄罗斯）。总体看，我们大致可总结出以下几点：

表 10-1　外汇市场干预的主要特征

国家（或地区）	汇率制度	干预主体	资金来源	干预目标	干预频率
美国	单独浮动	财政部（须与美联储协商一致）	外汇稳定基金（财政部）和公开市场账户（美联储）	防止汇率明显偏离经济基本面	较少

① 中国人民银行国际司，2008，《俄罗斯的汇率制度与外汇制度》，中国人民银行网站。

（续表）

国家（或地区）	汇率制度	干预主体	资金来源	干预目标	干预频率
日本	单独浮动	财务省	外汇基金特别账户（财务省）	平滑明显偏离经济基本面的汇率波动	较少
欧元区	相对于非欧元区单独浮动	欧洲中央银行	外汇储备（欧洲中央银行）	防止货币严重高估或低估	较少
英国	单独浮动	财政部	外汇平准基金（财政部）	平滑汇率的过度波动或支持货币政策目标	较少
中国香港	货币局制	金融管理局	外汇基金（金融管理局）	使港币汇率接近于联系汇率（1美元=7.8港币）	较少
加拿大	单独浮动	加拿大银行	外汇资金账户中政府持有的外汇资金（财政部持有，加拿大银行管理）	防止外汇市场严重缺乏流动性或加拿大元汇率走势严重威胁经济长期增长	较少
澳大利亚	单独浮动	澳大利亚储备银行	外汇储备（中央银行）	防止汇率过度波动	较少
韩国	单独浮动	财政经济部和韩国银行	外汇稳定基金（财政经济部与韩国银行共同持有）	减少短期内货币过度波动，保持外汇市场平稳运行	较频繁
新加坡	管理浮动	金融管理局	外汇储备（金融管理局持有的部分）	将新加坡元的贸易权重汇率维持在目标区内	频繁
俄罗斯	管理浮动	中央银行	外汇储备（中央银行持有）	维持卢布汇率稳定	较频繁

资料来源：根据各国央行网站及公开资料整理。

一是国际上没有统一的外汇干预模式。就这些国家和地区采用何种干预模式而言，似乎没有明显规律可循。我们看到，在表10-1中，财政主导干预的国家和地区有2个，财政央行共同干预的国家和地区有3个，央行主导干预的国家和地区有 5 个。对大国而言，英国和日本较为相似，财政部门在外汇市场干预中占据主导，中央银行起到咨询支持和具体实施的作用。在美国，美联储虽不负责外汇政策也不管理外汇储备，但财政部干预外汇市场需要与其协商一致后由美联储实施，美联储也承担一半的外汇干预资金。在较大经济体中，加拿大和澳大利亚的中央银行独立负责外汇市场干预。在新兴经济体中，俄罗斯的中央银行也是负责外汇市场干预决策的主要机构。

二是中央银行至少承担操作者角色，各国差异体现在财政部门的角色。各国中央银行均承担着外汇市场干预执行者的角色，发挥着不可替代的作用。即便在中央银行不管理外汇储备的国家，中央银行也是外汇市场干预的执行者。外汇干预模式的区别体现在各国财政部门所承担的角色和职能，财政部门在有些国家几乎不介入，在另一些国家则主导外汇市场干预的大部分环节。

三是外汇市场干预的频率和透明度存在差异，一定程度上与外汇制度有关。实行单独浮动汇率制度的国家，外汇干预频率一般会较小，透明度较高；实行管理浮动的国家，外汇干预频率一般较为频繁，透明度较低。

四、财政主导型和央行主导型的比较分析

更进一步的问题是，外汇市场干预由财政部门主导和由中央银行主导的主要区别是什么？两种模式各有何利弊？我们认为，大致有以下几方面初步结论：

首先，不应夸大两种模式的区别：

在一定条件下，两种干预模式是等价的。当汇率制度一定或财政和央行对汇率的看法一致时，比如都认为外汇市场干预只为消除短期过度波动特别是投机造成的波动时，无论是财政部门还是中央银行，其干预决策应该是一致的。假设经济处在一个理想状态中，如果是财政干预，其结果将是对国内的经济金融系统造成波动，中央银行将会运用工具对冲，消除这些波动，这种对冲与由中央银行干预外汇市场、再加以冲销，从结果看是一样的。

由财政作为购汇主体不能消除货币增长波动的根源。比如，由财政发债购汇时，通常需要央行配合扩大货币供应。否则，国债收益率会上升，价格会下降，财政融资能力会下降，市场利率会走高，并打击实体经济。为抑制利率走高，中央银行需要购买国债，增加货币供应。美联储的绝大部分资产是国债。财政、央行虽是两个口袋，但底部是连在一起的。购汇主体的区别主要是技术层面的。由财政部门购汇，中央银行的资产负债表的资产方主要是国债；由中央银行购汇，则主要是外汇。在财政部干预情况下，为维持出口竞争力同样会造成国内流动性过剩，此时回收流动性的压力还是会落在中央银行，需要负债方做出调整。由此亦可看出，更为根本的是汇率制度和经济模式，改变外汇市场干预主体作用不大。

其次，两种模式的区别主要体现在以下几个技术层面：

货币发行机制有所不同。有学者（如胡海鸥等，2011）认为，财政发债购汇面临两方面约束：与央行不同，财政只能发债购汇，并用将来税收或滚动发债还本付息，财务约束较强；需经人大审议和批准，"随意性"较小，透明度较高。从这个意义上说，英美等中央银行主要通过购买国债发货币，这相当于借钱给财政，此时货币发行由国债（未来税收）做担保，而不是由外汇担保。此外，对中央银行来说，买国债发行货币的自主性较高；购汇发行货币受经济环境影响较大，较为被动。以上也是学者们支持财政发债购买外汇的一些理由。

主导汇率政策的部门不同。外汇干预和汇率直接相关。由财政部发债筹集资金干预外汇市场，意味着财政主导汇率政策；中央银行直接干预外汇市场，意味着央行主导汇率政策。

运用财政资金干预外汇市场可能导致显性政府负债增加，运用中央银行资源干预外汇市场会影响其资产负债表收缩。在国际收支持续顺差情况下，财政干预外汇市场通常需要发行国债用于购汇，此时国债发行和财政负担将逐步增加，还本付息压力加大。在存量上，如财政发债一次性或逐步从央行接管外汇储备，财政发债规模和付息压力更将急剧放大，可能对预期造成影响。同样是在国际收支持续顺差情况下，中央银行持续购汇会导致其资产负债表扩张，为避免国内流动性投放过多，中央银行通常会运用一定工具对冲流动性，对冲不缩减央行资产负债表，但会改变其负债方结构。对冲会产生一定成本，从而对中央银行资产负债表造成压力。

财政资金干预外汇市场有利于完善货币政策操作框架。此时，公开市场操作对象将更多转为国债，相比央票，对公开市场操作的要求会提高。同时，随着国债发行量增大，国债市场的深度将增强，改善公开市场操作基础，有利于形成基于国债收益率的利率曲线，从而完善价格型货币政策工具的实施框架。

财政资金干预外汇市场可缓解汇率干预对货币供应的干扰。财政干预汇率通常需建立外汇平准基金。基金在日本、美国等国由财政部管理，操作由中央银行执行（美联储与财政部协商后，也可干预汇率）。外汇干预基金切断了货币发行与外汇干预的直接联系，有助于减少货币供应波动。在这种外汇管理模式下，央行和财政部分工更加明确，央行通过独立实行利率、货币供应量等货币政策来保持国内经济的平稳运行，外汇干预决策及外汇干预资金的提供则由财政部负责。

五、结论性评注：中国应该改变外汇干预主体吗?

中国实行的是中央银行主导下的外汇市场干预模式。《中国人民银行法》和《中华人民共和国外汇管理条例》明确规定外汇市场的干预主体是中央银行。根据宏观经济形势和市场运行情况，人民银行做出外汇干预决定和执行外汇干预政策，外汇干预的资金源于人民银行的外汇储备和基础货币。

近年来，各方面高度关注我国货币存量较大、增速较快的问题，并把这一问题同中央银行主导下的外汇市场干预模式联系起来。对此，我们给出以下几点看法：

一是根本上来说，中国货币存量较大、增速较快的问题是高储蓄、主银行制度和国际收支持续盈余等原因造成的，也与一定的经济发展阶段有关。如前所述，在这种背景下，单单改由财政作为购汇主体不能消除货币增长较快的基础。这也不是将人民银行的资产（所谓货币发行基础）由外汇改为国债所能改变的。

二是人民银行的多目标制是影响外汇干预行为的重要因素。较低但为正的通货膨胀率是各国中央银行最重要的目标，一些中央银行的目标也包括增加就业或促进经济增长，人民银行除这三个目标外，还包括保持国际收支大致平衡。在这四个目标中，较低的通货膨胀率是基础，同时作为发展中国家，就业和经济增长也占据较大权重。这使得人民银行无论是在推进汇率体制改革时，还是在外汇市场干预时，都需要平衡其对出口、经济增长和就业的影响。中国外汇储备规模已远超一般意义上的需要，中央银行本身没有动力持续干预外汇市场推动外汇储备的堆积。如果将中央银行的职能局限为控制通货膨胀，那么其难度将会降低，但这会影响到国民经济的其他表现。

三是国际经验显示，谁主导外汇市场干预主要取决于谁管理外汇储备。一定的外汇是干预市场的前提，外汇的规模决定了干预的程度。外汇储备代表一国对外偿付能力，属于国家重大资源。通常而言，财政是国家金融资源的持有者和管理者，央行应较少考虑国家财务问题，专司本职。从这个角度看，财政管理外汇储备更容易说通。但中国由于历史原因，外汇储备一直由中央银行管理。过去中央银行承担了较多的金融改革和金融稳定成本，需要“补窟窿”，目前和未来一段时间央行还要承担这些职能，由央行管理外汇储备有助于改善自身资产负债表，增强公众对其维护物价和金融稳定的信心。对国家而言，保值增值是已有外汇储备管理的首要目标。就实现这一目标而言，由财政管还是由央行管，还是由主权财富基金管，只有技术上的区别。这些储备已经形成外汇占款，不构成新的压力。央行本身不以盈利为目标，当前储备经营的收益已累加为外汇储备或为国家支配。目前看，央行在管理外汇储备方面积累了较多经验和有利条件。

四是外汇市场干预模式选择需考虑干预的频率和透明度。在汇率形成机制改革基本完成前，我国客观上还需较为频繁地介入外汇市场。财政部主导的外汇市场干预模式通常意味着汇率的单独浮动和对外汇市场的较少干预，这两点在我国当前的经济环境下显然还难以实现。这一点在日本也有体现，日本虽然实行单独浮动，但相对于其他实行单独浮动的发达国家，外汇市场的干预显得较为频繁，政府也更倾向于日元汇率稳定。就灵活频繁的干预市场而言，中央银行相比财政部更加贴近市场，拥有更加明显的优势。

五是应将财政央行的协调成本考虑在内。中央银行作为银行间市场的参与者和监测者，无论是在何种模式下，都需要其具体完成干预操作。因此，财政更多介入外汇市场干预需要增加财政与央行的协调，从而增加对财政和央行在汇率干预上协调的要求，汇率干预的透明度也要增加。这些条件目标尚不具备。总体看，在汇率形成机制进一步完善之前，由财政干预汇率可能尚不成熟。

当前有学者主张我国也实行由财政部主导外汇市场干预模式，这种模式有其优点，但短期内在我国恐难以实现，需待汇率制度、金融体制、财政央行协调机制等改革有进一步进展后推进。另一个问题是，如果外汇干预模式立即改为财政主导型，就需要财政部门发债建立外汇平准基金并在国际收支顺差情况下发债购买外汇，这将使得国家债务规模攀升。

从中央银行角度看，由财政作为购汇主体短期对央行有影响（如汇率改革和管理职能由中央银行转到财政部门），但长期看有助于进一步健全现代中央银行制度和货币政策操作框架。只是，这样做的必要性已有所下降。在经历过大规模外汇市场干预，国际收支趋于平衡，人民币汇率趋近均衡水平的背景下，中央银行主导外汇市场干预的成本已经大幅下降，相应造成的扭曲也明显减弱（中国人民银行上海总部调查统计研究部课题组，2013），变革外汇市场干预主体的意义已经不大。从国际经验看，两种外汇市场干预模式以及财政央行共同干预的中间模式都有存在，没有一致的证据表明，财政部门主导干预是更优的选择。

从未来看，随着外汇储备管理的透明化，可考虑建立外汇平准基金或特别账户。建立外汇平准基金或特别账户，可以将用于维护汇率稳定的外汇与旨在实现保值增值目的的外汇储备分离开来，有助于满足未来国际上对外汇市场干预以及外汇储备投资信息披露要求的逐步提升。至于将来的外汇平准基金或特别账户由财政部门还是由中央银行掌控，国际上同样存在不同做法，需要进一步研究。

附：央行和财政在外汇干预和储备管理上的关系[①]

一、关于财政买外汇与央行买外汇的区别及影响

1. 货币发行机制不同。财政发债购汇面临两方面约束：与央行不同，财政只能发债购汇，并用将来税收或滚动发债还本付息，财务约束较强；需经人大审议和批准，“随意性”较小，透明度较高。英美等央行主要通过购买国债发货币，这相当于借钱给财政，此时货币发行由国债（未来税收）做担保，而不是由外汇担保。此外，对央行来说，买国债发行货币的自主性较高；购汇发行货币受经济环境影响较大，较为被动。以上也是支持财政发债购买外汇的一些理由。

2. 主导汇率政策的部门不同。外汇干预和汇率直接相关。财政发债购买新增外汇，意味着财政主导汇率政策。

3. 对汇率制度的要求不同。国际上实行浮动汇率制的大国通常由财政部干预汇率，干预频率较低，透明度较高。与此不同，中国目前仍需较频繁干预汇率。由财政购买外汇会增加对财政和央行在汇率干预上协调的要求，汇率干预的透明度也要增加。在汇率形成机制进一步完善之前，由财政干预汇率可能尚不成熟。

4. 财政购汇导致显性政府负债增加。如由财政发债购汇，则国债发行和财政负担将逐步增加，还本付息压力加大。在存量上，如财政发债一次性或

① 本小节写于2013年。

逐步从央行接管外汇储备，财政发债规模和付息压力更将急剧放大，可能对预期造成影响。

5. 财政购汇后有利于完善货币政策操作框架。此时，公开市场操作对象将更多转为国债，相比央票，对公开市场操作的要求会提高。同时，随着国债发行量增大，国债市场的深度将增强，改善公开市场操作基础，有利于形成基于国债收益率的利率曲线，从而完善价格型货币政策工具的实施框架。

6. 财政购汇可缓解汇率干预对货币供应的干扰。财政干预汇率通常需建立外汇平准基金。基金在日本、美国等国由财政部管理，操作由中央银行执行（美联储与财政部协商后，也可干预汇率）。外汇干预基金切断了货币发行与外汇干预的直接联系，有助于减少货币供应波动。

7. 不应夸大财政购汇与央行购汇的区别。我国货币存量较大、增速较快是高储蓄、主银行制度和国际收支持续盈余等原因造成的。央行本身不希望货币供应较大，也不希望外汇储备较快增长。由财政作为购汇主体不能消除货币增长较快的基础。比如，由财政发债购汇时，通常需要央行配合扩大货币供应。否则，国债收益率会上升，价格会下降，财政融资能力会下降，市场利率会走高，并打击实体经济。为抑制利率走高，中央银行需要购买国债，增加货币供应。美联储的绝大部分资产是国债。财政、央行虽是两个口袋，但底部是连在一起的。购汇主体的区别主要是技术层面的。

8. 总体看，由财政作为购汇主体短期对央行有影响（汇率改革和管理职能受到削弱），但长期看有助于进一步构建现代中央银行制度。从国际经验看，由财政购汇可能是未来方向，但需待汇率制度、金融体制等改革有进一步进展后推进。

二、关于存量外汇储备管理

1. 对国家而言，保值增值是已有外汇储备管理的首要目标。就实现这一目标而言，由财政管还是由央行管，还是由主权财富基金管，只有技术上的区别。这些储备已经形成外汇占款，不构成新的压力。央行本身不以盈利为目标，当前储备经营的收益已累加为外汇储备或为国家支配。目前看，央行在管理外汇储备方面积累了较多经验和有利条件。

2. 由财政管理储备似更符合习惯。外汇储备代表一国对外偿付能力，属于国家重大资源。通常而言，财政是国家金融资源的持有者和管理者，央行应较少考虑国家财务问题，专司本职。从这个角度看，财政管理外汇储备更容易说通。主要储备国中，由财政主要储备管理的国家稍多（包括日本、英国、韩国等，俄罗斯等则由央行管理）。

3. 央行管理外汇储备是现实所需。过去中央银行承担了较多的金融改革和金融稳定成本，需要“补窟窿”，目前和未来一段时间央行还要承担这些职能，由央行管理外汇储备有助于改善自身资产负债表，增强公众对其维护物价和金融稳定的信心。

第十一章

美国存款利率市场化与储贷机构危机：经验与借鉴

利率市场化是20世纪美国金融自由化大潮的重要组成，对其后美国乃至全球的金融发展和金融格局都具有深远影响。美国围绕Q条例的放开进行的利率市场化总体是一个成功案例，但其中也出现了储贷机构危机等问题，这些经验教训都对我国当前加快利率市场化进程有着重要借鉴意义。储贷机构是存款利率管制的最大受益者，也受到利率市场化的冲击最大。

本章深入分析了美国利率市场化的动力机制，第二、第三部分研究影响利率市场化结果的两大因素，即美国利率市场化的环境和条件，以及具体的策略和节奏；第四部分重点分析了利率市场化对储贷机构和货币政策等领域的影响；最后总结了对中国的启示。

一、美国存款利率市场化的动力机制

美国的利率市场化是围绕着Q条例的松动和取消展开的。虽然Q条例形成了庞大的既得利益群体，但滞胀、技术进步和欧洲美元市场的快速发展，使得利率管制下的美国银行业经营日益艰难，危机的压力最终导致博弈天平倾向了利率市场化。

（一）Q 条例形成了庞大的既得利益群体

Q 条例禁止商业银行对活期存款支付利息，并对储蓄存款和定期存款规定利率上限。条例开始只适用于联储会员银行，随后扩展至非会员银行。Q 条例客观上对大萧条之后特别是二战时的金融稳定和发展起到了积极的作用。1966 年后，储贷机构也被纳入 Q 条例管辖范围，但其利率上限比商业银行高 0.25 个百分点。

利率管制限制了银行业的竞争程度，对金融机构的差异化政策，造就了特定的既得利益群体，特别是以储贷协会为主体的政府扶持型“准政策性”房地产金融机构，以及大量的其他中小金融机构。利率市场化及相关的改革会使这些部门面临新的竞争压力，其有积极性阻挠利率市场化进程。（Cargill，1985）这也为后来放松利率管制后，储贷协会出现危机埋下了隐患。

（二）Q 条例已严重不能适应经济金融环境变化

1965 年以来，通胀和市场利率的大幅上升使得 Q 条例难以为继。Q 条例对存款利率上限最初规定为 3%，1936 年微调为 2.5%，此后 20 年未做变动。从图 11-1 可见，20 世纪 50 年代中期到 60 年代中期美国通胀率不超过 3%，Q 条例未受明显挑战。但 1964 年后，在越南战争和石油危机冲击的背景下，美国实施了扩张的财政政策和货币政策，物价迅速上升，甚至在 1980 年达到

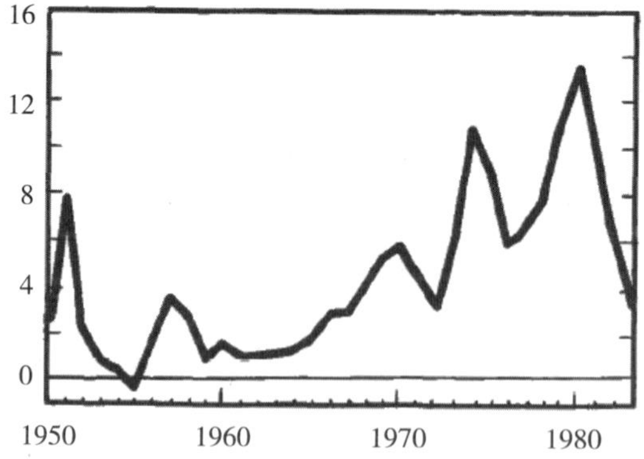

图 11-1　20 世纪 70 年代的高通胀

资料来源：Broaddus（1985）。

13%的高位。通胀推升了市场利率并加剧市场利率波动。为应对通胀，利率上限有过几次微幅上调，但实际存款利率仍长期保持低位，储户遭受损失，呼吁放松利率管制。图 11-2 显示，1976 年来，以三个月国库券收益率代表的市场利率持续且大幅超过 Q 条例规定的利率上限，后者最高时低于前者 4.5 个百分点之多。（Broaddus，1985）

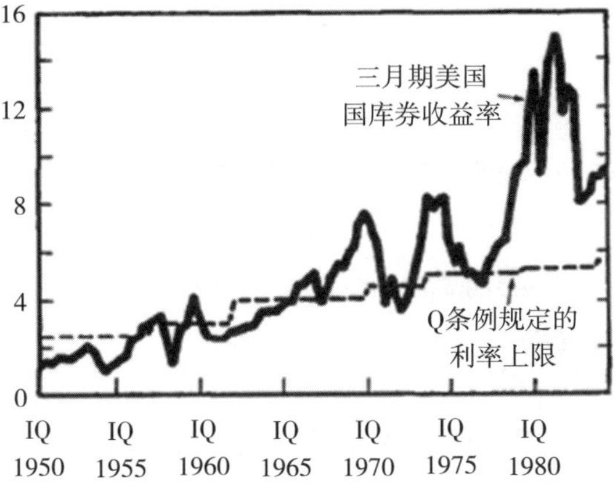

图 11-2 市场利率和 Q 条例上限持续大幅背离

资料来源：Broaddus（1985）。

（三）商业银行受竞争夹击普遍经营困难

金融发展和技术进步使得美国商业银行利润受到持续挤压，对利率自由化的呼声日益高涨。

一是不公平的竞争地位导致“金融脱媒”。Q 条例约束和分业经营的限制，使银行处于不公平的竞争地位。证券市场不断发展、金融国际化和投资多样化，都导致银行存款大量流向证券市场或货币市场，造成金融中介的中断和“金融脱媒”现象愈演愈烈①，各种存款类金融机构出现经营困难，储贷机构所受冲击尤大。

---

① 1978—1983 年总计，非银行金融机构提供的信贷占比 45%，且从 1978 年的 42%上升到 1983 年的 52%；同期，商业银行的贷款占比 30%，从 1978 年的 30%下降到 1983 年的 28%（DeYoung，2009）。

二是技术进步加快存款从商业银行逃离。计算机通信技术20世纪60年代中期到20世纪80年代在金融部门得到迅速推广。技术进步一方面使银行业这一时期的运行成本每年下降11%左右，另一方面也使得非银行金融机构如证券公司，可以提供将投资和银行账户管理结合起来的金融业务，储户和企业大幅缩减受利率上限管制的存款。总体来看，这一时期的技术进步对商业银行造成重大负面冲击，银行吸收存款、信贷供给的能力下降，金融中介地位下滑。

三是欧洲美元市场的发展导致美元存款大规模外流。20世纪70年代，美元不断贬值，国际资本流动频繁，资本在国际间的竞争加剧。欧洲美元存款无利率上限，且不受存款准备金制度的限制，在20世纪60年代末期，欧洲美元存款利率与美国美元存款利率的差额高达5%，美国国内资金纷纷流向欧洲，美国国内银行失血严重。

（四）金融创新让Q条例丧失监管的公平性和权威性

20世纪60年代末，美国商业银行就发明了可浮动利率的回购协议（RPS）。到了20世纪70年代，为绕过Q条例管制，类似的创新更是层出不穷，如可转让支付命令账户（NOW）、电话系统（TTS）、自动转账服务（ATS）和股金提款户（CUSDA）等业务陆续出现。这些新型金融工具具有起点额低、流动性强及集储蓄和投资于一体的特点，而且利率较高，不受管制。这些创新使得美国商业银行实际支付的利率，早已超过Q条例规定的上限。

货币市场共同基金（MMMF）的繁荣更对银行业产生了重大冲击。MMMF是投资银行向公众发售份额而组成的资金池。MMMF由高流动性的资产支持，不用进行存款保险，因而不受Q条例限制，也不用缴纳准备金。MMMF的总资产从1977年的33亿美元猛增到1980年的763亿美元，而1985年更扩张到1869亿美元。

这种基金规避银行存款许多限制，同时保留了银行存款的许多特性。货币市场基金具备了活期存款的许多特征，可以提现，可以转账结算，甚至可以转入资本市场的其他基金。客户可以通过投资这种基金获得远远高于Q条例所规定的最高存款利率的收益。

（五）危机压力最终促成利率市场化

利率管制的问题早就暴露，但利率市场化的契机最终来自危机压力。早在 1971 年，“总统委员会关于金融结构和管制的报告”（也称“亨利报告”）就已指出银行部门的问题，并给出了一套有效的改革措施，但被束之高阁。1975 年的“金融机构和国民经济报告”亦是如此。直到 1979 年年末 1980 年年初，市场出现大量金融问题，特别是利率的上升增加了银行存放在美联储的准备金的机会成本，商业银行不仅创新工具以减少准备金存放量，许多银行退出或者威胁退出美联储，美国银行业危机一触即发，国会不得不对利率市场化重新评估。

二、美国存款利率市场化：初始环境与条件

美国利率市场化存在诸多有利条件，使其总体上成为一个成功案例；同时金融市场和监管的分割尤其是对互助储蓄业（主要是储贷协会和互助储蓄银行）的政策扶持，也为利率市场化埋下一定隐患。

有利的环境和条件包括以下几点：

一是美国的利率市场化实际上只是重回利率自由化。1933 年之前的美国利率是市场化的。Q 条例也只规定了存款利率上限，对金融市场中的其他利率则未加任何干涉，从而降低了管制政策的损害程度，促进了未受管制市场的迅速扩张。

二是银行业竞争充分，创新活跃，存款利率市场化冲击较小。首先，利率市场化主要冲击存款机构，但美国拥有很高的直接融资比例，商业银行在金融体系中的比重小于绝大多数国家。其次，银行业集中度不高，竞争充分。1982 年年底，美国吸收存款的机构就超过 1.5 万家，其中，95%的商业银行为小型银行，它们的资产占银行业的三分之一。最后，在利率市场化之前的

二三十年中，商业银行进行了大量规避管制的创新，这降低了利率放开的冲击。

三是金融市场发达，利率市场化基础完备，货币政策传导通畅。美国拥有高度发达的现货和期货市场；国债对整个证券市场起了基础性的作用，不但保障了金融机构的流动性管理需要，也为货币政策公开市场操作奠定了完善的基础。此外，以场内衍生工具为代表的金融工具丰富，利率的水平和期限结构合理，利率市场化基础完备。

四是各级政府和国有部门对商业银行依赖程度低，银行独立性高。1953—1978 年，金融机构对政府的贷款只占总贷款的 6.3%，且主要集中在农业和住房两个部门，除此之外，美国的金融为私人部门主导。(Cargill，1985)

五是相对完善的存款保险制度和监管体系，降低了利率市场化过程中中小金融机构的风险。

同时美国的利率市场化改革也存在三大不利条件：

一是存款利率市场化在管制利率和市场利率大幅背离的背景下推进，造成的冲击较大。Q 条例的弊端在 20 世纪 60 年代中后期和 20 世纪 70 年代已经暴露，但一直拖到 20 世纪 80 年代初期才真正着手彻底解决，而当时的高通货膨胀导致市场均衡利率大幅偏离管理利率，利率改革时机的延误增大了政策风险，对市场造成了更大的冲击。

二是分业经营、分业监管加大了存款利率市场化的难度。多元化的金融机构必然对利率市场化有不同的反应和结果，利率市场化的复杂性高于全能制银行制度的国家。同时，美国的监管体系分为联邦和州两级，而联邦和州层面上都存在大量监管机构，这也加大了协调难度。美国的储贷协会有自己单独的存款保险公司，规模要远小于联邦存款保险公司，一旦出现行业危机，难以及时实施充分救援。

三是“准政策性”金融部门存在大量的救助对象。截至 1982 年年底，美国有 3800 多家储贷协会（Saving and Loans），近 400 家互助储蓄银行（MSBs）（这两类合称互助储蓄业），以及 2 万家信贷联会。这些微型银行在很大程度上是为了支持家庭购房而存在的，具有“准政策性”。美国不仅对全国银行和州银行开设分支机构进行限制让它们免受竞争，还给予了很多优惠。Q 条例为互助储蓄业设定了更高的利率上限，还享受特别的按揭税收优惠，但同时限制了其资金的用途。在高利率和利率波动剧烈的背景下，互助储蓄业首当其冲。互助储蓄业的资金来自短期存款，而用途却是长期固定利率的按揭贷款，因而对利率限制最为敏感。这直接导致了它们更大的流动性压力和期限错配压力，并对整个金融系统的稳定造成了最大的负面影响。虽然 1980 年和 1982 年的法案放开了互助储蓄业的资金使用用途，但由于仍享有很多优惠，互助储蓄业并没有及时分散投资，导致利率市场化之后出现行业危机。

三、美国存款利率市场化：路径与策略选择

20 世纪 60 年代中期开始，随着“金融脱媒”现象愈演愈烈，美国政府开始高度重视，分步废除 Q 条例。1970 年，尼克松总统命令成立“金融机构与管制委员会”，该委员会于 1971 年提出了《亨特报告》，厘清了 Q 条例的弊端，并得出“自由竞争和少加管制的存款机构能促进资金的最优分配，并有助于建立一个稳定的金融货币体系”的结论。1973 年，尼克松政府将《美国金融制度改革建议》送交国会，建议在五年半内，分阶段废止 Q 条例。1975 年 11 月，众议院金融业领袖共同发表了《金融机构与国民经济检讨纲要》，建议在五年内废除 Q 条款。

1980 年 3 月，美国政府制订了《废止对存款机构管制及货币控制法》，其中与取消利率管制相关的决定有：(1) 在 6 年内逐步提高 Q 条例所规定的利率上限，并分阶段取消所有存款机构定期存款和储蓄存款利率的上限。在此之前，仍维持商业银行和互助储蓄业之间的利率差距。(2) 成立“存款机构放松管制委员会”，根据经济情况和金融机构的安全性及稳健性，从大额、长期存款向小额、短期存款推进，逐步放松利率上限直至取消。(3) 准许全国性的存款金融机构开办可转让提取通知书账户（NOW 账户）。(4) 撤销各

州政府对于住宅抵押贷款、超过 2.5 万美元的商业或农业贷款的利率限制。（5）联邦信贷联盟发放贷款的利率最高限自 12%提高到 15%，在某些情况下可提高到 15%以上。

1982 年 10 月，美国出台了《1982 年存款机构法》（又称《高恩—圣杰曼存款机构法案》），准许存款金融机构开办货币市场存款账户（MMDA）和超级可转让支付账户（Super NOW）两种类型的存款，均无存款期限和利率限制。

值得说明的是，1980 年批准创立的 NOW 账户可签发支票允许支付利息，但仅限于个人及非营利机构参与，且在取消 Q 条款前，受利率上限管制，因此它只代表支票存款利率管制的局部自由化。1982 年创立的 MMDA 账户规定，除个人及非营利机构外，营利机构也可参加，但对每月支付及转移的次数仍有限制，因此 MMDA 依然属于局部的利率市场化。而 1983 年批准的 Super NOW 账户对于支付、转移、开支票次数均无限制，加上此时定期存款的利率也基本实现了市场化，因此美国的利率管制实际上已全部废止。Q 条例的正式终结是 1986 年，至此利率市场化得以全面实现。

表 11-1　美国存款利率市场化进程时间表

年份	措　施
1970	放松对 10 万美元以上、90 天以内的大额存单的利率管制
1971	马萨诸塞州开办 NOW 账户
1973	放松所有大额存单的利率管制； 取消 1000 万美元以上、期限 5 年以上的定期存款利率上限
1978	准许存款机构开办货币市场存款账户（6 个月期，1 万美元以上），利率与 6 个月期的国库券收益率挂钩
1979	引入小额储户存单，收益率与同期限的美国国库券挂钩，最小期限为 4 年，后逐步减少
1980	通过了《废止对存款机构管制及货币控制法》，决定在 6 年内逐步取消定期存款利率上限
1981	允许全国所有金融机构开设 NOW 账户； 引入无利率上限的个人退休账户（IRAs）
1982	准许存款机构开办短期货币市场存款账户（91 天期限，7500 美元以上），并放松对 3.5 年和 7~31 天期限的定期存款的利率管制； 通过了《1982 年存款机构法》，准许存款机构引入货币市场存款账户（2500 美元以上）

（续表）

年份	措　施
1983	准许存款机构引入超级 NOW 账户； 取消期限超过 32 天，以及 7~31 天、2500 美元以上的定期存款的利率上限
1986	取消可转让支付账户的利率上限

四、美国存款利率市场化的影响与储贷危机

美国利率市场化具有较多有利条件，在改革策略上顺应市场需求，与北欧等发达国家及一些发展中国家相比，总体上成为一个成功的案例。与此同时，美国存款利率市场化也造成了一定市场风险，储贷机构危机就是集中体现。这表明存款利率市场化有较大难度。

（一）利率先升后降，利差收窄

美国利率市场化正式启动后，利率水平得以反映资金供求关系和通货膨胀情况，显著上升，且波动加剧。从均值看，1978 年存、贷款名义利率分别为 6.74%和 7.93%，以后逐步上升，1981 年达到 19.24%和 20.35%的峰值，之后开始回落并趋于稳定。利率管制放松后，存贷利差在开始一段时间有所扩大，但由于存款机构竞争加剧，总体上看利差仍呈现缩小趋势。1975—1979 年存贷款平均利差为 1.53%，1980—1985 年利差扩大为 2.3%，1986—1990 年又下降至 1.67%，回到了利率市场化改革前的水平。（见图 11-3）

（二）存款机构竞争力提升，中间业务扩张

利率市场化对存款机构的影响是多重的。一方面缓解了资金外流，增强了竞争力；另一方面也加大了利率波动性，使存款机构暴露于更多的利率风险中，而这又促使存款机构开拓利率敏感性较低的业务。

1. “脱媒”现象得到缓解，竞争力提升。利率市场化营造了公平的竞争环境，提高了金融资源的配置效率，增强了存款机构吸收存款的能力，扩大了资金来源，银行的支付和信贷供给能力迅速提高。同时，存款机构可以开

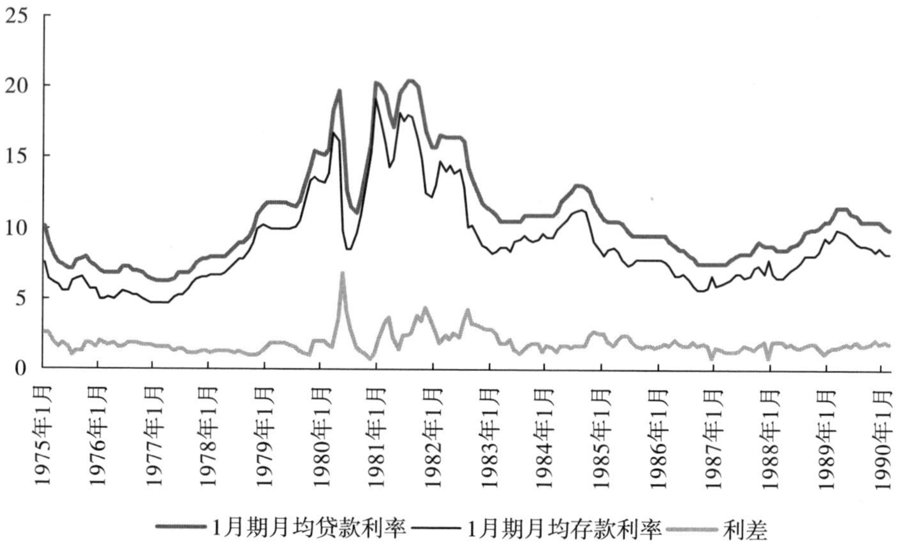

图 11-3 1975—1990 年美国 1 月期存贷款名义利率及利差变化情况

资料来源：CEIC 数据库。

设 MMDA 和 Super NOW 账户后，之前急剧上升的货币市场共同基金增速出现下降，“金融脱媒”现象得到一定缓解。

2. 中间业务比重上升，净利息收入占比下降。利率市场化提高了存款机构的资金成本，收窄了利差，迫使银行增加非利息业务的比重。1979 年以后，美国银行业的净利息收入增速呈现波动下降的趋势，从 1978 年的 18.27%下降到 1990 年的 2.93%，而同期非息收入平均增长 13.57%。净利息收入占总收入的比重从 1979 年的 81.75%下降到 2000 年的 56.89%，而非息收入占比从 1979 年的 18.25%上升到 2000 年的 43.11%。

（三）信贷增速波动显著放缓

放松利率管制后，利率水平上扬，减少了通胀波动对信贷活动的冲击，信用增速波动显著下降。在 Q 条例放开之前，美国的信贷增速在 20 世纪 60 年代中后期到 20 世纪 70 年代大起大落，剧烈波动，这一定程度上是高通胀、高利率以及利率大幅波动的结果。1980 年正式启动废除 Q 条例的进程后，信贷波幅明显收窄。同时，金融体系产生的过多流动性也进入了资本市场，支撑了更高的资产价格。纽约交易所综合指数从1980年的823.27点上升到了1990年的1908.45点。

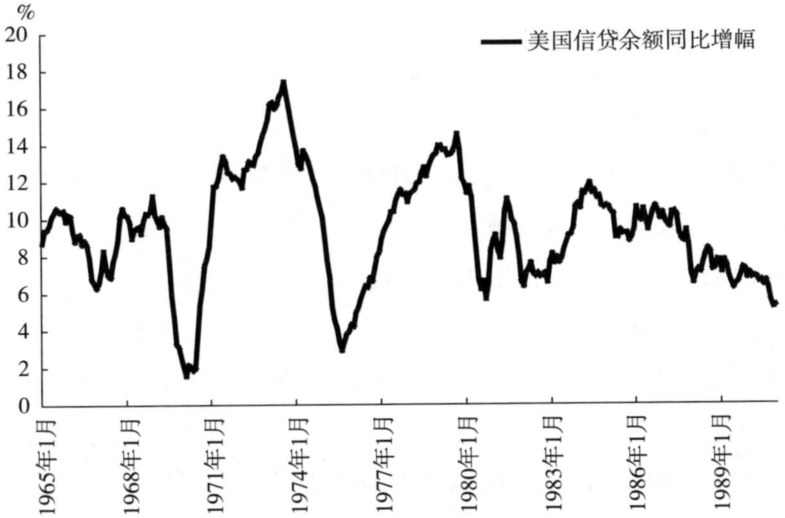

图11-4　利率市场化的波动减少了信贷波动

资料来源：CEIC。

(四) 中小金融机构利率风险加大，储贷协会大面积倒闭

利率管制限制了竞争，保护了利率定价能力和利率风险管理能力较弱的中小金融机构。利率放开后，金融机构运行价格手段竞争日益激烈。由于中小金融机构信用程度逊于大型银行，只得以高于平均的存款利率和低于平均的贷款利率来吸引客户，导致其成本上升，收益下降。随着利率市场化的推进，从20世纪80年代开始，中小银行倒闭数量明显增加（见表11-2），利率市场化完成之后，1985—1987年的倒闭数量进一步增加。

表11-2　1976—1987年美国中小银行倒闭情况

年份	倒闭数	年份	倒闭数
1976	17	1982	42
1977	6	1983	48
1978	7	1984	79

（续表）

年份	倒闭数	年份	倒闭数
1979	10	1985	120
1980	10	1986	138
1981	10	1987	184

资料来源：Khoury（1991），pp. 26-27。

储贷危机的爆发是利率市场化不当导致金融风险加剧的典型案例。美国的储贷协会的主要业务是吸收短期资金，发放固定利率的长期住宅抵押贷款。1980 年和 1982 年存款利率上限被取消后，储贷协会试图通过支付相对较高的利率来争取资金，结果导致其负债成本与资产收入的缺口进一步扩大。随着利率上行，储贷协会持有的长期、低利率住房贷款的经济价值急剧下降，威胁到了机构的偿债能力。储贷协会的总体利润不断下降直至亏损（见表 11-3）。从 1986—1989 年，互助储蓄业的承保者联邦储贷保险公司（FSLIC）共计关闭或重组了 296 家银行，涉及资产达 1250 亿美元。1989 年重组信托公司（RTC）成立后，到 1995 年年中，又有 747 家互助储蓄银行倒闭，涉及资产近 4000 亿美元。从 1986 年年初到 1995 年年底，联邦承保的互助储蓄银行的数量缩减了一半之多。（Curry and Shibut，2000）

表 11-3 1979—1983 年美国储蓄贷款协会资产、利润情况

年份	实际利率（%）	资产（亿美元）	有形净值（亿美元）	有形净值/总资产（%）	总体利润（亿美元）
1979	2.3	5544	315	5.7	17.92
1980	3.7	6038	322	5.3	3.03
1981	5.9	6398	253	4.0	-31.25
1982	6.2	6862	37	0.5	-9.37
1983	5.0	8138	35	0.4	8.43

资料来源：怀特（2000）。

（五）货币政策中间目标由货币供应量回归利率

20 世纪 70 年代美联储以货币供应量增长率取代利率作为中间目标。随着

利率市场化和金融创新不断出现，各层次货币范围扩大，内容互相交叠，计量趋于复杂，货币政策有效性受到削弱。例如，Super NOW 账户、MMDA、MMMF 等新的金融产品兼具交易和储蓄两种性质，在统计上难以区分。1981 年以前，M1 中“其他支票账户”所占份额不到 13%，而到 1986 年年底该比例上升到 49%。资产流动性的突破使美联储在确定控制目标的同时不得不以 M2 为基础，同时以 M1 和 M3 作为补充目标，但美联储对 M2 的控制力不高。为适应新形势，M2 的统计内容则增加了证券回购协议、欧洲美元等，这些部分难以控制。与此同时，得益于利率自由化和金融创新，各种自由利率的金融资产纷纷出现，利率敏感性提高。其他市场利率、贷款利率等对联邦基金利率的反应也较过去更为敏感。从 1983 年开始美联储重新确立联邦基金利率为中间目标。

五、对中国存款利率市场化的借鉴与启示

从 1996 年取消银行间贷款利率上限算起，我国的利率市场化已经进行了 17 年，接近美国利率管制由松动到完全取消的总时长（1970—1986 年），远远超过 Q 条例从决定取消到最终取消的时长（1980—1986 年）。2004 年来，我国利率市场化进程一度有所放缓，2012 年特别是 2013 年开始加大推进力度，全面取消了贷款利率限制，存款利率的浮动区间也有所扩大。下一步将逐步放开银行负债方利率管制，这也是利率市场化最困难之处。下面，笔者首先比较当前中国利率市场化环境和美国当时的异同，再据此提出几点建议。

中美利率市场化存在一些相似的背景。从利率市场化的进程看，目前我国的利率管制仅限于存款利率的上限，这与美国逐步放松 Q 条例面临类似的问题。美国在 1980 年启动 Q 条例废除时，其他利率管制也已全部放开，并出现了大量的金融创新。在应对 2008 年这轮国际金融危机中，中国货币信贷增速较快，储户有强烈的保值要求，交叉性金融产品大量涌现，特别是理财产

品在一定程度上对存款起到了替代作用。此外，货币市场利率水平有所抬高，甚至银行间市场在 2013 年 6 月中下旬一度出现明显波动，对放开存款上限有较强烈要求。我国近年来影子银行发展迅猛，也出现了明显的“金融脱媒”现象，对商业银行影响越来越大。在现行利率和金融环境下，中小企业贷款难度较大，也期待放开利率促进银行业竞争。这些方面都与美国 20 世纪 70 年代相似。

同时，我国的利率市场化与美国存在显著差别。应该指出，美国利率是从自由到监管再到放松，和中国长期存在的金融压抑不同。尽管中国也存在利率市场化的需要，具备不少有利条件，但美国利率市场化的初始条件要好于我国，难度可能也较小。从银行的性质结构看，与美国不同，我国国有金融机构比重仍然较高，四大国有银行地位尤为突出，完全放开利率管制对部分中小商业银行的挤压可能会加大，市场利率定价的灵活性有待检验。从银行经营来看，我国国有商业银行仍承担或多或少的政策性职责，一些中小银行、政策性银行和新型金融机构财务上缺乏硬约束。我国目前存款保险制度尚未推出，而美国在放开 Q 条例时，存款保险制度已运行接近半个世纪。从银行服务对象看，我国国有部门和各级政府对银行贷款依赖程度较高，受利率上升影响较大，银行客户对象的财务约束也没有美国当时强。此外重要的一点是，当时美国银行业是推动利率市场化的主力，而我国银行业对利率市场化的支持动力稍显不足，部分银行抱有一定担忧。最后，中国的货币市场还不发达，市场化的利率体系尤其是基准利率还不够清晰成熟。

具体来看，从美国废除存款利率上限的案例出发，笔者提供了以下几方面政策建议：

一是因势利导，寻找利率市场化的动力。当前我国利率市场化主要是自上而下推动，银行层面的市场动力显得不够。当前，应稳步推进金融机构混业经营；加强对商业银行的沟通教育，正视“金融脱媒”所带来的严峻挑战，积极顺应利率市场化改革趋势。

二是关注利率市场化的风险，尤其是政策性金融机构的风险。首先，在利率市场化背景下，中小金融机构和中小企业值得关注，但如何限制差别化政策的负面效果，值得考量。美国利率市场化的一个失败之处是未能妥善处理“准政策性”住房金融机构。在住房市场上，获取廉价的按揭贷款被视为家庭的一项基本权利，美国支持家庭购房的途径是大力扶持互助储蓄协会，同时政府对房地产市场不加干预，最终导致大量储贷协会倒闭。因此利率市场化必须以金融机构，尤其是政策性金融机构妥善处理历史包袱，增强财务约束力为前提。其次，在利率市场化过程中，建立存款保险制度势在必行。最后，要做好风险承受能力较弱的中小银行的压力测试，注意评估银行的利率风险。

三是及时调整货币政策中间目标。美国经验表明，在利率市场化和金融创新加快的背景下，货币和融资的统计难度增加，中央银行对货币数量的控制力下降。随着利率市场化的推进，我国央行也要更加重视发挥利率等价格型调控工具的作用。

四是多层面培育利率市场化环境。利率市场化改革不仅仅是利率管制的放开，更多条件是在利率放开之外，需要从多层面培育利率市场化环境。规范政府融资平台的市场化融资，减少地方政府对银行的干预，培育货币市场发展和市场利率的形成机制。这些因素是利率完全市场化的条件，需与利率市场化进程同步推进。

五是利率市场化应循序渐进。长期以来，中国试点推广的改革策略行之有效，但由于资金流动性较高，利率市场化改革在地方试点的难度较大。美国利率市场化的做法是分步放开不同账户和金融产品的利率管制。相应地，我国应该考虑小幅渐进上调存款利率上限，给商业银行更大的自主定价空间，为银行和金融市场保留适应期，为决策者保留观察期。

第十二章

欧盟国家的中小企业融资、中小银行治理及其经验借鉴①

一、引　言

国际经验显示，经济越发展，中小企业的作用越大。为支持中小企业发展，欧盟国家特别是德国建立了较为完善的融资体系，多类型中小银行治理各具特色，有序发展。在机构上，除德意志银行等少数大型私人银行外，德国从储蓄银行到州立银行，从复兴信贷银行到担保银行，再到合作银行，近2000家银行无不把中小企业业务视为重点。在服务上，欧盟特别是德国为中小企业提供从创业到创新，从几千欧元到几千万欧元的信贷支持，服务覆盖从管理规范的中型企业到手工工匠。在政策支持上，各级政府提供反担保、税收减免、国家信用支持等一系列鼓励措施。

多年来，中国学界和政策界一直致力于加强和改善对中小企业的金融支持，但与国际先进经验相比仍相去甚远，中小企业仍面临融资难、融资贵的问题。本章在实地考察的基础上，深入介绍了欧盟特别是德国的中小企业融资体系和公司治理体系，涉及欧盟正在筹建的风险投资基金及德国储蓄银行体系、州立银行、复兴信贷银行、担保银行等。随后，本章就中国借鉴国际经验，加强顶层设计，构建错位发展、立足当地、适度竞争的中小企业融资

① 感谢实习生陈雪所做的部分资料整理工作。

体系和中小银行治理提出了政策建议。

二、德国的中小企业融资体系与中小银行治理

德国中小银行融资体系主要由德国储蓄银行体系、州立银行、复兴信贷银行、担保银行等构成，这些银行性质属性、业务模式、政策支持和公司治理各具特色，差异竞争，良性发展，为德国中小企业发展提供了全方位融资支持。

（一）担保银行的贷款风险分摊机制

1. 发展概况

德国担保银行体系较为有效地解决了中小企业贷款风险较大、抵押品不足的问题，并成为欧洲最大的信用担保体系。德国目前共有 20 家担保银行，包括 2 家联邦政府担保银行、13 个州立担保银行，每个州至少有一家担保银行。

担保银行在支持中小企业贷款方面发挥着重要作用。截至 2012 年年末，德国担保银行的担保总额为 60 亿欧元，带动中小企业信贷 90 亿欧元。2012 年全年，担保银行共开展担保业务 7900 笔，担保总额 13 亿欧元，带动中小企业信贷 19 亿欧元。

2. 基本属性

担保银行本质是信用担保公司，被称为“银行”是因为《德国银行法》视其为信贷机构，并实施统一监管。

担保银行为股份有限公司，股东通常包括：私人银行、公共机构、合作银行、保险公司、商业协会、经济社团等。这些股东都有较高信誉。私人银行等盈利机构出资成立担保银行主要是为带动自身业务发展。

3. 业务模式

担保银行不直接接受企业的担保申请，只通过储蓄银行、合作银行、商

业银行等贷款银行从事担保。其基本业务流程是：中小企业向贷款银行提出贷款申请→如企业达不到贷款银行放款条件或放贷金额低于企业需求，贷款银行可代企业向担保银行提交担保申请→担保银行评估申请→如获批，担保银行与放贷银行、企业签署三方担保贷款协议。在此流程中，担保银行填补了中小企业的担保缺失，缓解了其贷款难、贷款贵问题。

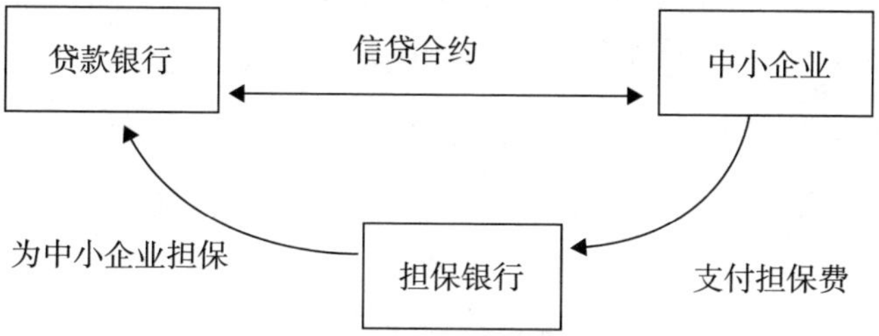

图 12-1　担保银行的业务流程

担保银行按年向被担保企业收取担保费（由贷款银行代收），费率与企业的资质挂钩（德国担保银行业协会按既定流程对申请企业进行信用评级），通常为担保额的1%。此外，担保银行一次性向企业收取评审费，一般为担保额的0.75%~1.5%。上述两笔费用总额如超过担保额的2.5%，超过部分由政府补偿。

4. 反担保

担保银行模式的关键在于：联邦政府和州政府对中小企业贷款进行反担保，承诺如发生损失政府将承担其中较大部分，从而实现贷款风险在两级政府、担保银行、贷款银行之间的分摊。为抑制道德风险，贷款银行至少须承担贷款风险的20%；其余风险，联邦政府和州政府通常会承担其中的60%~80%，相当于总贷款风险的48%~64%，担保银行最终只承担总风险的16%~32%。

5. 资金来源

担保银行的注册资本较少，其优势在于政府担保和支持。其融资主要有三个渠道：一是自有资金的利息收入；二是利润；三是来自复兴信贷银行（KfW，德国的政策性银行）的低息贷款。德国法律规定，担保银行不付股息，只要收入仍继续投入担保业务，则免交一切公司所得税和交易税。同时，各级政府不收取任何反担保费用。

6. 监管问题

德国联邦金融监管局（Bafin）和德央行负责发放担保银行的牌照及其日常监管。监管依据同样是《德国银行法》。基本规定包括：最高担保额不得超过 100 万欧元，服务对象是发展前景良好的中小企业；担保银行只能在注册州经营，避免相互业务竞争；只提供担保，不得从事存款、贷款业务；担保银行在业务操作上完全独立于政府，不受干涉。

监管的重点是担保银行的管理和操作流程。除依赖外部审计报告外，监管部门注重现场评估。此外，担保银行须每半年公布流动性报告。

此外，德国担保银行有 17 家是本国担保银行业协会（VDB）的会员。该协会是担保银行业的自律组织，对担保银行的日常经营起着管理和协调作用。

（二）复兴信贷银行的中小企业融资模式

1. 银行概况

2011 年年底，KfW 总资产为 5179 亿欧元，是德国第三大银行，也是除中国国家开发银行外的全球最大政策性银行。KfW 总部设在法兰克福，在柏林和波恩设有两个分部，在全球设有约 70 个办公室或代表处，有 5440 名员工。

2012 年，KfW 提供的融资额总计 734 亿欧元，其中向中小企业提供融资 241 亿欧元。在为中小企业提供的融资中，环保和气候保护类融资 120 亿欧元（其中再生能源项目 79 亿欧元），普通融资和初创融资 111 亿欧元（其中发放企业家贷款 78 亿欧元），创新类项目融资 10 亿欧元。

2. 宗旨与领域

德国复兴信贷银行（KfW）1948 年成立时，首要任务是为二战后联邦德国重建提供资金，后转为为德国企业提供中长期贷款，特别是为中小企业（包括初创企业和小型家族企业）提供优惠中长期信贷和咨询服务。该宗旨由法律确定。KfW 授信集中在通信、交通、能源、教育、环保、住房新建及改造，并为德国企业提供出口信贷和项目融资。

3. 资金来源

KfW 按照市场原则运作而不依靠财政补贴。其资金来源有三个保障：一是利润留存。KfW 一直保持赢利。KfW 免交所得税，也无须向国家上交股利，利润用于业务发展。二是发行债券。发债是 KfW 最主要的资金来源。2012 年 KfW 发债总额为 787 亿欧元。发行主要面向美欧金融市场，也覆盖澳大利亚、英国、瑞士和日本市场。针对不同的机构投资者，KfW 债券有多种币种、期限和结构。KfW 债券已成为国际上重要的投资品种。三是政府担保。得益于政府担保，各大评级公司对 KfW 债券给出的评级都是 3A 级，融资成本较低。

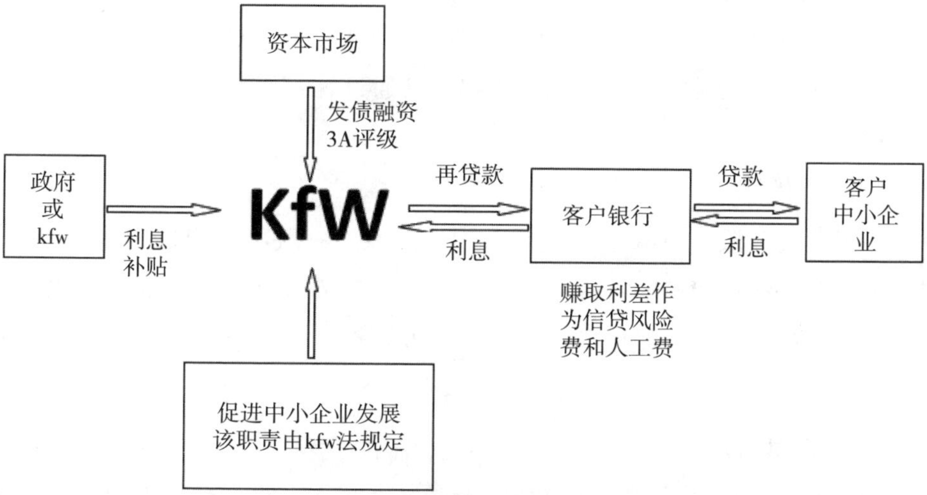

图 12-2　德国复兴信贷银行的业务模式

4. 业务模式

业务定位。KfW 为业务结构简单、资质良好的中小企业和个体从业者提供低息中长期贷款、夹层资本和股权融资，其中对企业初创和创新活动的贷款更加优惠。贷款额从几千到 2500 万欧元不等。KfW 特别注重支持基于家庭结构的中小企业发展。这类中小企业通常数代相传，其经营决策着眼于长期，信誉度很高，管理层非常熟悉公司业务。

业务流程。通过各种渠道确保所有中小企业了解 KfW 的贷款项目，有意向的中小企业将申请材料递交 KfW 的客户银行（即 KfW 的合作银行）；客户银行自主决定是否立项并审核材料是否符合 KfW 贷款的条件，将合格材料转交 KfW；KfW 对材料进一步审核并做出决定。

贷款模式。客户银行向通过审核的中小企业发放贷款，利率低于正常商业贷款，企业向客户银行还本付息。KfW 向客户银行发放再贷款，并收取利息，利率根据客户资质、抵押品情况浮动。客户银行赚取两者的利差，作为信贷风险费和人工处理费。除部分贷款项目与银行共担贷款风险外，绝大多数项目，KfW 不承担风险。(参见图 12-2)

客户银行。商业银行提出申请，经 KfW 审核通过可成为 KfW 的客户银行。客户银行通常会专设部门，承接 KfW 的贷款业务。KfW 每年会逐笔处理数万笔业务，贷款材料一般为电子表格，已通过客户银行审核，处理起来十分便捷。

5. 业务优势

一是风险分散。KfW 不直接联系中小企业，一般不承担信贷违约风险，其风险只限于客户银行的违约风险。二是充分发挥自身优势。KfW 在政府担保、财税政策支持下，能以低成本获得批发资金，现有业务模式充分利用了其成本优势。三是与商业银行是互补、合作的关系，不存在竞争关系。

6. 介入原则

作为政策性银行，KfW 主要在两种情况下介入市场：一是市场失灵。存在信息不对称和外部性（包括环境污染等负外部性和创新等正外部性）时，市场不能最优配置资源，KfW 介入可改善市场运行结果。二是经济衰退。KfW 致力于在经济下行周期中对企业提供支持，减小经济波动。如 2009—2010 年启动了“KfW 特别促进计划”。

KfW 介入市场遵循三个原则：一是非选择性。KfW 不改变市场优胜劣汰结果，经济结构变化由市场自身完成。二是互补性。KfW 侧重于商业银行尚未覆盖、供给不足或定价过高的业务。三是市场性。KfW 的活动不构成市场扭曲。

7. 公司治理

KfW 是国有政策性银行，联邦政府占 80%股份，州政府占 20%。KfW 成立时，专门颁布了《德国复兴信贷银行促进法》，确立了 KfW 的政策性宗旨和法律地位。但 KfW 的经营不受政府干预。

管理理事会和监督指导理事会是 KfW 的主要管理机构。管理理事会依照相关规章负责日常经营，并向监督指导理事会定期汇报。监督指导理事会包括三个委员会：管理委员会负责法律和行政事务；信贷委员会负责信贷事务；审计委员会负责会计和风险管理事务。监督指导理事会及其下属委员会制定经营规章，负责任命或解聘管理理事会成员，指派审计机构，督查管理理事会的工作及 KfW 的运行情况。监督指导理事会由联邦政府各部部长、国会议员、州行政长官等组成。此外，KfW 还设有中小企业咨询委员会，是一个咨询机构。

（三）德国储蓄银行的公司治理和业务模式

1. 储蓄银行金融集团架构

（1）集团概览

储蓄银行金融集团没有严密的控股结构，也没有机构总部，它由约 600 家独立机构组成，包括 422 家储蓄银行，7 家州立银行，10 家州立建房储蓄银行，11 家地区公共保险集团，70 家股权投资公司，17 家资产管理公司，5 家租赁公司等。员工超过 36 万人，2012 年营业收入约 3.25 万亿欧元。员工人数和资产总额远远超过了德国最大的私人银行——德意志银行。

（2）储蓄银行

储蓄银行是储蓄银行金融集团的核心，2012 年年底资产达 1.1 万亿欧元，拥有超过 1.5 万个分支机构。储蓄银行有 200 多年的历史，当地居民和政府成立储蓄银行的初衷是为低收入人群提供安全的储蓄机构。

每家储蓄银行是一个独立的区域性银行。目前，德国每个地区（每个城市、每个区县或每个乡镇）都有一家储蓄银行，管理着一个分支机构网络。

（3）州立银行

州立银行最初是国有银行或市属银行，同时也是储蓄银行的中央银行，后演变为商业银行，为较大客户提供融资服务，但保留了为本地储蓄银行提供清算等服务的功能。州立银行与储蓄银行是德国市政贷款及中小企业贷款的重要提供者。

（4）内部合作

集团覆盖各类金融业务，在内部充分发挥范围经济。松散的集团架构兼顾了贴近市场和运作效率的要求。储蓄银行有着共同的商标。集团各成员提供相同的产品和服务，如支付交易、证券业务、国际公司业务等，使用统一的后台、IT 等资源及风险评估模型。

2. 储蓄银行的中小企业业务模式

（1）中小企业融资

储蓄银行是德国中小企业最重要的融资来源，服务范围从制度规范的公司到非正规的手工业者，并服务于企业发展的各个阶段。商业贷款和风险评估的决策就地制定，而不是在遥远的银行总部。州立银行为德国企业提供规模较大的融资，在授信总量上要超过私人银行或合作银行。

（2）区域性原则

储蓄银行只能在其所属的市区或行政区域里开设分支机构，开展业务。一家储蓄银行只能通过与邻近银行合并来扩大经营区域。储蓄银行可与其他储蓄银行开展银团贷款，也可购买其他地区的债券，但这种跨区融资不被鼓励，规模较小。80%的储蓄银行存款大于贷款，资金充裕。

区域性原则使得储蓄银行对客户非常了解，能够有效地降低风险。储蓄银行是约 50%的居民和 44%的企业的开户行，提供持续服务。储蓄银行对企业和企业家的前景和信誉非常了解，与很多客户维持长期业务关系。储蓄银行的董事们用大量时间实地了解当地客户的情况，建立私人关系。这是总部远离当地的其他银行所不具备的优势。

（3）共同责任机制

共同责任机制是德国储蓄银行系统的一大特色。其基础是储蓄银行金融集团自身筹集的基金池。机制是：储蓄银行定期向地区基金预付资金；当一家储蓄银行需要支持时，它首先寻求地区基金如邻近储蓄银行的支持；如果地区基金不足，将动用上一级基金，以此类推。

储蓄银行成员预付给基金的数额与其资产额和风险分布挂钩。因此，储蓄银行没有积极性从事高风险投资。此外，问题储蓄银行动用地区基金时，还将面临来自邻近银行的巨大“压力”，这也会对其行为构成制约。自 1973 年成立连带责任机制以来，储蓄银行从未发生过违约。

共同责任机制主要不是为了事后处置风险，而在于及时预防风险。当经济环境恶化时，地区基金在被迫提供资金救助之前，就有权对相关储蓄银行启动检查甚至干预。由于储蓄银行定期预付资金，因此一旦有银行需要救助，地区基金会迅速到位，将损失最小化。

（4）风险管理

储蓄银行的贷款业务涉及中小企业、个体户等广泛客户，有效评估贷款风险至关重要。储蓄银行使用包括内部标准化评级等多种方法评估贷款所需条件及其风险。这些方法在金融危机时期运转良好。得益于稳健的风险管理，储蓄银行一直保持盈利。

内部评级除包括客户的主要财务指标外，还包括超过 40 个定性因素，如是否有合适的继承安排、企业家的能力、在当地的地位以及质量控制方面的情况等。评级工作已经程序化，有些甚至可以当场给出评级。储蓄银行已给超过 500 万客户评级。在此基础上，集团不断微调评级方法。

储蓄银行内部风险管理的另一特色是对各业务领域的地区性和全国性趋势有着详细了解，为地区业务提供全国层面的参照。集团对各业务领域每六个月做一次预测分析，该预测基于超过 22 万份的企业资产负债表，这些报表是匿名的，保证了真实性。该数据库是绝无仅有的。

此外，储蓄银行金融集团也注重获得穆迪等评级公司的市场评级，激励储蓄银行建立良好信誉，并增强集团内部的协同合作。

（5）经受危机考验

储蓄银行业务核心是鼓励居民储蓄，并为中小企业提供资金，与当地经济发展息息相关。这使得储蓄银行一直拥有充足的流动资金，并投入实体经济中。共同责任机制确保了储蓄银行等小型机构提供自我保护，从而能够在全国范围内持续提供广泛金融服务，稳定整体银行市场。在一定程度上得益于储蓄银行的存在，金融危机中德国没有出现信贷瓶颈，对德国经济尤其是中小企业平稳发展起到了重要作用。

3. 储蓄银行内部治理与外部监管

（1）非国有性质

早期，储蓄银行大多是地方政府的附属机构，但近几十年来储蓄银行已经独立化。德国的市政当局是管理储蓄银行的公共部门，但并不拥有储蓄银行的股份。储蓄银行没有明确的股东，不公开发行，也不接受注资。

州立银行的主要股东是州政府及所在州的储蓄银行。

（2）双重公众授权

储蓄银行是依法成立的公共实体。首先，法律规定的储蓄银行定位是：确保向当地个人、中小企业及公共部门（包括低收入家庭或小微企业）提供广泛的高质量金融服务。因此，即使在私人银行不涉足的偏远和低收入地区，储蓄银行也会提供完备的基本金融服务。

公共授权的重要体现是，储蓄银行运用其净收益来促进当地可持续发展，包括赞助慈善、文化、体育、科研、环境及商业发展项目。所有当地居民（包括游客）都能从这些资金使用中获益。这些资金的年使用额达 5 亿欧元以上。

其次，法律同时要求，储蓄银行应确保商业竞争力。储蓄银行没有市政基金支持，90%的资金来自储蓄，通过贴近市场服务，储蓄银行具有较强的竞争力。储蓄银行的收益用于补充资本金和回馈当地。储蓄银行追求当地经济社会福利最大化而非盈利最大化，从而避免从事高风险活动，受金融危机冲击很小。

储蓄银行是重要的零售银行，拥有约 1 亿活期存款账户，为 5000 万客户提供服务，多数德国居民选择把钱存在当地储蓄银行。其服务范围涵盖了除投机性业务外的所有零售业务。充分体现了储蓄银行的包容性和非歧视性。

（3）双重监管

一方面，与其他银行一样，储蓄银行受《德国银行法》制约，受到德国金融监管局当地派出机构和德央行的统一监管。另一方面，储蓄银行还受到对应州法律的制约，并受政府有关部门（主要是经济部）的监管，督查其对公众授权履职情况。

两套监管系统是互补关系。德国金融监管局和德央行实施的是银行业统一监管；地方政府负责地方特性监管，如督查经营是否与委托责任相符，审批储蓄银行的合并等。

（4）内部治理

储蓄银行董事会的工作相对独立，5 年一届，成员由管理委员会选定。管理委员会（相当于监事会）成员包括市长、储蓄银行员工，其他成员由当地议会选出，其中储蓄银行员工占 1/3。市长任管理委员会主席。

三、欧盟推动建立风险投资基金

（一）设立目的

为增加中小企业非信贷资金特别是资本金来源，欧盟正积极推动建立欧洲风险投资基金（EuVECA）。据欧盟统计，近 5 年小企业几乎 100%的融资来自银行信贷，其对信贷的依赖程度明显超过大中型企业（平均看，同期欧盟各类企业 86%的融资来自银行信贷）。尽管如此，很多中小企业获得银行信贷仍有困难，特别是在金融危机和主权债务危机背景下，银行系统对中小企业的授信有所收紧。除少数上市公司外，中小企业也难以通过资本市场融资。

EuVECA 旨在为中小企业搭建非信贷融资的统一平台。目前，多数欧盟国家没有支持中小企业非信贷融资的相关政策，只有少数国家出台了风险投资计划或税收减免政策。各国既有的少量政策也各不相同，缺乏统一标准，没有形成政策合力。

目前，基金的设立原则、运行框架已拟定，并开始试运作。欧盟拟于 Eu-

VECA 运作 4 年后即 2017 年，根据运行情况对其调整改进。

（二）基金运作

欧盟规定，EuVECA 须投资于符合下述标准的企业：（1）未上市；（2）公司员工在 250 人以下；（3）年营业收入在 5000 万欧元或资产规模在 4300 万欧元以下。

基金运作的原则包括：基金 70%的资金须投向符合政策导向的产业和项目；对投资分散程度不做规定，基金可投资少数几个中小企业；基金经理不能与被投资企业有其他投资和利益关系；基金可建立投资委员会，但基金主要管理者对基金运作负责；成立基金须达到最低资本规模要求；按规定披露基金投资方向、结构等事项；基金须在欧盟境内设立，在发起国的监管机构注册，基金经理也须来自欧盟；如基金规模在 5000 万欧元以下，基金经理不受欧盟《另类投资基金经理指令（AIFMD）》约束，享有更大灵活性。

（三）统一标准

满足上述要求的基金可在欧盟范围内向各国投资者募集资金并从事投资活动；相应地，欧盟各成员不得阻止其在本国境内募集资金和投资，不得附加任何其他条件。允许基金投资欧盟之外的资产和公司，但要满足税收等方面的有关规定。

投资 EuVECA 是一项风险投资，投资者首先应对风险有充分了解。其次，投资者要有承担损失的能力。为此，EuVECA 要求最小投资单位为 10 万欧元，只面向专业投资者和高净值个人。

（四）特点与优势

基金的运作是市场化的，政府没有给予额外政策支持，对基金经理的评价也依据其市场业绩。政府只对基金的设立、投向、投资者资格等加以审核和引导，尽可能避免扭曲。基金的优势在于可在欧盟各国募集资金并投资，具有更大的可选择范围。

四、中央银行在中小企业融资中的角色和作用

（一）符合政策目标

除缓解市场失灵外，中央银行介入并改善中小企业金融服务有以下理由：一是有助于达到货币政策目标。中小企业是经济发展的重要引擎，改善其融资可促进经济增长、增加就业、结构调整、扩大税收、抑制通胀。二是中小企业受货币信贷环境变化影响更大。相比大企业，中小企业对银行信贷更加倚重，信贷环境变化会极大地影响中小企业的经营行为，对此在货币政策制定、政策传导机制疏导中应重点考虑。金融危机对中小企业的影响也更大。欧央行日前发布报告显示，在主权债务较明显的意大利和西班牙，其中小企业贷款利率明显高于德法中小企业的贷款利率。

（二）国际经验

供给方面的作用。一是中央银行和监管部门发牌设立中小金融机构服务中小企业融资，即成立更多绿地银行（Greenfield Banks）；二是界定能够参与中小企业金融供给的金融机构范围，并给予相应政策支持；三是强化信贷业务管理。德国、印度等国家中央银行出台了专门的指导意见，对中小企业信贷的风险管理、期限匹配、业务流程和流动性管理等方面做出明确规定，支持并规范中小企业的信贷。

需求方面的作用。一是放宽抵押品标准，纳入部分动产。为解决中小企业固定抵押品不足的问题，欧盟部分国家和一些发展中国家修订相关法律规定，降低抵押品的最低要求，并将符合一定条件的动产（如养殖场的羊群）纳入抵押品范围。中央银行或其他政府部门建立统一的电子信息库，纳入动产信息。强化针对动产的法律执行制度。二是提供再融资支持。借鉴英格兰银行经验，欧央行目前正在讨论放松向增加中小企业贷款的商业银行提供流动性的抵押品标准。亦有建议支持欧央行直接购买中小企业的贷款组合，推动中小企业贷款的证券化。三是放松反洗钱法。在中央银行的数据和研究支持下，一些国家松动了反洗钱法中不利于中小企业融资的规定。

五、若干启示及政策建议

（一）加强改善中小企业融资的顶层设计

充分认识我国在支持中小企业融资上的巨大差距。正如德国中央银行的一位官员说，“德国有服务中小企业的完备金融体系，几乎听不到中小企业抱怨融资难、融资贵”。经分析研究，笔者认为这一判断基本属实。相比之下，我国中小企业融资服务供给严重不足，政策支持明显缺位，存在较大的改善空间。

合理确定各级政府、政策性银行、各类中小银行的分工定位。政府有充足的理由改善中小企业融资，我国无疑应加大政策介入力度。同时，政府介入应有合理的原则和方式。从德国模式看，政府或政策性银行立足信用高、资金成本低、税收优惠等优势，更多的是依托商业银行支持中小企业信贷，通常不直接面对中小企业，由此与商业银行形成合作而非竞争关系。有时政府只出政策或起引导作用，具体融资活动则由市场完成。此外，政府干预应恪守不改变市场竞争结果、避免新增扭曲、维护市场效率的原则。

大力发展直接融资。中小企业对融资的需求是多样化的，应积极拓展其非银行信贷渠道。借鉴欧盟最新推出的欧洲风险投资基金计划，建议在国家层面上设定统一标准，避免零敲碎打，鼓励各地方建立风险投资基金，并允许其在国内自主投资。

（二）加强金融机构服务中小企业的相关立法

一是从法律上确定中小金融机构和政策性银行服务中小企业和当地经济的基本定位。德国除有《德国银行法》规范整体银行业（包括担保银行）发展外，还有规范复兴信贷银行发展的《KfW 法》、规范储蓄银行发展的《储蓄银行法》等专门法规，从法律上确定了中小金融机构服务中小企业的宗旨定位、政策属性和公司治理。为抑制我国中小金融机构过于偏离为中小企业服务的倾向，应出台适用于不同机构类型的专门法规，强化其服务当地经济和中小企业的职能。

二是从法律上限制中小金融机构从事高风险业务。德国的相关法律均规定储蓄银行、担保银行、复兴信贷银行、州立银行等不得从事高风险和投资银行业务。我国目前中小金融机构经营稳健性有待加强，部分新型金融机构风险偏好较高，风险管理有待加强，不利于服务中小企业。建议借鉴危机后最新立法经验，限制中小金融机构从事高风险业务，使之立足于传统的商业信贷和零售银行业务。

（三）构建错位发展、立足当地、适度竞争的中小银行体系

目前，我国中小银行数量虽已初具规模，但其业务方向与大中型银行同质化严重，各类中小银行也没有形成错位发展，有偏离服务中小企业的倾向。下一步，应着力构建专注服务中小企业的金融机构体系。

一是合理定位，错位发展。德国银行市场主要由私人银行、合作银行及储蓄银行和州立银行构成。三种类型银行存在竞争，但定位有明显不同。私人银行致力于为股东的利益服务；合作银行致力于为其成员的利益服务；而储蓄银行则致力于为其所定义的当地居民利益服务。我国政策性银行、中小股份制银行、农村信用社、农村商业银行、城市商业银行、村镇银行也应各有侧重，特色发展。这些银行也不应因存在竞争而过度扩大经营地域，或从事投资银行、影子银行等高风险业务。

二是坚持服务当地，避免过度竞争。对于历史上具有明显属地特征的中小金融机构，应适当限制其跨区经营或设立分支机构，鼓励其立足当地，服务当地，以改变对落后地区和低收入人群实行“抽水机”式的业务模式，保证当地储蓄为当地经济提供可持续的投资和发展动力，维护当地经济自我循环的基本能力。

三是部分机构不应以盈利为唯一目标。股权分散或政府主导的中小金融机构，如农村信用社、农村商业银行、城市商业银行等，应强调其服务当地中小企业发展的政策属性，抑制其为追求利润而降低金融服务的包容性。

（四）建立政府主导的中小企业信贷担保体系

目前我国担保业主要是市场化运营的，担保企业以地县级为主，资本规

模较小，规范程度不高，风险较大，无法满足中小企业对信贷担保的需求，有必要加大政策介入。

一是鼓励省级政府成立主要面向中小企业的担保银行或担保企业，在部分省份试点后，可推广至一省一家，担保银行的经营限于省内。

二是增强政府的反担保支持。在联邦政府和州政府两级反担保制度下，德国担保银行仅承担最终信贷损失的16%~32%，而我国目前中小企业信用担保机构承担80%以上甚至全部损失，相比之下，我国各级政府无疑应加大反担保力度。

三是建立相应的税收支持政策。建议只要担保企业收入仍用于担保业务发展，应免除一起税费。

四是建立担保风险补充机制。德国规定，如果损失率超过3%，将通过增加担保费率、政府增加损失承担比率、投资人增资等方式补充资金。该补充基金每5年评估一次。我国应建立制度化的担保风险补偿机制，缓解市场风险、经济周期等因素对中小企业信贷担保带来的经营压力。

（五）建立服务中小企业的政策银行体系

建议新设以服务中小企业融资为业务重点的政策性银行，或改造现有三家政策性银行业务模式，分别增加国家开发银行、农业发展银行、进出口银行促进中小企业发展、支持涉农中小企业发展及中小企业出口信贷和项目融资的政策任务。从各国经验看，中小企业需要专门的政策性银行对接服务，我国也应有相应的政策性银行将中小企业作为业务重点。可考虑借鉴德国KfW模式，新设或改造现有政策性银行向中小企业提供中长期优惠贷款，使其国家信用背景和低成本资金优势惠及中小企业发展。

具体模式上，应把握几点：

一是支持中小企业发展的资金不依赖财政补贴或再贷款，而是在国家信用支持下通过市场化融资，从而硬化财务约束，提高效率。

二是政策性银行可不直接接受中小企业申请，而是依赖商业银行开展业务，发挥资金成本优势，与商业银行形成合作共赢而非竞争重叠的关系，同时也有助于控制风险。

三是政策性银行的经营以不造成新的扭曲为原则，旨在缓解金融市场失灵，填补市场空白。

（六）进一步发挥中央银行的积极作用

发挥人民银行的信息优势。人民银行作为金融信息统计收集部门，对提供中小企业信息起着无可替代的作用。人民银行可利用并完善征信系统和支付结算系统，扮演中小企业经济金融信息收集、处理、反馈的核心作用，为监管及财政部门提供必要决策信息。

人民银行和监管部门可就关于中小企业信贷业务的流程、产品出台指导意见，设立监督和执行机制。

鼓励金融机构更多利用内部评估方法，积累中小企业评级信息。人民银行可指导帮助中小银行建立、改进评估中小企业资信的方法，促进评级方法推广。

扩大抵押品范围，研究将部分动产纳入征信登记系统，并引导金融机构将满足一定条件的动产作为抵押品。

积极与世界银行、KfW、德国储蓄银行等机构开展合作，引入中小企业信贷技术和经验，提升金融业服务中小企业的水平。

（七）引导金融机构放宽中小企业标准

欧盟确定的中小企业标准是员工 250 人以下，年营业收入 5000 万欧元以下或总资产在 4300 万欧元以下。德国复兴信贷银行的标准只有年营业收入 5000 万欧元以下，覆盖德国 99.96%的企业。2011 年我国中小企业的最新标准是营业收入 2 亿元以下（工业企业 1000 人以下或营业收入 4 亿元人民币以下）。相比之下，我国标准较窄，金融机构提供服务时的标准应适当扩大。

第十三章

金融支持灾后重建的国际经验研究[①]

随着金融支持抗震救灾和灾后重建工作的推进，各界在货币政策调整的幅度和范围、涉灾贷款债权债务关系的处置以及灾后重建的具体金融扶持政策等问题上，存在较大争议。为此，我们急需系统研究境外一些国家和地区金融抗灾的相关经验，以供借鉴。

一、应急金融服务与货币政策调整

1. 采取应急措施，保证市场流动性，保持支付结算系统的畅通。灾难发生后的最初一段时间内，中央银行、中央银行分支机构、灾区金融机构首要任务就是确保市场资金有充足的流动性，并且保持支付结算系统的畅通。

2005 年“卡特里娜”飓风肆虐后，美联储体系中的联储银行纷纷向灾区快速运送现金，满足当地大幅增加的现金需求。2001 年“9·11”恐怖袭击对金融体系造成严重冲击，美国支付清算系统被迫中断。美联储采取了六项措施向市场提供充分流动性：一是美联储的纽约交易所买入大量美国国债，通过直接购买或者回购的方式向市场提供流动性；二是美联储通过再贴现窗

① 本章写于 2008 年“5·12”汶川地震发生之后。

口向银行提供贷款；三是美联储要求银行为陷入流动性问题的借款者提供重建贷款，帮助企业和个人度过临时性的流动性问题；四是美联储主动延长了清算过程中对金融机构的贷款期限，更好地履行了支票清算职能；五是美联储还采取措施，促进在美有分支行或代表处的国外银行保持流动性；六是美联储和欧洲央行、英格兰银行、加拿大央行建立货币互换联盟以备不时之需。“9·11”的次日，美联储就向金融系统紧急注入流动性资金达1020亿美金，其后，流动性状况很快恢复到“9·11”之前。这些快速反应为稳定金融市场信心起到至关重要的作用。

2. 加大金融服务设施建设力度，增强金融系统抗灾能力。在反思“9·11”恐怖教训的基础上，美联储理事会、货币监理署和证券交易委员会于2003年4月发表了名为《加强美国金融体系应变力的良好规范》白皮书，指导金融企业采取措施，提高应急能力。同时，由于“9·11”恐怖袭击导致美国支付清算系统运行中断、纽约股票交易所关闭一周等事件产生的深刻影响，各金融机构普遍增强了防灾减灾意识，在备份设施、异地备份数据中心建设上的投入明显增大。

3. 密切监测宏观经济，货币政策调整因时而异。境外灾后的货币政策通常是在综合各项经济指标表现和预测的基础上，权衡把握，力求稳健。“9·11”恐怖袭击之后，危机造成的直接影响在10月份已基本结束，但消费者和投资者信心受到消极影响，GDP增速预测出现下降。监测到这些情况，美联储果断调整了其货币政策，在“9·11”之后的三个月内连续四次降息，累计幅度远大于正常情况，有效提振了市场信心。飓风“卡特里娜”虽然重创了美国的南部数州，损失规模惊人，但美国经济当时正处于上升通道中，飓风对整体经济的影响较为有限，美联储仍坚持将打击通胀作为首要任务执行从紧的货币政策，在飓风过后不足一个月时进行了第11次加息。事后证明，美联储这两次在货币政策操作的方向、节奏和力度上的把握还是较为成功的。

二、涉灾债权债务关系与不良资产的处置

1. 维持原有债权债务关系的有效性。对于涉灾债券债务关系，尤其是房屋抵押贷款，不同地区政府大都选择了尊重商业合同。台湾在“9·21”地震后出台的一系列金融扶持政策是在维持原有债券债务关系的基础上开展的。这也是美国金融业应对巨灾的做法。日本政府及一般国民认为，按揭贷款是个人责任，应当符合市场原则，不应由国库承担，更不应由银行承受。1998年洪灾后孟加拉国的信贷政策发生了重大变化。在20世纪80年代的洪灾中，银行通常取消受到影响的贷款，不同的是，虽然1998年农业贷款大幅增加，但既有贷款只是延迟偿还。

2. 结合地区实际情况，设计按揭贷款解决方案。由于信贷文化、市场观念、保险体系和压力大小的差异，不同地区的按揭风险、应对方案也存在较大差异。美国民众保险意识发达，银行的按揭贷款风险很大部分已被保险公司有效覆盖。在日本，对于全倒或半倒的房屋，主要是以慰问金、修理金、搬家费的名义，由各界义捐的1700亿日元赈灾款支付。

而中国台湾的具体做法是：(1) 银行承诺房屋倒毁受灾户房贷本金和利息展延5年，展延利息总额可在借款存续期间内分期摊还。其他受灾户房贷本金展延5年，利息展延6个月，利率均减1个百分点。(2) 如果贷款剩余的额度较低，受灾户可与银行协商，以原土地及受灾住房清偿所余债务，有关部门将给予银行一定的利息补贴。(3) 若银行不愿承受原土地及受灾住房，则可在“中央银行”提供给受灾户的350万元新台币贷款额度内抵偿，并适用优惠利率。台湾当时的金融形势和目前大陆的情况最为接近，最具参考价值。其解决方案的特点在于“依托政策性房贷，有关各方各退一步，具有较大灵活性”。

3. 各方协作，共同化解灾区原有贷款的还本付息压力。台湾的金融机构承诺，对于工商贷款的到期本金展期6个月。若利息经借贷双方合意获得展延，政府部门对承贷机构的利息损失予以补贴。美国则为受到“卡特里娜”飓风受灾地区的学生减免了6个月的助学贷款利息，免息金额达1亿美元。日本的银行也承诺有条件延长偿还期限，减免部分贷款利息等。

表 13-1　中国台湾、日本和美国对于按揭还贷问题的处理办法

	中国台湾方案	日本方案	美国方案
受灾情况	1999 年 9 月 21 日，7.3 级地震袭击台湾，造成 2453 人死亡，11305 人受伤，损失达 92 亿美元。房屋全倒者 6500 多户，半倒者 5500 多户	1995 年 1 月 17 日，7.5 级地震袭击日本，造成 6000 多人死亡，3 万多人受伤，数十万人无家可归	2005 年 8 月 29 日，飓风“卡特里娜”袭击美国，造成约 1800 人死亡，170 万人流离失所，损失超过 1500 亿美元
保险理赔	由于民众投保住宅火险附加地震险的比率极低，仅约千分之二，保险公司理赔总额不高	由于“神户无地震”观念很深，加上属于非强制险、保费很高等因素，很多人没有购买地震险	民众保险意识很强，光在飓风中被毁坏的住宅和工厂，保险公司的理赔数额就超过 300 亿美元
房屋贷款	银行承诺房屋倒毁受灾户房贷本金和利息展延 5 年，展延利息总额得于借款存续期间内分期摊还。其他受灾户房贷本金展延 5 年，利息展延 6 个月。利率均减 1 个百分点 如果贷款剩余的额度较低，受灾户可与银行协商，以原土地及受灾住房清偿所余债务，有关部门将给予银行一定的利息补贴 若银行不愿承受原土地及受灾住房，则可用政府给予受灾户的 350 万元新台币贷款额度抵偿，并适用优惠利率	银行承诺延长受灾者按揭贷款的偿还期限，免除因此而增加的利息负担；减免部分贷款利息等	联邦法律规定，受灾地区的财产在 90 天内不能被冻结抵押赎回。3 个月后如果仍有还款困难，借款人应当主动与贷款人协商重构贷款方案。联邦存款保险公司允许还款延期；房利美和房地美允许借款人暂缓还款、减少还款额，或制定更长期限的还款计划
其他贷款	承诺对于工商贷款的到期本金展期 6 个月。若利息经借贷双方合意获得展延，政府部门对承贷机构的利息损失予以补贴	银行承诺有条件延长偿还期限，减免部分贷款利息等	减免受灾地区 6 个月的助学贷款利息，免息金额达到 1 亿美元

三、灾后重建中的融资支持政策

灾后重建的金融支持可分为以下层次：商业化的金融市场，政府、捐赠

和国际援助，处于这两端间的非政府组织、小型金融机构，以及上述各方间的合作。

（一）第一层次：金融市场

1. 银行及民间借贷

我国台湾“9·21”地震后，岛内最大商业银行台湾银行（Bank of Taiwan）实施救灾信贷的相关条款如下。目的：为受灾企业和个人提供重建资金。对象：台风、洪水、地震以及其他不可抗拒自然灾害的受害者（包括公司和个人）。期限：对恢复营运资本贷款，最长两年，可展延半年；对修复工厂住房等建筑物贷款，最长三年，可展延一年；对迁移安置贷款，最长三十年，可展延三年。额度：企业最高额度为5000万新台币，对个人最高300万新台币。利率优惠：根据银行具体规定，贷款人需提供担保品，获由信托担保基金担保；在展延期内，贷款人只付利息，展延期满后，应对本息分期偿还；受灾人应在受灾30天内向银行申请。此外，台湾银行还有一种重大灾难恢复贷款：对象是中小型企业；利率是两年期邮政储蓄的当期利率加1.5%；基本建设支出贷款最长期限15年，最长展延3年；运营资本贷款，最长2年，最长展延6个月；需要担保。

日本金融机构还对高收入和中低收入的家庭实行差别房贷政策，对受灾严重的中低收入家庭视情况给予减免利息。在美国，除了政府财政支援外，联邦存款保险公司授意旗下金融机构，一旦发生重大自然灾害，可对受灾客户的还款期限适当展期。美国最大抵押品投资公司Fannie Mae从业主手中购买抵押物，并建议业主帮助客户，在3个月内暂缓还款，18个月内减免部分贷款。而Freddie Mae将暂缓或减少还款期限可延长到一年为限。

金融机构还以中小企业信贷为抓手，支持受灾地区居民就业。受灾地区的失业问题对于各地政府都是棘手难题。提供临时工作津贴、技能培训和奖励就业津贴等措施效果有限，更多的作用在于暂时安抚灾民情绪。而发展中小企业信贷和微贷成为解决灾民就业问题的最重要手段，受到各地政府重视。“9·11”事件后，汇丰银行重建纽约贷款。贷款总金额为2亿美元，贷款对象是纽约小企业，每笔贷款最高限额为 200 万美金，固定利息为 6%～6.75%。纽约银行小企业恢复中心为抵补物资财产或新设施的经济损失提供贷款，金额从 5000 到 10 万美金不等，优惠利率为 2%，期限最多为 3 年，无手续费和杂费。除大型银行提供的贷款外，美国的中小企业贷款还包括以下三类：(1) 小企业局贷款，主要支持灾区小企业，最高限额 1000 万美金，包括小企业商业性物质损害贷款和小企业经济伤害流动资金贷款；(2) 社区金融机构贷款，包括世贸中心小企业恢复基金贷款、布鲁克林经济发展公司贷款等；(3) 民间善款基金贷款。

不过，正规银行部门在欠发达国家作用较小。孟加拉国 1998 年洪灾后，家庭主要是向亲戚、朋友和邻居等非机构借款，而不是向非政府组织或银行（它们的主要客户是农场和企业），甚至向私人放款人借贷。

2. 保险

巨灾保险所提供的融资比重在各国间差别较大。2005 年美国“卡特里娜”飓风造成经济损失 500 亿美元，其中保险赔付 163 亿美元，占到 32.6%，比重与美国加州 1994 年诺斯里奇地震相仿。资料显示，这一比重大致是世界平均水平。1998 年英格兰东部洪水的保险赔付占比更是接近 40%。但其他国家的情况并不理想。意大利 1997 年翁布里亚地震、波兰 1997 年洪水以及苏丹 1998 年洪水保险赔付占总损失的比重都没有超过 10%。1998 年洪都拉斯遭遇飓风米奇（Mitch）侵袭，造成 20 万人死伤，波及 70 万个家庭，但已保损失只有 3 亿美元，不足直接财产损失的 10%。

发生大地震的国家或地区，一般会在其后两年左右时间建立起相关地震保险制度，以为灾后重建提供资金。日本 1964 年发生新潟大地震，1966 年出台《地震保险法》并建立日本地震再保险株式会社；美国加州 1994 年发生大地震，1995 年出台相关法规，1996 年成立加州地震局（为保险机构）；土耳其 1999 年发生大地震，2000 年建立土耳其巨灾保险共同体；中国台湾地区 1999 年地震后，2001 年台湾当局出台《住宅地震保险共保及危险承担机制实施办法》，2002 年成立台湾财团法人住宅地震保险基金。

3. 证券及衍生品市场

20 世纪 90 年代中期以来，以风险证券化为代表的新型金融工具不断问世。风险证券化将保险市场和资本市场有机结合，发挥了资本市场资金充足的优势，也规避了保险公司的小概率风险。风险证券化及其衍生品包括巨灾债券、巨灾互换、巨灾期权、行业损失担保、债券连结期权等十多种金融工具。其中发展最成熟、交易规模最大的当属巨灾债券（Catastrophe Bond 或 Cat-bond）。巨灾债券在未来没有现金收益，是一种规避风险的远期交易。其投资收益高低与巨灾是否达到触发点相关。如果巨灾没有达到触发点，投资者会在期末领到本金和利息；当巨灾达到触发点后，债券发行人就可依据巨灾债券的发行条件，延迟、减少或免除偿还投资者的本金以此作为保险公司理赔灾害的资金。

巨灾债券获得较大成功。目前巨灾债券平均收益率约在 10%以上，仅有极少数遭遇清盘，并且，巨灾债券与投资人资产组合中其他资产的关联性低，利于分散风险。自 1997 年诞生至 2006 年，巨灾债券发行量增长了约 300%，2006 年当年的总发行量达 50 亿美元。2007 年，这一数字已逼近 60 亿美元。2008 年全球巨灾债券市场预计将增长 20%。

美国发行巨灾债券外，还发挥资本市场发达的优势，通过巨灾保险期货、巨灾保险期权等工具管理巨灾风险。

（二）第二层次：政府财政、捐赠与外部融资

在灾难保险深度不够的国家，各类救助资金通常能弥补总损失的 30%～40%。可归纳为以下几方面。

1. 财政

洪都拉斯 1998 年的飓风灾难中，政府救助是主要资金来源。“官方发展援助”从 1998 年的占 GDP 6%急剧上升到 1999 年的 16%，达 8.42 亿美元。为此，政府并没有增加税收，也没有向央行贷款进行透支，而是调整财政预算，减少政府支出，规模达到整个预算的 7.3%，为 2.2 亿美元，同时发行国内债券筹得 3000 万美元。

台湾“9·21”地震后，当局即出台系列救助措施，包括受灾户房屋贷款五年内免缴本息，“中央银行”释出1000亿元新台币邮政储金作为项目低利融资，“财政部”要求金融机构承受灾户房屋贷款，以及由政府提拨500亿元作为灾区制造业厂商复建之用等多项措施。另外，还规定原居民住宅与农村住宅的新建、改建及增建凡符合规定，且总楼地板面积不小于50（原住民住宅）或66（农村住宅）平方米的，每一住宅单位发放奖励补助建造费20万元新台币。

2001年2月印度古加拉特邦地震后，邦政府宣布四个救助政策分别资助四类不同的受灾家庭，惠及30万个家庭，规模达10亿美元，其资金主要来自印度中央政府和邦政府、各类机构的捐赠和贷款、总理和部长救助基金等。

2. 政府主导型重建基金

在灾难频发的中南美洲国家萨尔瓦多，国家建立社会投资基金（SIFs），用于对遭受灾难的贫困地区提供快速救助，常常为小型建设工程提供资金。SIFs与贫困地区直接保持联系，分散管理，并与社会组织和地方政府紧密合作，运作透明，运作高效。日本阪神大地震后，政府投入设立基本基金，资助建设基础设施和基本的公共设施项目。

3. 接受国内外捐赠

捐赠几乎为所有的灾后重建都提供了融资支持。洪都拉斯飓风后，接到的国际援助规模达到灾难损失的10%。美国飓风侵袭后，大大小小约140万个慈善机构发挥了巨大的抗灾作用，仅2006年，美国的慈善捐款就达2600亿美元。

4. 外部融资

伊朗2003年12月发生严重地震，利用国际援助和外国贷款实施基础设施和公共服务的发展计划，成为灾后重建的重要融资渠道。印度古加拉特邦地震后的重建融资包括了从世界银行和亚洲开发银行申请的软贷款（指低于市场水平的长期贷款）。洪都拉斯飓风灾难后，海外政府和机构提供优惠贷款达3亿美元。

（三）第三层次：政府参与金融抗灾

无偿划拨和支持重建的补贴贷款很容易耗尽政府资源，巨灾风险也无法在金融市场上自发解决，因而，更有力的重建融资政策来自政府与金融市场的合作。

1. 政府参与银行信贷

伊朗 2003 年地震后，通过住房基金（Housing Foundation，为政府的一个执行部门，负责受损房屋的建设和重建）把资质良好的人介绍给银行获取资金，并由商业、学术、工程以及住房基金等部门的知名人士组成建筑与城市发展委员会（CAUD），对房屋重建和城市规划提供指导，同时核定每个家庭和企业的信贷额度和银行贷款规模，CAUD 还负责已经获批的用于校舍、围墙、花园、围栏重建贷款的分配。

台湾“9・21”地震后，银行展延本金和利息、降低利率的措施并不能解决重建融资问题。台湾“中央银行”随即提拨邮政储金转存款及其他转存款共 1000 亿元新台币，供银行办理地震灾民购屋、住宅重建及修缮等长期低利、无息紧急融资。台“央行”规定，每户只能申贷一次，不得重复申请；对于房屋全倒、半倒、危险等级不能居住的家庭提供期限最长 20 年，金额最高 350 万元新台币的贷款，贷款 150 万元以内的部分免息，超出部分按年 3%的固定利率计息；对于房屋修缮后可居住的家庭提供最长期限 20 年，最高金额 150 万元新台币的贷款，计息利率为 3%的年固定利率；专项贷款前 3 年暂缓还本付息，第 4 年起贷款本金利息按月平均摊还。1996 年日本发生阪神大地震，日本金融机构向遭受自然灾害需修缮、建设或者购买房屋的家庭提供低息贷款。房屋半坏的家庭最高获得 170 万日元低息贷款，房屋全坏的家庭最高可获得 250 万日元低息贷款。另外，对于为受灾的迁住户，每户最高可申请 150 万日元贷款，并实行一定幅度的利息补贴。此外，政府还提供贷款信用保证，提高银行承贷意愿。“9・21”震灾重建基金会与当局分别捐赠 10 亿元与 8 亿元，对弱势灾民房屋的修缮贷款、重建贷款、购屋贷款提供信用保证，未受灾的迁住户可由“原住民族综合发展基金”提供信用保证。

表 13-2　美国、日本和中国台湾支持灾民重建家园的措施

<table>
<tr><th></th><th>美国“9·11”恐怖袭击</th><th>台湾“9·21”大地震</th><th>日本阪神大地震</th></tr>
<tr><td rowspan="3">支持受灾户解决住房问题</td><td>联邦住房管理局援助：可在《联邦住房法案》203 条例的框架内，提供政府背景的特别贷款、按揭贷款保险计划等。一般是临时性的，视灾害情况而定</td><td>购屋或重建贷款：限用于住屋全倒、半倒及危险等级不堪居住者，期限最长 20 年，每户最高 350 万元新台币，部分免息。修缮贷款：适用于房屋经修缮后可居住者，期限最长 20 年，每户最高 150 万元新台币，提供还本付息宽限期</td><td>购屋或重建贷款：住房半坏，每户可贷款 170 万日元；住房全坏，每户可贷款 250 万日元，3 年内还清免息</td></tr>
<tr><td>小企业局贷款：其中一项为住房和个人财产灾害援助贷款，用于修缮或重置房地产或个人财产</td><td>信用保证：为提高金融机构承贷意愿，支持无担保能力的弱势灾民，由“9·21”震灾重建基金会与当局分别捐赠 10 亿元新台币与 8 亿元新台币，交由中小企业信用保证基金设置专门账户，为受灾户贷款提供信用保证</td><td rowspan="2">住宅金融公库贷款：受灾公民可从公民住宅金融公库获得建、购房的资金帮助，受灾严重者可获免息。对高收入与中低收入人群实行区别对待政策，后者可享受优惠利率</td></tr>
<tr><td>联邦紧急管理署（FEMA）援助：对因“9·11”造成财政困难而失去住房的，或虽公司地址不在下曼哈顿，但如其就业受到“9·11”直接影响的，都可申请抵押和租房援助计划</td><td>提供“国宅”：平价出售“国民住宅”，截至 2004 年 8 月底，共出售 1190 户</td></tr>
</table>

2. 政府（及民间组织）参与巨灾保险

政府行为改变了土耳其地震保险深度有限的问题。在 1999 年大地震之后，土耳其成立了土耳其巨灾保险集团（Turkish Catastrophe Insurance Pool，TCIP），通过立法让 TCIP 实施强制的规范的灾难保险，从而实现政府—私人保险的整合。1994 年墨西哥通过立法规定城市的公共财产应投保。

在日本，地震保险的核心机构是日本地震再保险株式会社（JER），但政府作用也很关键。投保人向保险公司（非寿险公司）投保地震保险，保险公司向 JER 全额分保，JER 再将所有承保风险分为三部分：一部分自留，一部分转分保回原保险公司，一部分转分保给政府。发生地震灾害后，根据损失大小分为三级，按照既定规则进行责任分配。初级损失完全由 JER 承担；中

级损失由 JER 和原保险公司承担 50%，政府承担 50%；高级损失由 JER 和原保险公司承担 5%，政府承担 95%。损失越大，政府承担的部分越大。如果单次地震事故保险损失总额超过最高赔付限额，那么将按照最高赔付限额与保险损失总额的比例对被保险人进行赔付。

在中国台湾，地震保险的核心机构是台湾财团法人住宅地震保险基金（简称地震保险基金），投保人向保险公司（财产保险公司）投保地震保险，保险公司向地震保险基金全额分保，地震保险基金再将所有承保风险分为两大部分：第Ⅰ部分转分保由地震保险共保组织（由原保险公司组成）承担，第Ⅱ部分由地震保险基金承担和分散。这第Ⅱ部分又细分为四层：第Ⅱ-1 层由地震保险基金自留，第Ⅱ-2 层通过再保险市场或资本市场在台湾地区内外进行分散，第Ⅱ-3 层再由地震保险基金自留，第Ⅱ-4 层由政府承担。与日本相似，如果单次地震事故保险损失总额超过最高赔付限额，那么将按照最高赔付限额与保险损失总额的比例对被保险人进行赔付。

3. 政府参与巨灾证券及衍生品

1985 年的墨西哥城大地震促使政府建立一些支持灾后重建的融资政策。1996 年政府启动一项金融风险管理方案（FONDEN），该方案中包含一个灾难防范基金（该基金是由每年未花完的灾难财政预算积累而成）。但在 2005 年的飓风席卷墨西哥大部分地区后，该基金消耗殆尽。从 2006 年开始，墨西哥政府决定，对基金进行再保险，并发行巨灾债券。这两种工具组成的方案以 260 万美元的费用为标的为 4.5 亿美元提供了风险保障。

2008 年 5 月，在日本国家农业互保协会的委托下，慕尼黑再保险公司代表在日本发行了期限 3 年的日本地震风险巨灾债券，总发行额 3 亿美元，债券票面利率较 3 个月 LIBOR 高 4.4 个百分点。通过巨灾债券这一证券化方式，日本农业互保协会将日本地震风险转移给资本市场，为日本保险市场提供了更多的巨灾承保能力。

拉丁美洲和加勒比海地区，政府对所有新建项目实施严格的灾难风险分析，更具风险等级，落实相应的建造标准，对于未被优惠贷款覆盖或者超出实现防范的风险，政府则进行相应的再保险和风险掉期。

（四）第四层次：非政府组织和小型金融机构

印度的人道发展行动组织（DHAN）在灾难发生后帮助受灾群众组织起来互助。该组织与印度1500个社区建立了联系，它将15~20个贫困妇女作为一组，该组织还与其他非政府组织（NGO）和商业保险机构合作，为社区提供专业的财务支持。

小型金融机构（MFIs）在印尼、印度、斯里兰卡等发展中国家提供着大量金融服务。尤努斯和格莱珉银行在2006年获得了诺贝尔和平奖，小额贷款现成为全球范围内的主流产品。孟加拉国1998年洪灾后，MFIs在家庭贷款中起到了很大的作用。在这一时期，大多数MFIs重新规划贷款计划，允许贷款者推迟还款，即便贷款人尚有数笔贷款，只要还清了已有各贷款的一半以上，仍能获得新的贷款。MFIs的成员们也可形成团体，共同负担小额信贷的利息和本金偿还。国际社会的MFIs在马拉维提供强制保险项目，保险费直接加在贷款利率上。这种安排降低了灾难时期不良贷款的发生率。

同时，微贷业务（Microcredit）的意义日益受到重视。国际减灾战略指出，贫穷或濒临贫穷边缘的人群在社会中是脆弱的，致灾因子是他们的主要威胁，而微贷业务恰好能够帮助弱势灾民减轻贫困，继而提高抗御灾害能力。联合国大会通过决议，宣布2005年为“国际小额信贷年”，呼吁重视微贷业务在减灾领域的作用。纽约美国梦救灾基金贷款，其贷款对象就是那些不够资格获得小企业局贷款的更小商人，如小贩、擦皮鞋店。最高贷款额3万美元，期限五年，至少10%为赠款（即贷款额的至少10%为赠予部分）。

四、经验借鉴与启示

（1）在保持货币信贷从紧总体不变的同时，实施灵活的货币政策支持灾区重建。汶川大地震造成人员重大伤亡，经济损失巨大，但我国目前资金流动性过剩，通货膨胀压力较大的局面仍没有改变，灾区重建在短时间内还可能进一步刺激总需求增长，因此抑制通货膨胀仍是我国中央银行的首要任务。

借鉴美联储处理“卡特里娜”事件的经验，人民银行有必要继续坚持从紧的货币政策，同时对于灾区重建的巨大资金需求，金融政策可适度倾斜。具体而言，建议参考农信社改革专项央行票据模式，依托财政资金对灾区金融机构发放专项票据；向灾区金融机构发放无息或低息的特殊目的贷款，在额度内由金融机构负责发放政策性贷款；对灾区金融机构可实行差别存款准备金率和利率管理。

（2）加强中央银行、金融机构和其他各种救援组织的合作。美国亚特兰大州储备银行前总裁 Jack Guynn 总结飓风“卡特里娜”的救援经验时曾提到，加强联邦储备银行体系和受灾地区商业银行的协作对提供流动性、支票清算、电子支付和贷款发放具有关键性的作用。当前，我国抗震救灾工作最为明显的特征就是“时间急、任务重、投入大、持续久”。因此，人民银行、金融机构和各种救援组织必须通力协作，合理分配好救灾物资。其中，人民银行和金融机构的紧密配合，可以极大发挥金融扶持救灾和灾后重建的效果，将财政救灾款及时划转到各级政府部门，将国家补助资金及时、安全地发放到受灾居民和公司，高速、有效地受理居民和企业提交的各种贷款申请，防止灾情的进一步扩散。

（3）完善人民银行和金融机构金融服务。在灾难发生的初期，电子支付系统可能难以起到平时应有的作用，人民银行和金融机构应该及时了解灾区对现金的需求和维护支票清算工作的进行，及时将现金发放给取款人，以满足其购买食物、饮用水等生活必需品的需求，防止挤兑事件的发生，维持灾区金融的稳定。随着救灾工作的深入，大量救灾资金的汇入及救灾资金的发放给灾民，电子支付系统的作用重新得到发挥，人民银行分支机构和各地金融机构必须保持支付结算系统的畅通，逐步恢复向灾民提供简捷、高效的金融服务。

（4）各方协作，共同化解灾区的信贷原有贷款的风险。一是由中央和地方财政提供支持。财政可按照震前房屋价值的一定比例，由财政出资对毁损房屋所有者和贷款银行予以一定的经济补助，剩余部分损失由银行和贷款人相应承担；对灾后按揭购买经济适用房、商品房按规定的人均面积部分予以财政贴息；由劳动保障部门对确实失去生活来源的灾民拨付基本生活费，维持灾民灾后必要的支付能力，防范灾后信用记录的累积放大。二是商业银行需兼顾社会责任和商业利益原则，对受灾个人和企业的贷款给予平等优惠。具体的减免息比例可由国家根据各地受灾情况制订，金融机构在国家标准的基础上，制定各行的执行标准。对受灾地区给予适当的还款宽限期，如 6 个月、1 年。宽限期内的个人贷款可以不归还贷款本息，不计罚息，在个人信用信息基础数据库中不反映违约记录。具体操作方案，可参考台湾等地做法。

（5）多方筹措资金，综合发展灾区的房屋贷款、中小企业贷款和微型贷款体系，满足灾区重建资金需求。建议依托财政划拨专项资金，吸纳住房公积资金和部分慈善捐款，为受灾户提供设定上限的信贷额度，用于开展灾民购房、建房或修缮住房的政策性房贷，可视借款人受灾程度给予减免利息等优惠。为调动承贷金融机构积极性，可由财政基金提供比例不等的信用保证或按揭贷款保险，并给予手续费补贴。建议鼓励商业银行、小额贷款公司、村镇银行等金融机构面向灾区中小企业和非正规劳动组织，给予利率、期限、延期还款、抵押品估价等方面优惠，从而解决灾区的恢复生产和就业问题。具体操作办法可结合我国金融业实际，借鉴台湾等地的灾后政策性贷款做法。

（6）完善金融法规，维护金融秩序稳定，改进金融服务水平。要积极推进个人信用制度建设，建立严厉的全国统一的失信惩罚追究体系，在《企业破产法》的基础上出台《个人破产法》，对个人破产者实施一定年限的个人消费和债务管制。要出台灾区金融机构在承受和处置抵押资产方面的特殊规定，赋予银行对个人破产后相关信贷资产损失的坏账处置功能，使银行处理类似重大自然灾害信贷风险的法律框架更趋完善。要推动对于毁损房产建筑质量的详尽调查，不符合设计要求的房地产开发商应负相应的责任，承担相应的银行信贷损失。要加强灾区金融机构的金融应变能力建设，从国库拨付、现金支付、票据清算、数据异地备份等方面推进基础设施建设。

（7）完善捐款管理机制，吸引民间慈善资金和力量参与重建。建议设立“地震灾区重建家园基金”，集中化、专业化管理筹集到的捐款；加强慈善组织间的横向沟通，尽力解决善款运用中出现的重复和遗漏问题；完善相关法规，鼓励慈善、社会服务、文化传播和研究性质（尤其是地震预报民间组织）等各类非政府组织发展，分担政府的抗灾减灾压力。

（8）立足长远，推动抗灾减灾类金融产品发展。中长期内，鼓励金融机构开展地震保险，提高保险覆盖率：一是制定一部有关地震保险的法律、行政法规或部门规章。从中国的现实情况看，由国务院出台有关地震保险的行政法规应是比较可行的。二是设立一个地震保险核心机构。地震保险核心机构是地震保险制度的中心枢纽，建立适当的核心机构是制度良好运行的关键。从国际经验看，具体形式可以多种多样，如新西兰通过地震委员会，日本通过地震再保险株式会社，美国加州是通过加州地震局，等等。三是设计一个多层次的风险分担机制。分担机制应当包括几个重要主体：保险人、再保险人、政府、被保险人。这其中，政府的角色定位尤其重要。四是建立一套激励约束机制，鼓励公众参与地震保险。具体措施包括一定时期内的强制性地震保险、地震保费补贴、对采取抗震防灾的保险标的提供费率折扣等。此外，还需借鉴美国、日本、墨西哥等地经验，发展巨灾债券、巨灾期货等产品，利用资本市场分散巨灾风险。飓风“卡特里娜”后，遭受巨大损失的灾区的小型地区银行借助新兴的金融工具，将旗下的抵押贷款出售给了摩根大通和美洲银行等规模较大的银行，由它们将贷款打包成信贷工具，出售给全球的投资者，这一经验值得国内学习。

（9）启动灾情统计应急预案，提供准确、科学的统计数据

灾难发生后，灾情统计至关重要，灾情统计关系到各级政府的决策，关系到救援的力度和效力。同时，灾情统计也是救灾物资和救灾资金分配的主要依据，灾情统计准确与否直接影响到救灾资金分配的合理性和政策落实的有效性。金融机构在灾情发生后应该立即应急预案，及时向有关领导汇报，密切与相关部门沟通、协作。及时了解、核实灾情，做到统计数据准确、快速、有效。加强灾情统计评估工作，建立灾害评估应急机制，提高评估质量和时效性，坚决制止虚报。

第十四章

增值税改革的利率效应研究[①]

一、引　　言

2009年1月，国务院常务会议决定在全国所有地区和行业推行增值税转型改革；2012年1月起，又自上海交通运输业和部分现代服务业中正式启动增值税改革试点。增值税改革成为当前中国税制改革和经济发展方式转变的一项重大议题。目前来看，大量学者或政策制定者着重关注增值税改革在社会福利分配、规避重复计税扭曲、提升分工协作效率、促进生产性服务业或提升产业结构升级等方面的作用（如胡怡建，2011等）；然而，对于“营改增”对金融领域的影响，尤其是对资本成本或者利率价格的影响效应问题，研究则非常有限。毋庸置疑，资本成本或利率水平是现代经济金融体系中的重要价格指标，在当前中国不断推动利率市场化进程的背景下，研究增值税税制改革对未来利率价格水平的作用和影响，具有重要的理论和实践意义。

从有限的几篇研究增值税税制改革对利率影响的文献来看，Hall（1995）构建了一个分析税制改革对利率影响的无限期生存模型框架，认为在长期消费增长率处于稳定状态下，由营业税向增值税等税种改革将有助于减少营业收入税和刺激储蓄，从而导致利率降低。在理论分析的基础上，Hall 和 Ra-

① 本章与中国人民银行上海总部万阿俊博士合作。

bushka（1995）根据 Hall（1995）的模型进行了定量研究，认为如果美国现行税务系统采用增值税等消费类税收制度，美国长期利率将下降 20%。Feldstein（1995）建立了一个包括厂商、家庭和投资者消费投资行为的简单均衡模型，并假设整体资本市场均衡，研究得出与 Hall 等人相反的结论，其分析认为，税制改革对利率的影响效应取决于个人储蓄反应、资本市场中债券和股票收益率均衡关系、自有住房群体反应等因素作用。在可信的参数估计下，Feldstein 认为由增值税改革将很大程度上提高利率而非降低。Huizinga（2002）则直接就增值税改革对金融交易过程中价格及税负承担进行了一项简单的测算，其计算仅限于具体金融交易过程中的分析，研究认为在金融业实施增值税改革后，利率等金融服务价格将上涨，而税收的负担在不同收入阶层是大致成比例的。总体而言，大部分学者对国家增值税与利率关系这一领域关注和研究文献有限，也尚未得出一个有说服力的一致结论。从中文文献来看，目前尚未有相关研究。

需要指出的是，上述几篇文献对这一问题上存在一定的缺陷或者有失严谨的地方。一是主要从局部分析或比较静态的方法讨论增值税税制改革对利率的影响，且仅关注于宏观经济变量间的关系，缺乏微观经济基础，因此容易引发“卢卡斯批判”问题（Lucas，1976）；二是大部分研究主要基于理论演绎和探讨，缺乏经验数据实证研究支持，即便是传统结构性计量模型的验证。基于上述情况，本章试图增进对这一问题的研究和认识。本章分析的一个出发点是将税制改革与利率影响效应问题引入到一个简单的动态随机一般均衡模型框架下。本章借鉴 Junior 等（2014）建立的 DSGE 模型结构，通过模型的数值模拟发现，转向增值税制的改革将在一定时段内导致利率水平下降。最后，本章利用 29 个 OECD 国家 1990—2010 年间的数据，建立了面板数据模型对上述理论分析从传统计量角度进行了验证，并进一步确实了理论的推演结论。

本章接下来的结构安排如下：在第二部分，借鉴 Junior 等模型结构，纳入增值税改革因素，通过校准获得模型参数值并对模型进行模拟；第三部分建立面板数据模型对模型的结论进行进一步验证；第四部分则基于中国税制改革现实，简单探讨了中国增值税的利率效应是否能够实现问题；第五部分是全文总结和评述。

二、转向增值税的税制改革：DSGE 模型的分析

本部分的 DSGE 模型包括家庭、厂商、政府三个经济主体，借鉴 Junior 等(2014)，将增值税因素引入模型分析。税制因素被纳入家庭的预算约束条件中。其中，家庭部门的刻画为：

假定一个无限期生存的家庭提供劳动和资本，并选择消费和资本出租的最优路径，最大限度地优化其效用函数：

$$E_0\{\sum_{t=0}^{\infty}\beta^t[U_t]\} \tag{1}$$

其中 $U_t=\ln c_t+\varphi\ln(1-h_t)$ ，c_t 与 h_t 分别代表消费和劳动 ，β 为时间贴现率。家庭面临以下动态预算约束方程：

$$(1+\tau_{ct})^*c_t+(1-\tau_{it})^*[k_{t+1}-(1-\delta)k_t]=r_t^*(1-\tau_{kt})^*k_t+w_t^*h_t \tag{2}$$

其中 ，r_t 代表税前家庭向企业出租资本的价格，即资本回报率；w_t 为工资率 ，k_t 表示资本 ，δ 为资本折旧。根据一般的经济学观点，增值税是直接向前传递到消费者的（如 Pechman，1985），其相当于对消费直接征税。因此，以 τ_{ct} 直接刻画政府实施的增值税率，从而将其纳入模型进行分析。然而，对于营业税却很难精确进行模型描述。因为营业税一般是指提供应税劳务、转让无形资产或销售不动产的单位和个人就其所取得的营业额征收的一种税，一般是按照总值而非净值，与经济运行中的实际消费、投资、劳动、资本存量等因素直接关联并不清晰，与利率等变量的关联并不密切。因此，为了简化模型的分析，本模型仅考虑投资税率、资本收入税率等税制变化与增值税的比较。τ_{it} 、τ_{kt} 则分别代表投资税率、资本收入税率。

此时，求解上面的最优问题，可以得到劳动供给和消费欧拉方程为：

$$(1-\tau_{ht})^{*}w_t=\varphi^{*}c_t/h_t \tag{3}$$

$$1/c_t=\beta^{*}1/c_{t+1}{}^{*}(1+\tau_{ct})/(1+\tau_{ct+1})^{*}[(1-\tau_{it}+1)/(1-\tau_{it})^{*}(1-\delta)+(1-\tau_{kt}+1)/(1-\tau_{it})^{*}r_{t+1}/p_{t+1}) \tag{4}$$

另外，模型包含了企业与政府两个部门的行为。在此不作赘叙①。

参照标准的做法，本章利用校准的方法获得模型参数值，再通过模型的稳态方程、脉冲响应和数值模拟结果分析比较税制变化对利率产生的不同影响。此时，本章一方面参考 Bernanke et al.（1999）、Smets（2005）等经典文献相应的参数设定；另一方面，借鉴已有的研究中国问题的文献研究成果对模型进行校准，如 Chun Chang（2013）、金中夏（2013）、庄子罐（2012）。时间贴现率 β 取值 0.99；中国的劳动份额 α 的校准值为 0.5；折旧率 δ 取 0.128，即相当于季度为 0.032；消费和休闲的效用替代弹性 φ 设定为 1，表明两者在一定范围是基本可替代；技术冲击的一阶自回归项的系数 ρ_a 取值 0.95，相应的标准差 σ^a 取值为 0.75%；φ 取值为 6；θ 取值为 0.8。参考蒋云赟、任若恩（2004）对 1982—2004 年全国工业企业资本收益率的研究结论，将 r_t 取值为 1.06。另外，根据现实中可观测到的中国宏观数据的平均值，通过稳态方程计算出模型的参数值②。对于政府支出占总支出的比重，近年来的数据显示为 20%左右，因此设定为 0.2；投资占 GDP 的比重则取值为 0.5，消费占 GDP 的比重设定为 0.3。最后，2001 年以来数据显示我国名义通货膨胀率为 2.5%左右，去除通货膨胀率后实际贷款利率为 5%左右，因此将模型稳态水平的 R_t 取值为 1.05，B 则取值为 0.01。

接下来，本章将用数值模拟税制变化对利率的影响。税收对利率影响的一般传导路径为：税收变化导致消费及资本结构的变化，引发消费或资本积累之间的替代关系，而资本存量的变化又将引起资本供需变化并影响收益率的相应变化，产业资本收益率的变化最终将影响到金融资本领域，即影响利率的变化。其中，增值税往往导致资本积累对消费的替代，即家庭削减消费

① 详细参见 Celso Jose，Costa Junior 等（2014）。

② 可观测的数据样本区间为 2001—2013，来源为 CEIC。

而增加积累；投资税和资产税则效应相反。由于中国增值税等税制均比较复杂①，税率存在各种类型，因此本章简单地考察资本和投资税率由 0.1 变化为 0，而增值税率由 0 变化为 0.1 对利率的影响情况。模拟结果如图 14-1 所示，其中横坐标表示以年为单位的时期，纵坐标则表示利率的变化值情况。

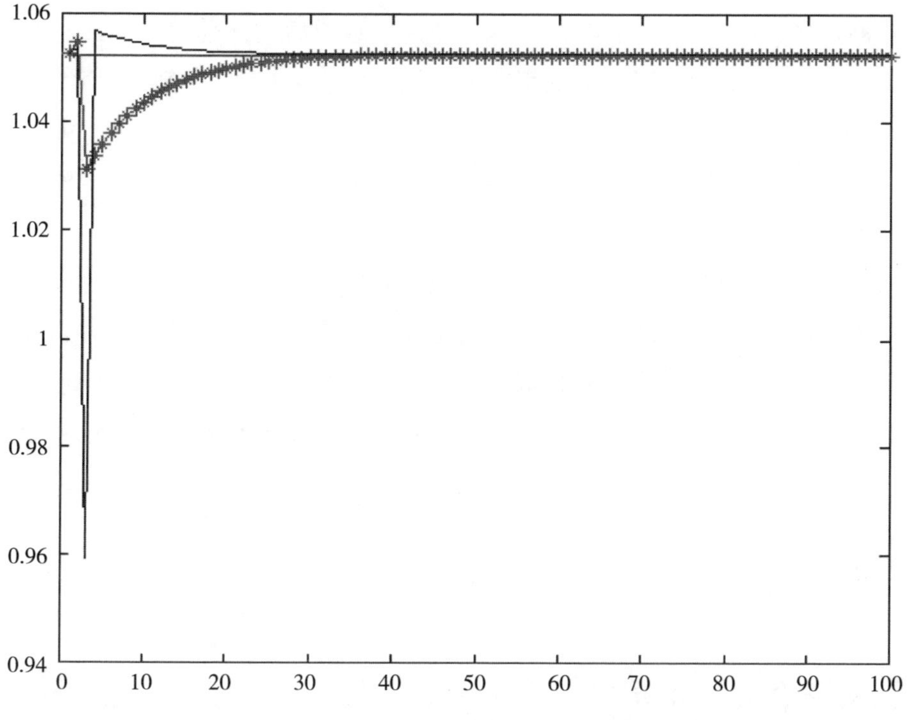

图 14-1　税制变化对利率的影响

注：实线代表投资税转向增值税对利率变化的影响，星线代表资本税率转向增值税的影响。

从图 14-1 可以看到，各类型税制变化冲击下，利率均由 1.05 初始均衡水平下降。其中，由投资税转增值税导致利率下降的幅度最大，资本税率变化则其次。如果考虑前一期的变化，预期实施增值税改革，即预期未来增值

① 如对纳税人销售或者进口货物一般征税率为 13%或 17%；纳税人出口货物，税率为零；而小规模纳税人销售货物或应税劳务的增值税税率为 3%。

税率由 0 值上升到某一值，即意味着（$1+\tau_{ct}$）/（$1+\tau_{ct+1}$）的下降。在消费欧拉条件满足下，即：

$$U_{c,t}=\beta^{*}U_{c,t+1}{}^{*}(1+\tau_{ct})/(1+\tau_{ct+1})^{*}[(1-\tau_{it+1})/(1-\tau_{it})^{*}(1-\delta)+(1-\tau_{kt+1})/(1-\tau_{it})^{*}r_{t+1}/p_{t+1})] \quad (5)$$

且资本和劳动力短期相对缺乏弹性的情况下，当期消费将上升。消费增加将导致投资及资本存量下降，资本下降则导致税后利率随着时间推移将上升。而从下一期来看，当增值税率在某一期确实发生向上调整后，必然导致消费大幅下降，相应资本积累大幅上升，利率逐步下降。这将导致企业家对资本需求上升，产值逐步上升，一段时间后，消费则逐步回升到稳定的状态下。最后，利率逐步恢复到均衡状态水平。

由于上述模型较小，没有从更大的范围内考虑政府支出、劳动等经济变量的动态性。如果考虑到这些变化，由于均衡状态消费路径的欧拉方程发生改变，消费者将推迟消费，并在资本积累和劳动供给上有所增加。随着资本积累的提升，利率将逐步下降，税制改革对利率变化的影响时间周期将会加长。最终，利率将下降到一个新的较低水平，与消费以及总产出增长率保持一致。

三、实证检验与分析

从上面的理论模型中可以发现，转向增值税改革后，一国的利率水平一段时间内将下降。在下面的分析中，本章将建立一个传统的计量经济模型对此进行检验。

在对利率政策的研究方面，Taylor（1993）提出了一个具体而简单的货币政策规则，较好地反映了西方货币政策实践的实质，也实际上成为美联储、欧央行、英格兰银行等众多中央银行货币政策的理论指导原则。其一般形式为：$i_t=\bar{r}+\pi_t+\alpha(\pi_t-\pi^*)+\beta\tilde{y}_t$。其中 i_t 为时期 t 的短期利率，一般为联邦基金利率；$\bar{r}$ 为长期均衡利率，π_t 和 π^* 分别为前四个季度（一年）的平均通胀率和通货膨胀目标；$\tilde{y}_t$ 则表示产出缺口。泰勒规则最早提出是基于对经济数据的实证分析，一定程度上缺乏坚实的理论基础。但其后，以 Clarida 等（1998，2000）为代表的一批经济学家在现代经济学理论和研究方法的基础上，通过严密的数理模型得到相似于泰勒规则的利率反应函数，其基本函数为：$i_t = \bar{r} + \vartheta\pi_t$ ，其中 $\bar{r}$ 为长期均衡利率，π_t 为通胀率，即一国最优利率水平取决于该国长期均衡利率和通货膨胀率的影响。在上述利率理论和实证研究基础上，本章构建了一个基本计量模型来对上一部分所推论的性质进行检验。具体检验模型设定为：

$$R_{it} = \beta V_{it} + \gamma' X_{it} + \eta_i + \mu_{it} \tag{6}$$

其中 R_{it} 为利率变量，本章采用贷款利率数据，其选择参考 Taylor（1993）的方法。V_{it} 为虚拟变量，当一个国家在某一年份实施增值税制则表示为 1，未实施增值税制则表示为 0。X_{it} 是一组与利率相关的宏观经济控制变量，其选择标准参考 Taylor（1993）、Clarida（1997，2000）和 Mishkin（1981），具体包括：通货膨胀率（以消费者价格指数来衡量）、GDP 缺口、失业率、货币增长率（以 $\log M2_t/\log M2_{t-1}$ 来计算，t 为年份，$M2$ 表示广义货币量）、实际 GDP 增长率。η_i 为个体效应，μ_{it} 为纯随机扰动项。在样本选择上，限于研究资料的可得性，本章选择了 29 个 OECD 国家为研究样本①，数据区间 1990—2010 年，数据来源为 OECD 数据库和世界银行数据库。其中，贷款利率 R、通货膨胀率、实际 GDP 增长率、GDP 缺口数据均来自于 OECD 数据库；失业率、货币增长来自于世界银行数据库；虚拟变量 V 来自于 OECD 研究报告“Consumption Tax Trends”（2012 版）。

考虑到样本中选取的各个国家之间存在的差异性，本章选用固定效应模型而非随机效应模型来进行估算。另外，进行 Hausman 检验得到的 P 值为 0.0000，也显示出采用固定效应模型更为合适。在具体估计中，鉴于面板数据模型中可能存在异方差、序列相关以及截面相关等问题，为解决上述问题，

① 包括澳大利亚、奥地利、冰岛、比利时、德国、法国、加拿大、丹麦、芬兰、爱尔兰、日本、荷兰、新西兰、挪威、瑞典、瑞士、英国、美国等 29 个 OECD 国家。上述国家既有在 1990 年之前即推行增值税制度，也有在 1990 年之后推行增值税制度的。另外，美国尚未采用增值税制度。

Kiefer（1980）提出了 Kiefer 标准差，主要针对面板数据估计中残差存在序列相关的情况；White（1984）提出了存在异方差的一般估计方法；Arellano（1987）在上述两者基础上提出了 Arellano 标准差，该估计方法能较好地解决异方差和序列相关问题；此外，针对面板数据截面相关等问题可能产生不利影响，Driscoll 和 Kraay（1998）提出了 Driscol-Kraay 标准差方法。在本章的具体计量过程中，将运用 Hoechle（2007）根据 Driscoll 和 Kraay（1998）方法合并提出的 xtscc 计量算法，统一解决面板数据估计中可能存在的异方差、序列相关以及截面相关性质未知问题，以实现检验结果的稳健性和可靠性。另外，考虑到本章主要关注的解释变量 V 带有较强的政策性，其内生性并非一个非常严重的问题，因此，本章对内生性将不予关注。对固定效应模型估计结果如表 14-1 所示。

表 14-1　计量结果

解释变量	模型（1）	模型（2）	模型（3）	模型（4）
V	-2.141***	-2.14***	-1.99***	-2.08***
通货膨胀率	1.106***	1.106***	1.138***	1.089***
GDP 缺口	-0.157*	-0.157**	0.01	-0.014*
实际 GDP 增长		0.000	-0.046	-0.115
失业率			0.268***	0.256***
货币增长				-0.0003
截距项	6.885***	6.885***	4.822***	4.809***
国别固定效应	控制	控制	控制	控制
年份固定效应	不控制	不控制	不控制	不控制
样本容量	458	458	457	388
R-Squared	0.6823	0.6823	0.7013	0.7053

注：* $p<0.1$，** $p<0.05$，*** $p<0.01$。

第一列显示的是只包括虚拟变量 V、通货膨胀率、GDP 缺口的估计结果；第二至四列分别加上部分文献中识别或提及的控制变量，依次为实际 GDP 增长、失业率、货币增长。在上述全部估计结果中，虚拟变量 V（是否实施增值税改革）的系数均显著为负值，表明实施增值税改革将导致利率呈现下降趋势，从而与本章第二部分的推论基本一致。由此，我们验证了上一节所推论的性质。在具体影响程度上，可以发现实施增值税改革将导致利率平均有 2 个点的下降幅度。尽管这个绝对数额相对而言较大，但如果对本章样本中的利率数据进行统计，会发现样本中各国实施“营改增”之前利率均值约为 8.41，两相比较，可以发现实施增值税改革后利率有 23%的下降。这与 Hall 和 Rabushka（1995）认为采用增值税等消费类税收改革导致美国长期利率下降 20%的研究结论基本相似。从其他解释变量来看，通胀率在四列估计结果中均表现显著，并且系数为正，与现有研究文献结论一致。GDP 缺口则在第一、二、四列估计中显著，仅在第三列估计中不显著，总体符号为负，表明产出缺口一旦增大，政府有动力将利率下调以刺激经济增长，符合基本经济学理论。如果加入实际 GDP 增长这一变量，发现其并不显著。第三列回归方程将失业率纳入进来，其表现较为显著，但系数为正，一个可能的原因是失业率对利率的影响已经体现在其他变量上，如实际 GDP 增长、GDP 缺口等。第四列回归方程加入货币增长这一变量，表现出系数为-0.0003，即提高货币供给将降低利率，但并不十分显著。从总体检验结果可以看到，通胀率、GDP 缺口等重要解释变量在实证研究中的表现是非常稳健的。

四、“营改增”的利率效应能在中国体现么?

上文先后从理论与计量研究上探讨并验证了“营改增”利率效应的存在。尽管在数值模拟和计量中得出了积极的结论，但中国目前“营改增”的具体举措与西方一般的“模式”存在一定差异，其实施“营改增”所具有的利率效应未必能在中国得到体现。因此，有必要仔细审视西方主要国家“营改增”过程中的经验，并与中国改革的实践进行深入比较，从而可以预判中国未来改革实施的潜在效应。

从西方主要国家“营改增”来看，其总体呈现以下趋势和特点[①]：一是增值税的适用范围广泛。主要国家基本将各个行业和产业都纳入到增值税征收范围内。通过扩大征收范围，从而可以有效地消除行业和产业的壁垒，显现出增值税这样一个“道道征税，税不重征”的中性税种的公平程度，有利于促进商品的生产流通以及社会化大生产。二是对增值税的核心特征——抵扣机制贯彻得十分到位。主要国家在“进项抵扣”与“返还”等环节较为通畅，允许纳税人可以抵扣掉当期购买的机器、设备、原料、辅助材料等投资性物品已纳的增值税款。三是普遍采纳消费型增值税。其税基主要为销售收入中扣除商品和劳务支出及外购固定资产价值，相当于对国民收入中用于消费性支出的部分征税，从而有利于鼓励企业设备投资和技术进步。

而从中国来看，中国在 1994 年基于经济体制转轨背景建立了较大范围的中国增值税制度，但与主要 OECD 国家相比，中国的增值税制度在广度与深度上与之差距仍然较大（肖捷，2012）。体现在广度上，增值税覆盖范围不全面，征税对象主要仅限于货物和加工修理修配劳务，对其他劳务、不动产、无形资产则实行营业税制度；深度上，抵扣机制仍不畅通，如固定资产没有纳入抵扣范围，对投资仍重复征税，税制类型上仍属于生产型增值税。2009 年开始，由于应对国际金融危机这一契机，我国在税制制度改革的广度与深度上有所突破，如在部分地方先行先试的基础上，将机器设备类固定资产纳入进项税额的抵扣范围，并在推动由生产型增值税向消费型转变方面等有所进步，对部分生产性服务业实施“营改增”也做了有益的尝试。但总体而言，在增值税的适用上仍有较大局限，如对劳务、不动产和无形资产征收营业税，增值税的抵扣链条不完整，难以消除重复征税现象等，离标准的西方“增值税”实践准则仍有较大的差距。这种广度和深度的不足无疑将使本章上述理论模型所分析的资本积累和利率下降的作用效应大打折扣。因此，有待中长期中国增值税制度的彻底建立和完善，增值税改革所具备的利率效应可能才会更有效地显现。

---

① 参见 HH Zee（1995），AA Tait（1988）。

五、结论与启示

增值税改革是当前中国系统性经济改革的一个重要环节。自 2009 年以来，中央政府高度重视这一改革，并将其视为未来经济转型的重要推动力量。然而，对于增值税改革对未来宏观经济所能产生的确切效果这一问题的研究，目前大部分研究仍主要以定性为主，缺乏必要的理论和定量分析，实际上这不利于未来改革共识的凝聚和改革进程的推进。为此本章构建模型，对税制改革对宏观经济中重要变量利率的影响效应进行研究。

本章发现：当经济处于长期稳定状态时，实施增值税改革一段时间后，消费者会延迟消费，而利用这一更高的激励机会去提高储蓄，提升资本积累，利率也将随之逐步下降。随后，本章利用 1990—2010 年 29 个 OECD 国家的数据验证了这一效应的存在。然而，“营改增”的利率效应能在中国体现么？通过与国际经验比较，本章认为，中国“营改增”的广度与深度仍有局限性，必须有待中长期中国增值税制度的彻底建立和完善，增值税改革所具备的利率效应可能才会显现。

增值税制改革对利率具有负向作用这一结论具有重要政策意义。长期以来，众多经济学家和政策研究者往往只关注了税制改革在产业结构调整与优化中的结构作用，却忽视了税制改革对于利率等重要因素的价格效应。本章研究表明，实施增值税制改革可以在一个较长的时间里拉低一国利率价格，并有助于资本积累和提高一国内生经济增长能力，具有充分的价格效应的作用，这在当前社会融资成本有所上升的情况下具有重要的意义。因此，应加快推动实施营业税转增值税改革，尽早实现其结构效应和价格效应的作用，逐步降低社会融资成本，进而促进中国经济转型和持续健康发展。

参考文献

1　Abraham, J. and Hendershott, P. H., 1996, "Bubbles in Metropolitan Housing Markets", *Journal of Housing Research*, 7, 191-207.

2　Ahmed, 2009, "Are Chinese Exports Sensitive to Changes in the Exchange Rate?", International Finance Discussion Papers.

3　Ahuja, A., Cheung, L., Han, G., Porter, N. and Zhang, W., 2010, "Are House Prices Rising Too Fast in China?", WP/10/274, IMF Working Paper.

4　Aizenman, Joshua and Jaewoo Lee, 2007, "International Reserves: Precautionary Versus Mercantilist Views, Theory and Evidence", *Open Economic Review*, 18: 191-214.

5　Ansgar BELKE, IZA Bonn and University of Duisburg-Essen, "Finance Access of SMEs: What role is there for the ECB?", European Parliament's Committee on Economic and Monetary Affairs, Working Paper.

6　Arellano, S Bond, 1991, "Some tests of specification for panel data: Monte Carlo evidence and an application to employment equations", *The Review of Economic Studies*, 58 (2), 277-297.

7　Arellano, 1987, Computing robust standard errors for within-groups estimators [J], Oxford Bulletin of Economics and Statistics, Vol. 49, pp. 431-434.

8　Arellano, Bover, 1995, "Another look at the instrumental variable estimation of error-components models", *Journal of econometrics*, 68, 29-51.

9　Atish R. Ghosh, Karl Habermeier, Marcos Chamon, Mahvash S. Qureshi, and Dennis B. S. Reinhardt, 2010, "Capital Inflows: The Role of Controls", *IMF Staff Discussion Note* (Washington: International Monetary Fund).

10　Auboin, Ruta, 2010, "The relationship between exchange rates and International Trade: A review of economic literature", WTO Staff Working Paper ERSD-2011-17, WTO.

11　Aziz, J., Duenwald, C. Growth-Financial Intermediation Nexus in China [J]. IMF Working Paper, 2002 (02194).

12　Aziz, Jahangir and Xiangming Li, 2007, "China's Changing Trade Elasticities", IMF Working Paper WP/07/266, IMF.

13　Bernanke, Gertler, Gilchrist, 1999, The financial accelerator in a quantitative business cycle framework [J], Handbook of Macroeconomics, Volume 1, pp. 1341-1393

14　BIS, 2005, "Foreign exchange market intervention in emerging markets: motives, techniques and implications", *BIS Papers* NO. 24, Bank for International Settlements.

15　Blanchard, O. and Watson, M. B., 1983, "Rational Expectations and Financial Markets", NBER Working Papers.

16　Blundell, S Bond, 2000, "GMM estimation with persistent panel data: an application to production functions", *Econometric reviews*, 19, 321-340.

17　Boldbaatar Dagva, *Role of Central Bank in Promoting SMEs in the SEACEN Countries*, SEACEN Research and Training Centre, 2005, Graphic Stationers Sdn. Bhd.

18　Broaddus, Alfred, "Financial Innovation in the United States Background, Current Status and Prospects", *Economic Review*, January-February, 1985.

19　Bruno, 2005, "Approximating the bias of the LSDV estimator for dynamic unbalanced panel data models", *Economics Letters*, 87, 361-366.

20　Bun, Kiviet, "On the diminishing returns of higher-order terms in asymptotic expansions of bias" , *Economics Letters*, 79, 145-152.

21　Calvo, Guillermo A., Leonardo Leiderman and Carmen Reinhart, 1996, "Inflows of Capital to Developing Countries in the 1990s", *Journal of Economic Perspectives*, 10 (2): 123-139.

22　Calvo, Guillermo A., 1991, "The Perils of Sterilization", *International Monetary Fund Staff Papers*, 38 (4): 921-926.

23　Calvo, 1983, Staggered prices in a utility-maximizing framework [J], Journal of Monetary Economics, Volume 12, Issue 3, pp. 383-398.

24　Calvo, Guillermo A., Leonardo Leiderman and Carmen Reinhart, 1993, "Capital Inßows and Real Exchange Rate Appreciation in Latin America: The Role of External Factors", *International Monetary Fund Staff Papers*, 40 (1): 108-151.

25 Capozza, D., Hendershott, P., Mack, C. and Mayer, C., 2002, "Determinants of Real House Price Dynamics", NBER Working Paper N9262, October.

26 Cargill, Thomas, "A U. S. Perspective on Japanese Financial Liberalization", *BOL Monetary and Economic Studies*, May, 1985.

27 Case, K. E. and Shiller, R. J, 1990, "Forecasting Prices and Excess Returns in the Housing Market", *AREUEA Journal*, 18, 3, 253-273.

28 Chamon, M., Prasad, E. Why Are Saving Rates of Urban Households in China Rising? [J], American Economic Journal: Macroeconomics, 2010. 2 (1): 93-130.

29 Cheung, Yin-Wong, Menzie D. Chinn, and Eiji Fujii, 2009. "China's Current Account and Exchange Rate", NBER Working Paper No. 14673, Cambridge, MA.

30 Chow G. C., *Capital Formation and Economic Growth in China* [J], Quarterly Journal of Economics, August, 1993, Vol. 114: 243-66.

31 Christiano, L., Eichenbaum, M., Evans, C. The Effects of Money Policy Shocks: Some Evidence from the Flow of Funds [R], NBER Working Paper, 1994 (4699).

32 Chun Chang, Zheng Liu, and Mark M. Spiege, 2013, Capital Controls and Optimal Chinese Monetary Policy, Federal Reserve Bank of San Francisco Working Series, 2013. 2

33 Clapp, J. M. and Giaccotto, C., 1994, "The Influence of Economic Variables on Local House Price Dynamics", *Journal of Urban Economics*, 36, 161-183.

34 Clarida, R., Gali, J. and Gertler, M, 1997, Monetary Policy Rules in Practice: Some International Evidence [J], European Economic Review, Vol. 42, pp. 1033-1067.

35 Clarida, R., Gali, J. and Gertler, M, 2000, Monetary Policy Rules and Macroeconomic Stability: Evidence and Some Theory [J], The Quarterly Journal of Economics, Vol. 115, pp. 147-180.

36 Clark, P. B., MacDonald, R., 1998, "Exchange Rates and Economics Fundamentals: a Methodological Comparison of BEERs and FEERs", IMF Working paper.

37 Clark, P. B., MacDonald, R., 1999, "Exchange Rates and Economics Fundamentals: a Methodological Comparison of BEERs and FEERs in MacDonald, R and Stein, J, Equilibrium exchange rates", Kluwer Academic Publishers.

38 Clark, P. B., MacDonald, R., 2000, "Filtering the BEER: A Permanent and Transitory Decomposition", IMF Working Paper, No. 144.

39 Copeland, M. A. Social Accounting for Money flows [J], Accounting Review, 1949 (5): 254-46.

40 Copeland, M. A. Study of the Money flows in the United States [R], NBER Working Paper, 1952 (7654).

41 DHoechle, 2007, Robust standard errors for panel regressions with cross-sectional dependence [J], Stata Journal.

42 Davis, E. P. and Zhu, H., 2004, "Bank Lending and Commercial Property Cycles: Some Cross-Country Evidence", BIS Working Papers, No. 150.

43 Dawson, J. The Asian Crisis and Flow-of-Funds Analysis [J], Review of Income and Wealth, 2004 (2).

44 Demirguc-Kunt, Asli, and Enrica Detragiache, "Financial Liberalization and Financial Fragility", in *Financial Liberalization*, ed. by Caprio, Honohan, and Stiglitz, Cambridge: Cambridge University Press, 2001.

45 Deng, C., Ma, Y. and Chiang, Y., 2009, "The Dynamic Behavior of Chinese Housing Prices", *International Real Estate Review*, 12, 2, 121-134.

46 DeYoung, Robert, *Banking in the United States*, The Oxford Handbook of Banking, Oxford University Press, 2009.

47 Driscoll andKraay, 1998, Consistent Covariance Matrix Estimation with Spatially Dependent Panel Data [J], The Review of Economics and Statistics, Vol. 80, pp. 549-560

48 Edwards, S., 1989, "Real Exchange Rate in the Developing Countries: Concept and Measurement", National Bureau of Economic Research Working Paper No. 2950

49 Edwards, S., Vegh, C., 1997, "Banks and Macroeconomic Disturbances under Predetermined Exchange Rates", *Journal of Monetary Economics*, 40, No. 2 (October): 239-278.

50 Eichengreen, Barry, 2008, "The Real Exchange Rate and Economic Growth", World Bank Commission on Growth and Development Working Paper, World Bank.

51 Eichengreen, P Gupta, 2013, "The Real Exchange Rate and Export Growth", World Bank Policy Research Working Paper, World Bank.

52 European Central Bank, Flow-of-funds analysis at the ECB Framework and applications [R], Occasional Paper Series 2009 (105).

53 Faire, Roll, Shawna, Grosskopf, Mary, Norris, and Zhongyang Zhang, "Productivity

Growth, Technical Progress, and Efficiency Change in Industrialized Co untries", *American Economic Review*, 1994, 84 (1), 66–83.

54 Fatum, Rasmus, 2000, "On the Effectiveness of Sterilized Foreign Exchange Intervention", *ECB Working Paper* No. 10.

55 FDIC, "An Examination of the Banking Crises of the 1980s and Early 1990s", Federal Deposit Insurance Corporation, http: //www. fdic. gov/databank/hist80, 1997.

56 Feldstein, 1995, The Effect of a Consumption Tax on the Rate of Interest, NBER Working Paper No. 5397

57 Feyzioglu, Porter, Takats, "Interest Rate Liberalization in China", *IMF Working Paper*, WP/09/171, 2009.

58 Frankel, Jeffrey A. and Chudozie Okongwu, 1996, "Liberalized Portfolio Capital Inflows in Emerging Markets: Sterilization, Expectations, and the Incompleteness of Interest Rate Convergence", *International Journal of Finance and Economics*, 1: 1–24.

59 Freund, Pierola, 2012, "Export surges", *Journal of Development Economics*, 97, 387–395.

60 Ge, Suqin, Yang, D., Zhang, J. One-Child Policy and the Chinese Household Saving Puzzle: A Cohort Analysis [R], Working Paper, the Chinese University of Hong Kong, 2010.

61 Gemech, F., Struthers J. The McKinnon-Shaw Hypothesis and Financial Liberalization: Thirty Years on [J], Paisley Business School Working Paper 2003 (1).

62 German International Cooperation (GIZ), "SME Finance from the Global Perspective", Presentation for Representatives of the People's Bank of China (PBoC), 3rd of July 2013.

63 Glindro, E. T., Subhanij, T., Szeto, J. and Zhu, H., 2008, "Determinants of House Prices in Nine Asia-Pacific Economies", BIS Working Papers, No. 263.

64 Haddad, Mona and Cosimo Pancaro, 2010, "Can Real Exchange Rate Undervaluation Boost Exports and Growth in Developing Countries? Yes, But Not for Long", Economic Premise No. 20, World Bank.

65 Hall, Rabushka, 1995, "The Flat Tax", Stanford, CA, Hoover Press.

66 Hall, Robert, 1995, The Effect of Tax Reform on Prices and Asset Values, in Tax Policy and The Economy, MIT Press.

67 Hargraves, M., Schinasi, G., Weisbrod, S. Asset Price Inflation in the 1980s: A

Flow of Funds Perspectives [R], IMF Working Paper, 2009 (93/77).

68 HH Zee, 1995, Value-added tax, Tax policy handbook.

69 Himmelberg, C., Mayer, C. and Sinai, T., 2005, "Assessing high house prices: Bubbles, fundamentals and misperceptions", *Journal of Economic Perspective*, 19: 4, Fall, 67-92.

70 Hofman, B., Kujis, L. Profits Drive China's Boom [J], Far Eastern Economic Review 2006, 169 (8): 39-43.

71 Hu, Z. F., M. S. Khan, 1997, Why Is China Growing So Fast? *IMF Staff Papers* 44: 103-131.

72 Huang Y. Selling China: Foreign Direct Investment during the Reform Era [M], Cambridge University Press, 2002.

73 Huizinga, 2002, A European VAT on financial services [J], Economic Policy, Vol. 17, pp. 497-534

74 Jacobsen, D. H. andBjorn, E. N., 2005, "What Drives House Prices?", *Economic Bulletin*, 76, 1, 29-41.

75 Jefferson G., "China's Iron and Steel Industry: Source of Enterprise Efficiency and the Impact of Reform", *Journal of Development Economics*, 1990, 33: 329-355.

76 Jefferson G., T. Rawski and Y. Zheng, 1989, "Growth Efficiency and Convergence in Chinese Industry: A Comparative Evaluation of the State and Collective Sectors", University of Pittsburgh, Department of Economics, *Working Paper* No. 251.

77 John Baffes, Ibrahim A. Elbadawi, and Stefen O'Connell, 1997, "Single Equation Estimation of the Equilibrium Real Exchange Rate", World Bank.

78 Jonathan D. Ostry, Atish R. Ghosh, and Marcos Chamon, 2012, "Two Targets, Two Instruments: Monetary and Exchange Rate Policies in Emerging Market Economies", *IMF Staff Discussion Note*, February 29, 2012, SDN/12/01.

79 Jud, G. D. and Winkler, D. T., 2002, "The Dynamics of Metropolitan Housing Prices", *Journal of Real Estate Research*, 23, 1/2, 29-45.

80 Judson, Owen, "Estimating dynamic panel data models: a guide formacroeconomists", *Economics letters*, Volume 65, 9-15.

81 Junior, Sampaio, 2014, Tax Reduction Policies of the Productive Sector and Its

Impacts On Brazilian Economy, Dynare Working Paper No. 36.

82 Keynes, J. M, 1924, " A Tract on Monetary", as reprinted in J. M. Keynes, Collected Writinzs London: Macmillan.

83 Khan, Mohsin S. and Carmen M. Reinhart, 1994, "Macroeconomic management in maturing economies: The response to capital Inflows", *IMF Issues Paper*, March, Washington DC.

84 Khoury, S. J., *Recent Developments in International Banking and Finance*, Vol. 4 and 5, Elsevier North-Holland, 1991.

85 Kiefer, 1980, A Time Series-Cross Section Model with Fixed Effects with an Intertemporal Factor Structure, unpublished manuscript, Department of Economics, Cornell University

86 Kim, Jong-Ⅱ, and Lawrence Lau, 1994, "The Sources of Economic Growth of the East Asian Newly Industrialized Countries", *Journal of Japanese and International Economics* 8 (3): 235–271.

87 Kiviet, 1995, "On bias, inconsistency, and efficiency of various estimators in dynamic panel data models", *Journal of econometrics*, Vol 68, 53–78.

88 Kletzer, Kenneth and Mark M. Spiegel, 2004, "Sterilization Costs and Exchange Rate Targeting," *Journal of International Money and Finance*, 23: 897–915.

89 Krugman, P., 1994, "Myth of Asia's Miracle", *Foreign Afairs*.

90 Kuijs, L. How Will China's Saving-Investment Balance Evolve [R], World Bank Policy Research Working Paper 2006 (3958).

91 Kuijs, L. Investment and Saving in China [R], World Bank Policy Research Working Paper, 2005 (3633).

92 Lall, "The Technological Structure and Performance of Developing Country Manufactured Exports, 1985–98", Oxford Development Studies, 28, 337–369.

93 Lucas, 1976, "Econometric Policy Evaluation: A Critique", Carnegie-Rochester Conference Series on Public Policy, 1 (1): 19–46.

94 Ma, G., Wang, Y. China's High Saving Rate: Myth and Reality [R], BIS Working Papers 2010 (312).

95 MacDonald, R and Swagel, P., 2000, "Real exchange rates and the business cycle", IMF Working Paper (Washington: International Monetary Fund).

96 MacDonald, R., 1998, " What Do We Really Know About Real Exchange Rates",

Working Paper No. 28, Oesterrreichische National bank, Vienna, Austria.

97 MacDonald, R., 2002, "Modeling the Real Exchange Rate of New Zealand, A BEER Perspective", *Australian Economic Papers*, 2002, December.

98 Maddison., Angus, 1998, *Chinese Economic Performance in the Long Run*. Paris and Washington D. C.: Organization for Economic Co-operation and Development.

99 Marquez, Jaime and John W. Schindler, 2007, "Exchange Rate Effects on China's Trade", *Review of International Economics*, 15 (5), 837-853.

100 Masson, Paul R., Miguel A. Savastano, and Sunil Sharma, 1997, "The Scope for Inflation Targeting in Developing Countries", *IMF Working Paper* 97/130.

101 McQuinn, K. and O'Reilly, G., 2008, "Assessing the role of income and interest rates in determining house prices", *Economic Modelling*, 25 (3), 377-390.

102 Michal Rubaszek, 2004, "A Model of Balance of Payments Equilibrium Exchange Rate: Application to the Zloty", *Eastern European Economics*, May-June, 42 (3): 5-22.

103 Mikhed, V. and Zemcik, P., 2009, "Do House Prices React Fundamentals? Aggregate and Panel Data Evidence", *Journal of Housing Economics*, 18 (2), 140-149.

104 Mishkin, 1981, "The Real Interest Rate: An Empirical Investigation", NBER Working Paper No. 622.

105 Modigliani, F., Cao. Y. The Chinese Saving Puzzle and the Life-Cycle Hypothesis [J]. Journal of Economic Literature 2004, 42 (1): 145-170.

106 Montrucchio, L. and Privileggi, F., 2001, "On Fragility of Bubbles in Equilibrium Asset Pricing Models of Lucas-Type", *Journal of Economic Theory*, 101 (1), 158-188.

107 Natalucci, F., Ravenna, F., 2002, "The Road to Adopting the Euro: Monetary Policy and Exchange Rate Regimes in EU Candidate Countries", *International Finance Discussion Papers* 741. Washington: Board of Governors of the Federal Reserve System.

108 Nurkes, Ragnat, 1945, "Conditions of International Monetary Equilibrium", *Essays in International Finance*, 4 Spring, Princeton, New Jersey, Princeton University Press, Inernational Finance Section.

109 Obstfeld, Maurice, 1982, "Exchange Rate, Inflation, and the Sterilization Problem: Germany, 1975-1981", *NBER Working Paper*, No. 963, August 1982.

110 Ostry, Jonathan, Atish R. Ghosh, Karl Habermeier, Luc Laeven, Marcos Chamon,

Mahvash, S. Qureshi, and Annamaria Kokenyne, 2011, "Managing Capital Inflows: What Tools To Use?", *IMF Staff Discussion Note* (Washington: International Monetary Fund).

111 Parrado, E., 2004, "Inflation Targeting and Exchange Rate Rules in an Open Economy", *IMF Working Paper* 04/21, Washington: International Monetary Fund.

112 Parrado, E., 2004, "Singapore's Unique Monetary Policy: How Does it Work?", *IMF Working Paper* 04/10. Washington: International Monetary Fund.

113 Pechman, Joseph A, 1985, "Who Bears the Tax Burden", Washington, D. C.: Brookings Institution.

114 Perkins, D., and Raskwi, T., "Forecasting China's Economic Growth to 2025", in Brandt, L., and Raskwi, T. (eds.), *China's Great Economic Transformation*. Cambridge and New York: Cambridge University Press.

115 Poterba, M. J., 1996, " Explaining Intermetropolitan Variation in Housing Prices, Rents and Land Prices", *Real Estate Economic*, 24, 2, 219-245.

116 Poterba, M. J., Weil, D. N. and Shiller, R. J., 1991, "Housing Price Dynamics: The Role of Tax Policy and Demography: Comments and Discussion", *Bookings Papers on Economic Activity*, Washington, 2, 143-148.

117 Rahman, Mizanur and Willem Thorbecke, 2007, "How Would China's Exports Be Affected By a Unilateral Appreciation of the RMB and by a Joint Appreciation of Countries Supplying Intermediate Imports?", manuscript, George Mason University, Fairfax CA and National Graduate Institute for Policy Studies, Tokyo, Japan.

118 Reinhart, C. and Rogoff, K., 2009, *This Time is Different: Eight Centuries of Financial Folly*, Princeton University Press.

119 Reinhart, Carmen M. and R. Todd Smith, 1998, "The macroeconomic effects of taxing capital inflows, In R. Glick ed., Managing capital flows and exchange rates", *Cambridge University Press*: New York: 436-464.

120 Ren, Y., Yuan, Y. and Xiong, C., 2010, " House Price Bubbles in China", The Wang Yanan Institute for Studies in Economics, Working Paper 361005.

121 Rodrik, 2009, "The Real Exchange Rate and Economic Growth", Brookings Papers on Economic Activity, Fall 2008, ed. D. W. Elmendorf, N. G. Mankiw, and L. H. Summers, 365-412. Washington, D. C.: Brookings Institution.

122 Sarno, L., Taylor, M., 2001, "Official Intervention in the Foreign Exchange Market: Is It Effective and, If So, How Does It Work?", *Journal of Economic Literature*, 39, No. 3 (September): 839-868.

123 Smets, Wouters, 2005, Comparing shocks and frictions in US and euro area business cycles: a Bayesian DSGE Approach [J], Journal of Applied Econometrics, Volume 20, Issue 2, pp. 161-183.

124 Song, Z., Storesletten K., Zilibotti F. Growing Like China [J], American Economic Review, 2011, 101 (1): 196-233.

125 Stein, 1994, "The natural real exchange rate of the US dollar and determinants of capital flows In: Williamson, J. Estimating Equilibrium Exchange Rates", Institute for International Economics, Washington, D. C..

126 Stella, Peter, 2005, "Central Bank Financial Strength, Transparency, and Policy Credibility", *IMF Staff Papers*, 52 (2): 335-365.

127 Stone, M., S. Roger, S. Shimizu, A. Nordstrom, T. Kisinbay, and J. Restrepo, 2009, "The Role of the Exchange Rate in Inflation-Targeting Emerging Economies", *IMF Occasional Paper* 267.

128 Stone, Mark, Scott Roger, AnnaNordstrom, Seiich Shimizu, Turgut Kisinbay, and Jorge Restrepo, 2009, "The Role of the Exchange Rate in Inflation-Targeting Emerging Economies", *IMF Occasional Paper* 267 (Washington: International Monetary Fund).

129 Struthers, J. Flow of Funds Analysis: Can it be Developed for the Kuwaiti Economy? [J], Middle Eastern Finance and Economics, 2010 (7).

130 Swan, 1963, "Longer-Run Problems of the Balance of Payments", Paper presented to Section G of the Congress of the Australian and New Zealand Association for the Advancement of Science, Melbourne.

131 Tait, Alan A, 1988, "Value added tax: International practice and problems", IMF.

132 Thorbeckel, Smith, 2010, "How Would an Appreciation of the Renminbi and Other East Asian Currencies Affect China's Exports?", *Review of International Economics*, 18, 95-108.

133 Timothy Curry and LynnShibut, "The Cost of the Savings and Loan Crisis: Truth and Consequences", *FDIC Banking Review*. 2000, Vol. 13, No. 2.

134 Tsatsaronis, K. and Zhu, H., 2004, "What Drives Housing Price Dynamics: Cross-

Country Evidence", *BIS Quarterly Review*, March, 65-78.

135 Wang, Yan and Yudong Yao, 2001, "Sources of China's Economic Growth, 1952-99: Incorporating Human Capital Accumulation", *World Bank working paper*.

136 Wei, S. and Zhang, X., 2011, "The Competitive Saving Motive: Evidence from Rising Sex Ratios and Savings Rates in China", *Journal of Political Economy*, forthcoming.

137 Wheaton, W., 1999, "Real Estate 'Cycles': Some Fundamentals", *Real Estate Economics*, 27, 209-230.

138 White, Domowitz, 1984, Nonlinear Regression With Dependent Observations [J], Econometrica, Vol. 52, No. 1.

139 Williamson, 1983, "The Exchange Rate System", Institute for International Economics, MIT Press.

140 Woo, W., "Chinese Economic Growth: Sources and Prospects", inFouquin, M., and F. Lemoine (eds.), *The Chinese Economy*. Paris: Economica Ltd, 1998.

141 World Bank, China 2020: Development Challenges in the New Century. Washington D. C.: The World Bank, 1997.

142 Wu, J., Gyourko, J. and Deng, Y., 2010, "Valuating Conditions in Major Chinese Housing Markets", NBER Working Paper 16189.

143 Wu, Yanrui, "Has Productivity Contributed to China's Growth?", *Pacific Economic Review*, 2003, 8 (1), 15.

144 Wu, Yanrui, "Productive Performance in Chinese Enterprises: An Empirical Study", NY: Macmillan Press Ltd., 1996.

145 Wu, Yanrui., *Productivity, Efficiency and Economic Growth in China*. Palgrave Macmillan, 2008.

146 Yang, T., Zhang, J., Zhou, S. Why Are Saving Rates so High in China [R], NBER Working Paper 2011 (16771).

147 Young, Alwyn, 2000, "Gold into Base Metals: Productivity Growth in the People's Republic of China during the Reform Period", *NBRE working paper* 7856.

148 Young, Alwyn, 1992, "A Tale of Two Cities: Factor Accumulation and Technological Chan ge in Hong Kong and Singapore", *NBER Macroeconomics Annual* 1992.

149 Young, Alwyn, 1994, "Lessons from the East Asian NICs: A Contrarian View", *Eu-*

ropean Economic Review 38：964-973.

150 Young，Alwyn，1995，"The Tyranny of Numbers：Confronting the Statistical Realities of the East Asian Growth Experience"，*The Quarterly Journal of Economics*，1995，110（3），964-973.

151 Young，Alwyn，2003，"Gold into Base Metals：Productivity Growth in the People's Republic of China during the Reform Period"，*Journal of Political Economy*，2003，111（6），1220-1261.

152 Zhang，Jun，2003，"Investment，Investment Efficiency and Economic Growth in China"，*Journal of Asian Economics*，14：pp. 713-734.

153 Zheng，Jinghai & Bigsten，Arne & Hu，Angang，2006，"Can China's Growth be Sustained? A Productivity Perspective"，Working Papers in Economics 236，Göteborg University，Department of Economics.

154 Zheng，Jinghai，Xiaoxuan Liu and Arne Bigsten，"Ownership Structure and Determinants of Technical Efficiency：an Application of Data Envelopment Analysis to Chinese Enterprises（1986-1990）"，Journal of Comparative Economics，26，3：465-484，Sept. 1998.

155 白重恩、钱震杰：《国民收入的要素分配：统计数据背后的故事》，《经济研究》第 3 期，2009。

156 白重恩、钱震杰：《谁在挤占居民的收入》，《中国社会科学》第 5 期，2009。

157 贝多广、骆峰：《资金流量分析方法的发展和应用》，《经济研究》第 2 期，2006。

158 财政部税收制度国际比较课题组：《德国税制》，中国财政经济出版社，2002。

159 财政部税收制度国际比较课题组：《法国税制》，中国财政经济出版社，2002。

160 财政部税收制度国际比较课题组：《英国税制》，中国财政经济出版社，2002。

161 蔡昉：《人口转变、人口红利与刘易斯转折点》，《经济研究》第四期，2010。

162 陈六傅、刘厚俊：《人民币汇率的价格传递效应——基于 VAR 模型的实证分析》，《金融研究》第 4 期，2007。

163 陈学彬、李世刚、芦东：《中国出口汇率传递率和盯市能力的实证研究》，《经济研究》第 12 期，2007。

164 陈作章：《日本货币政策问题研究》，复旦大学出版社，2005。

165 戴计辉：《我国外汇干预问题研究》，华东师范大学硕士论文，2012。

166 戴永良：《人民币汇率对乡镇企业出口的影响分析》，《经济研究》第 1 期，1999。

167　樊卫东：《中国利率市场化研究》，中国社科院研究生院博士论文，2002。

168　冯兴元：《德国地方储蓄银行的运作经验》，《德国研究》第16卷总第57期，2001。

169　弗里德曼：《货币稳定方案》，上海人民出版社，1988。

170　甘寿国：《从资金流量表看我国资金流动及融资结构》，《南方经济》第6期，2002。

171　管晓明：《美国对外汇市场的干预与启示》，《中国货币市场》第10期，2011。

172　海闻、沈琪：《中国进出口弹性实证分析：1999—2003》，《经济与管理研究》第1期，2006。

173　贺菊煌：《我国资产的估算》，《数量经济与技术经济研究》第8期，1992。

174　胡海鸥、王润华：《人民币发行应以政府资产作担保》，《上海金融》第12期，2011。

175　胡怡建：《推进服务业增值税改革促进经济结构调整优化》，《税务研究》第6期，2011。

176　黄勇峰、任若恩、刘晓生：《中国制造业资本存量永续盘存法估计》，《经济学（季刊）》第1卷第2期，2002。

177　黄余送：《德国联邦银行流动性管理研究及借鉴》，《经济社会体制比较》第1期，2009。

178　姜波克：《人民币均衡汇率理论的新视角及其意义》，《国际金融研究》第4期，2006。

179　金中夏：《利率市场化对货币政策有效性和经济结构调整的影响》，《经济研究》第4期，2013。

180　况伟大：《中国住房市场存在泡沫吗》，《世界经济》第12期，第3~13页，2008。

181　况伟大：《预期、投机与中国城市房价波动》，《经济研究》第9期，第67~78页，2010。

182　劳伦斯·怀特：《美国储蓄贷款机构的倒闭：金融机构规管的一些教训》，载蒂米奇·威塔斯主编：《金融监管——变化中的游戏规则》，上海财经大学出版社，2000。

183　李宏彬、马弘、熊艳艳、徐嫄：《人民币汇率对企业进出口贸易的影响——来自中国企业的实证研究》，《金融研究》第2期，2011。

184　李俊、张炜、王光：《德国担保银行业的发展及启示》，《国际金融》第3

期，2012。

185　李扬：《中国经济对外开放过程中的资金流动》，《经济研究》第2期，1998。

186　李扬：《在浮动汇率制下对汇率实施干预：智利的经验及对中国的启示》，《国际金融研究》第5期，2007。

187　李扬、殷剑峰：《中国高储蓄率问题探究——1992—2003年资金流量表的分析》，《经济研究》第6期，2007。

188　李扬、余维彬和曾刚：《经济全球化背景下的中国外汇储备管理体制改革》，《国际金融研究》第4期，2007。

189　李治国、唐国兴：《资本形成路径与资本存量调整模型——基于中国转型时期的分析》，《经济研究》第2期，2003。

190　梁云芳、高铁梅和贺书平：《房地产市场与国民经济协调发展的实证分析》，《中国社会科学》第3期，第74~84页，2006。

191　梁云芳、高铁梅：《我国商品住宅销售价格波动成因的实证分析》，《管理世界》第8期，第76~82页，2006。

192　梁云芳、高铁梅：《中国房地产价格波动区域差异的实证分析》，《经济研究》第8期，第133~142页，2007。

193　林伯强：《人民币均衡汇率的估计与实际汇率错位的测算》，《经济研究》第12期，2003。

194　林毅夫、孙希芳：《信息、非正规金融与中小企业融资》，《经济研究》第7期，2005。

195　刘莉亚、任若恩：《用均衡汇率模型估计人民币均衡汇率的研究》，《财经研究》第5期，2002。

196　刘莉亚、苏毅：《上海房地产价格的合理性分析》，《经济学（季刊）》第4卷第3期，第753~768页，2005。

197　刘民权和孙波：《商业地价形成机制、房地产泡沫及其治理》，《金融研究》第10期，第22~37页，2009。

198　刘阳：《人民币均衡汇率及汇率动态》，《经济科学》第1期，2004。

199　楼继伟：《继续深化改革的几点思考》，《新世纪周刊》第27期，2011。

200　卢向强、戴国强：《人民币实际汇率波动对我国进出口的影响》，《经济研究》第5期，2005。

201 卢中原、隆国强、李建伟、王彤:《人民币实际有效汇率波动对我国出口的直接影响》,《中国经贸》第13期,2010。

202 吕江林:《我国城市住房市场泡沫水平的度量》,《经济研究》第6期,第28~41页,2010。

203 罗纳德·麦金农:《经济市场化的秩序——向市场经济过渡时期的金融控制》,中译本,上海三联书店出版,1996。

204 毛亚社:《对德国储蓄银行的考察与启示》,《西部金融》第3期,2011。

205 潘春阳、杜莉和蔡璟孜:《中国消费率下降之谜:基于资金流量表的分析(1992—2007)》,《上海经济研究》第7期,2010。

206 平新乔:《增值税与营业税的福利效应研究》,《经济研究》第9期,2009。

207 秦宛顺、靳云汇、卜永祥:《人民币汇率水平的合理性——人民币实际汇率与均衡汇率的偏离度分析》,《数量经济技术研究》第7期,2004。

208 任若恩、刘晓生:《关于中国资本存量估计的一些问题》,《数量经济与技术经济研究》第1期,1997。

209 沈悦和刘洪玉:《住宅价格与经济基本面:1995—2002年中国14城市的实证研究》,《经济研究》第6期,第77~86页,2004。

210 盛松成、吴培新:《中国货币政策的二元传导机制——"两中介目标,两调控对象"模式研究》,《经济研究》第10期,2008。

211 施建淮、余海丰:《人民币均衡汇率与汇率失调:1991—2004》,《经济研究》第4期,2005。

212 宋海岩、刘淄楠、蒋萍:《改革时期中国总投资决定因素的分析》,《世界经济文汇》第1期,2003。

213 唐旭、梁猛:《中国贸易顺差中是否有热钱,有多少?》,《金融研究》第9期,2007。

214 王国松:《中国的利率管制与利率市场化》,《经济研究》第6期,2001。

215 王晖:《日本外汇储备体制及其特点》,《经济师》第12期,2010。

216 王晋斌、于春海:《中国利率市场化改革的可能路径》,《金融研究》第12期,2007。

217 王小鲁:《灰色收入与国民收入分配》,《比较》第48辑,第3~12页,中信出版社,2010。

218 王小鲁、樊纲等:《中国经济增长的可持续性——跨世纪的回顾与展望》，经济科学出版社，2000。

219 王彦:《外汇储备对货币政策的影响分析》，厦门大学硕士论文，2008。

220 王艺明:《房租资本化、模型误设与房地产投机泡沫》,《世界经济》第6期，第59~68页，2008。

221 文海兴、罗晓强:《德国担保业监管及启示》,《中国金融》第12期，2012。

222 肖捷:《继续推进增值税制度改革——完善有利于结构调整的税收制度》,《中国中小企业》第5期，2012。

223 徐建炜、徐奇渊和何帆:《房价上涨背后的人口结构因素：国际经验、理论与中国实证》，中国金融40人青年论坛讨论稿，2011。

224 徐明东:《人民币实际汇率变动对我国进出口贸易影响：1997—2006》,《财经科学》第5期，2007。

225 徐忠、张雪春、丁志杰和唐开:《公共财政与中国国民收入的高储蓄倾向》,《中国社会科学》第6期，2010。

226 徐忠、张雪春和张颖:《初始财富分配格局与居民可支配收入比重下降趋势》,《金融研究》第1期，2011。

227 许成钢:《诊治中国地产痼疾》,《中国改革》第3期，第96~103页，2011。

228 许宪春:《中国资金流量分析》,《金融研究》第9期，2002。

229 杨金梅、李晔:《韩国外汇市场干预经验与启示》,《中国外汇》第6期，2007。

230 杨胜刚、胡海波:《不对称信息下的中小企业信用担保问题研究》,《金融研究》第1期，2006。

231 杨涛:《中国政府储蓄研究：实践考察与政策应对》,《财贸经济》第2期，2011。

232 杨天化、钟玮:《人民币升值与反J曲线效应的实证分析》,《中央财经大学学报》第9期，2009。

233 姚洋、王泽填:《人民币均衡汇率估计》,《金融研究》第12期，2009。

234 姚枝仲、田丰、苏庆义:《中国出口的收入和价格弹性》,《世界经济》第4期，2010。

235 叶永刚、胡丽琴、黄斌:《人民币实际有效汇率和对外贸易收支的关系——中美和中日双边贸易收支的实证研究》,《金融研究》第4期，2006。

236 尹小兵:《资金流量分析视角中的“M2/GDP增量恒等式”及其货币政策含义》,

《世界经济》第9期，2010。

237 余修斌、任若恩：《全要素生产率、技术效率、技术进步之间的关系及测算》，《北京航空航天大学学报（社会科学版）》第13卷第2期，2000。

238 喻海燕：《中国外汇储备有效管理研究》，厦门大学博士学位论文，2008。

239 袁志刚、樊潇彦：《房地产市场理性泡沫分析》，《经济研究》第3期，第34~43页，2003。

240 张斌：《人民币均衡汇率：简约一般均衡下的单方程模型研究》，《世界经济》第11期，2003。

241 张弘林：《日元汇率升值对日本泡沫经济的影响》，《世界经济情况》第1期，2005。

242 张军：《解释中国经济增长下降的长期因素》，《经济学（季刊）》第1卷，第2期，2002。

243 张军、金煜：《中国的金融深化和生产率关系的再检测：1987—2001》，《经济研究》第11期，2005。

244 张军、吴桂英、张吉鹏：《中国省际物质资本存量估算：1952—2000》，《经济研究》第10期，2004。

245 张军扩：《"七五"期间经济效益的综合分析——各要素对经济增长贡献率的测算》，《经济研究》第4期，1991。

246 张南：《中国的对外资金循环与外汇储备的结构性问题》，工作论文打印稿，2009。

247 张晓慧：《国际收支顺差条件下货币政策工具的选择、使用和创新》，中国人民银行网站，2011年3月24日。

248 张晓慧、纪志宏、崔永：《中国的准备金、准备金税与货币控制：1984—2007》，《经济研究》第7期，2008。

249 张晓朴：《人民币均衡汇率研究》，中国金融出版社，2004。

250 赵进文、高辉：《资产价格波动对中国货币政策的影响——基于1994—2006年季度数据的实证分析》，《中国社会科学》第2期，第98~114页，2009。

251 郑京海、胡鞍钢：《中国改革时期省际生产率增长变化的实证分析（1979—2001)》，《经济学（季刊）》第2期，2005。

252 中国人民银行上海总部调查统计研究部课题组：《我国利率市场化的历史现状与

政策思考》,《中国金融》第 15 期，2011。

253　中国社科院与长江证券联合课题组:《外汇储备管理中的财政货币政策协调：国际经验与分析》,《上海证券报》，2008 年 1 月 25 日。

254　周其仁:《货币的教训：汇率与货币系列评论》，北京大学出版社，2012。

255　周小川:《国际金融危机：观察、分析与应对》，中国金融出版社，2012。

256　庄子罐等:《预期与经济波动——预期冲击是驱动中国经济波动的主要力量吗》,《经济研究》第 6 期，2012。

257　邹至庄、牛霖琳:《中国城镇居民住房的需求与供给》,《金融研究》第 1 期，2010。

图书在版编目（CIP）数据

失衡式增长：人民币汇率与货币政策 / 傅勇著. —北京：东方出版社，2017. 6
ISBN 978-7-5060-9711-6

Ⅰ. ①失… Ⅱ. ①傅… Ⅲ. ①人民币汇率—研究②货币政策—研究—中国 Ⅳ. ①F832. 63 ②F822. 0

中国版本图书馆 CIP 数据核字（2017）第 142097 号

失衡式增长：人民币汇率与货币政策
(SHIHENGSHI ZENGZHANG：RENMINBI HUILÜ YU HUOBI ZHENGCE)

作　　者：傅　勇
责任编辑：郭　国
出　　版：东方出版社
发　　行：人民东方出版传媒有限公司
地　　址：北京市东城区东四十条 113 号
邮　　编：100007
印　　刷：北京市大兴县新魏印刷厂
版　　次：2017 年 7 月第 1 版
印　　次：2017 年 7 月第 1 次印刷
开　　本：710 毫米×960 毫米　1/16
印　　张：18. 25
字　　数：268 千字
书　　号：ISBN 978-7-5060-9711-6
定　　价：45. 00 元
发行电话：（010）85924663　85924644　85924641